U0541776

电视知识分子

Television Intellectuals

时统宇　吕强　著

社会科学文献出版社
SOCIAL SCIENCES ACADEMIC PRESS (CHINA)

目 录 contents

绪　论 / 1

第一章　电视知识分子概说 / 14

　第一节　知识分子、公共知识分子与电视知识分子 / 15

　　一　谁是知识分子？/ 15

　　二　公共知识分子的公共意涵 / 22

　　三　一种电视知识分子的定义及分类 / 28

　第二节　电视知识分子的制度之维 / 32

　　一　电视知识分子的前世今生 / 32

　　二　寻找电视知识分子的制度密码 / 37

第二章　作为制度的电视知识分子 / 57

　第一节　知识生产的制度安排 / 57

　　一　知识分子文化的逻辑：以科学为例 / 57

　　二　有限生产场域与规模化文化生产场域 / 70

　第二节　电视知识分子的结构性动因 / 92

　　一　文化和生意的"合二而一" / 92

　　二　再论收视率导向的虚妄性 / 105

　第三节　求利毕竟是书生 / 110

　　一　知识分子精神的经济密码 / 110

　　二　电视知识分子背后的经济动因 / 123

第三章　电视知识分子与公共领域
——以电视谈话节目为例 / 142

第一节　哈贝马斯公共领域理论与电视谈话节目 / 142
　　一　"公共领域"思想的观念史 / 142
　　二　公共领域与电视谈话节目 / 146
第二节　电视知识分子在公共领域中的行动潜能 / 150
　　一　"公共领域"概念在中国内地语境中的适用性 / 150
　　二　电视知识分子启蒙的"两难境遇" / 158
　　三　电视知识分子启蒙的行动潜能 / 162
第三节　电视知识分子在公共领域之中的媒介呈现 / 174
　　一　选择谈话节目作为观看电视知识分子的原因 / 174
　　二　电视谈话节目的一种叙事模式 / 176

第四章　电子复制时代的知识分子 / 200

第一节　对传播媒介的疑虑 / 201
　　一　语言与思想的分歧 / 201
　　二　知识分子的文化镜像 / 210
　　三　被遮蔽了的知识价值 / 221
第二节　"去语境化"的思想传播 / 228
　　一　两种传播观的"双峰对峙" / 228
　　二　电视创造了什么？ / 239

结语　我们依然在仰望星空 / 259

后　记 / 262

主要参考书目 / 263

绪　论

一　"电视知识分子"的出场语境

"电视知识分子"的概念是法国著名社会学家布尔迪厄提出的。布氏指出，"电视知识分子"的特征是"在电视上'挖一段时间'，得以靠媒介生存"①。他的这一观点应当引起我们的高度重视：传媒的力量，亦即传媒化的经济力量渗透到最纯粹的科学领域，传媒就必须在它看重的"场"中找到同谋。布尔迪厄形象地说道："记者们往往非常得意地看到，众学者纷纷投奔传媒，希望自己的作品得到介绍，乞求传媒的邀请，抱怨自己被遗忘，听了他们的那些有根据的抱怨，相当让人吃惊，不禁真要怀疑那些作家、艺术家、学者自己主观上是否想保持自主性。"② 于是，传媒的认可越来越得到重视，当电视台邀请某个学者在电视节目中露面时，这实际上就是对他的某种形式的承认。这样一来，专家学者所处领域的同行的评价已变得次要，而他们所获得的在电视节目中亮相、杂志上的好评、人物专访等，也就是他们在传媒上所获得的知名度就成为成功的重要标志。布尔迪厄感叹："传媒的评判越来越重要，因为一个人能否得到承认，有可能取决于他的知名度，然而，现在人们已经弄不太清楚一个人的名气到底应归功于传媒的好评，还是同行间的声誉。"③

布尔迪厄不愧是一位当代西方思想界的大家，他在《关于电视》一书中在阐述电视与经济、商业的关系问题时，阐述了他的文化批判立场："我要做的，正是要解开这种种机制，这一套机构致使电视行使了一种形式特别有害的象征暴力。象征暴力是通过施行者与承受者的合谋和默契

---

① 〔法〕皮埃尔·布尔迪厄：《关于电视》，许钧译，辽宁教育出版社，2000，第87页。
② 〔法〕皮埃尔·布尔迪厄：《关于电视》，许钧译，辽宁教育出版社，2000，第71页。
③ 〔法〕皮埃尔·布尔迪厄：《关于电视》，许钧译，辽宁教育出版社，2000，第70页。

而施加的一种暴力,通常双方都意识不到自己是在施行或在承受。和其他科学一样,社会学的职能就是揭示被掩盖起来的东西;只有这样,它才能有助于将作用于社会关系,尤其是把传媒关系的象征暴力减少到最低程度。"①

那么,如何深入地揭露电视的象征暴力的本质呢?布尔迪厄的过人之处就在于他在追问机制。用他的话来说就是:"为了不仅仅限于对电视演播台上所发生的一切进行描述——不管描述得多么详尽——而要再进一步,力图弄清能阐释新闻工作者实践活动的机制,那就必须引入一个'新闻场'的概念。"②布尔迪厄认为,新闻场比其他文化生产场,如数学场、文学场、法律场、科学场等等,更受外部力量的钳制。它直接受需求的支配,也许比政治场还更加受市场、公众的控制。与此同时,所有的文化生产场都受制于新闻场的结构,而媒体的从业人员也被场的力量所控制着。"一个越来越受制于商业逻辑的场,在越来越有力地控制着其他的天地。"③

"场"是布尔迪厄社会学理论中的一个核心概念,布氏认为社会文化可以划分为不同的领域,这些领域的运作实际上就像物理学意义上的"力场"一样,是由内部和外部的各种力量构成的。他认为:"新闻界是一个场,但却是一个被经济场通过收视率加以控制的场。这一自身难以自主的、牢牢受制于商业化的场,同时又以其结构,对所有其他场施加控制力。"布尔迪厄特别强调,在新闻场中,"商业性"的分量要重得多。而电视的发展在新闻场,并通过新闻场,在其他文化场中所产生的影响,无论就其强度,还是就其广度而言,都是其他媒体所无法相比的。"新闻场与政治场和经济场一样,远比科学场、艺术场甚至司法场更受制于市场的裁决,始终经受着市场的考验,而这是通过顾客直接的认可或收视率间接的认可来进行的。"④从文化生产场与商业逻辑的相互关系中洞悉和追问电视,这是布尔迪厄给人印象和启示最深之处。

在布尔迪厄看来,科学场是最远离权力和商业逻辑的,艺术场次之。但是,在布氏称之为"电视的控制"下,这样一些现象不能不引起人们的深深忧虑。首先,电视充当了仲裁和裁决的角色,热衷于搞十年的总结,

---

① 〔法〕皮埃尔·布尔迪厄:《关于电视》,许钧译,辽宁教育出版社,2000,第14页。
② 〔法〕皮埃尔·布尔迪厄:《关于电视》,许钧译,辽宁教育出版社,2000,第44页。
③ 〔法〕皮埃尔·布尔迪厄:《关于电视》,许钧译,辽宁教育出版社,2000,第65页。
④ 〔法〕皮埃尔·布尔迪厄:《关于电视》,许钧译,辽宁教育出版社,2000,第62、87页。

评选"十大知识分子"等活动。简言之，当科学理论和科学研究的领军人物是由电视来定夺时，科学场和艺术场的内在游戏规则便遭到了极大的破坏。布尔迪厄还揭露了媒体内外存在一种"互搭梯子"的把戏，比如所谓"畅销书"的商业化操作，等等。更重要的是，布尔迪厄提出了一个著名的概念——"文化资本"（cultural capital）。他认为，在一种特定的场域中显示较高价值与有效性的资本可称之为"强势资本"，其余则为弱势资本。在特定时期两个拥有同样数量资本的个体，其地位可能不同，因为一个拥有大量的经济资本、少量的文化资本，而另一个相反，拥有大量的文化资本、少量的经济资本。一种关于社会实践的总体理论（这正是布尔迪厄所致力的目标），如果不把自己局限于经济，就应当全面地把握资本，充分考虑资本的各种形态和不同形式，并且努力发现不同的资本形式相互转化的规则。在电视这部庞大的机器上，文化资本的作用好生了得。"和其他资本一样，文化资本之所以重要，人争人抢，是因为它也是权力与地位的基础、支配与统治的基础。……这里的奥妙在于：各种类型的资本是可以相互交换与转化的，文化资本的力量不仅在于它的相对自主性，更在于它可以转化为经济资本或其他资本。"① 这的确点到了问题的节骨眼儿上。小到各种"星"级人物在电视上先混个"脸熟"，然后便不失时机地用"名声"（文化资本之一种）开公司，做买卖；大到一些被称为"痞子文人"的所谓"后知识分子"的大红大紫，以至非官方的文化市场的形成和文化产业的发展，都说明了文化资本转化为物质资本与经济利益的深刻联系。特别需要指出的是，中国电视出现的种种变革，已不是单纯的原体制内的资本再分配，由经济市场化带来的文化市场化表现在中国电视的方方面面。比如各种各样的影视文化制作公司，开始瓜分电视资源重新配置的文化资本和文化权力，并成为电视文化新的弄潮儿。

因此，"电视知识分子"和"后知识分子"的出现，非常值得人们从不同的角度作一番研究。

布尔迪厄"众学者纷纷投奔传媒"的断言绝非空穴来风，也不仅仅是一家之言，对知识分子在大众传媒高度发达的当代社会中的地位和作用，许多学者都有积极的研究成果。试举两例：

巴勒斯坦裔美国学者萨义德在《知识分子论》一书中写道：

---

① 陶东风：《社会转型与当代知识分子》，生活·读书·新知三联书店，1999，第158页。

"大约在1968年,知识分子大都舍弃了出版社的守护,成群结队走向大众媒体——成为新闻从业人员、电视电台访谈节目的来宾和主持人、顾问、经理等等。他们不但拥有广大的阅听大众,而且他们身为知识分子毕生的工作都仰赖阅听大众,仰赖没有面目的消费大众这些'他者'所给予的赞赏或漠视。大众媒体借着扩大接受的领域,降低了知识分子合法性的来源,以更宽广的同心圆——那些要求较不严苛因而更容易获取的同心圆——包围了职业的知识分子,而以往职业的知识分子是正统的合法性的来源。……大众媒体已经打破了传统知识阶层的封闭,以及传统知识阶层的评价规范和价值标准。"①

美国学者波朗研究了"知识分子传媒化"的问题。她认为:"在传媒时代,概念(如后现代主义)和人(如杰弗里·梅森)有着相似的命运:一举成名,一大堆突如其来的创造性话语,然后又黯然淡去,那曾一度激烈过的争鸣又为另一个时髦的争鸣所替代。"② 波朗还举出了20世纪80年代美国知识界最重要的三处争鸣,让人们更清楚地看到知识分子传媒化的过程。

不难看出,无论是布尔迪厄的"众学者纷纷投奔传媒",还是萨义德的"知识分子成群结队走向大众媒体",抑或波朗的"知识分子传媒化",其共同的语境中总有一种喜忧参半的意味。一方面,他们强调"最不应该的就是知识分子讨好阅听大众;总括来说,知识分子一定要令人尴尬,处于对立,甚至造成不快"③ 另一方面,他们又声明"知识分子并不是登上高山或讲坛,然后从高处慷慨陈词。知识分子显然是要在最能被听到的地方发表自己的意见,而且要能影响正在进行的实际过程,比方说,和平和正义的事业"。④ 而像布尔迪厄、萨义德这样的学术大师,他们在对大众传媒的负面影响进行猛烈抨击时,又在利用媒体发表知识分子的声音方面身体力行。

---

① 〔美〕爱德华·W. 萨义德:《知识分子论》,单德兴译,陆建德校,生活·读书·新知三联书店,2002,第60页。
② 〔美〕布鲁斯·罗宾斯编著《知识分子:美学、政治和学术》,王文斌等译,江苏人民出版社,2002,第377页。
③ 〔美〕爱德华·W. 萨义德:《知识分子论》,单德兴译,陆建德校,生活·读书·新知三联书店,2002,第17页。
④ 〔美〕爱德华·W. 萨义德:《知识分子论》,单德兴译,陆建德校,生活·读书·新知三联书店,2002,第85页。

二 "电视知识分子"的表现和本土化的制度安排

要想全面理解"电视知识分子"的出场语境,还必须从布尔迪厄入木三分地剖析电视的固有弊端入手。

布氏指出:"电视是一种极少有独立自主性的交流工具","电视并不太有利于思维的表达",① 电视必须在"固有的思想"的轨道上运作。布氏提出了一个十分有趣的概念——"快思手"(fast-thinkers),意即电视赋予了那些认为可以进行快速思维的思想者以话语权。这种话语权是一种特权,因而出现了一批"媒介常客"。在这里,布尔迪厄不愧是一个"电视通",他写道:"电视只赋予一部分快思手以特权,让他们去提供文化快餐,提供事先已经过消化的文化食粮,提供预先已形成的思想……"② 他还更形象地指出,电视部门掌握着一本通讯录,其名单永远不变,电视节目若涉及俄罗斯,找 X 先生或太太,涉及德国,就找 Y 先生。这些媒介的常客,随时可以效劳,时刻准备制造文章或提供访谈。

坦率地说,读了布尔迪厄的这些见解,笔者在心悦诚服的同时,也如坐针毡。我们这些电视的研究者、批评者,是不是就是布氏眼里的"快思手"和"媒介的常客"呢?我们无法否认,我们这些电视的研究者、批评者,同时还有两种身份:策划者和参与者。前者可以在各种电视节目的策划会、研讨会和评奖会上见到我们,后者可以在电视屏幕上"混个脸儿熟"。扪心自问,我们确实是在电视部门的那本通讯录上,而且,我们经常有"万金油"之感,因为,我们经常出现在形形色色的电视节目研讨会和策划会上。至于布尔迪厄说的"这些媒介的常客,随时可以效劳,时刻准备制造文章或提供访谈"③ 则更被我们视为分内的工作。然而,无论如何,我们不能忽视布氏这样的警告:"上电视的代价,就是要经受一种绝妙的审查,一种自主性的丧失。"④

对于"电视知识分子",布尔迪厄在另一个场合从知识分子的批判精神的角度做了这样的深刻论述:"他们要求电视为他们扬名,而在过去,只有

---

① 〔法〕皮埃尔·布尔迪厄:《关于电视》,许钧译,辽宁教育出版社,2000,第28、39页。
② 〔法〕皮埃尔·布尔迪厄:《关于电视》,许钧译,辽宁教育出版社,2000,第30页。
③ 〔法〕皮埃尔·布尔迪厄:《关于电视》,许钧译,辽宁教育出版社,2000,第30页。
④ 〔法〕皮埃尔·布尔迪厄:《关于电视》,许钧译,辽宁教育出版社,2000,第11页。

终身的，而且往往总是默默无闻的研究和工作才能使他们获得声誉。这些人只保留了知识分子作用的外部表象，看得见的表象，宣言啦、游行啦、公开表态啦。其实这倒也无所谓，关键是他们不能抛弃旧式知识分子之所以高尚的基本特点，即批判精神。这种精神的基础在于对世俗的要求与诱惑表现出独立性，在于尊重文艺本身的价值。而这些人既无批判意识，也无专业才能和道德信念，却在现时的一切问题上表态，因而几乎总是与现存秩序合拍。"[1]在解读布尔迪厄的时候，我们特别应当注意这样一个问题，就是布氏批评"要求电视为他们扬名"的那些知识分子是一些"既无批判意识，也无专业才能和道德信念"的人，而不是一味地反对知识分子上电视。事实上，布尔迪厄本人的《关于电视》，不就是两次电视讲座的集大成吗？同时，我们也可以清楚地看到，布尔迪厄对知识分子之所以高尚的基本特点的高度概括——批判精神。"这种精神的基础在于对世俗的要求与诱惑表现出独立性，在于尊重文艺本身的价值。"看来，我国史学大师陈寅恪的"独立之精神，自由之思想"的学人操守，在布尔迪厄那里得到了法兰西式的回应。

应当看到，布尔迪厄指出的媒体内外存在的一种"互搭梯子"的把戏也好，在电视上"挖一段时间"的伎俩也罢，抑或"在现时的一切问题上表态"，说穿了无非是在争取和争夺受众市场。并且，"电视知识分子"就其表现来说，中国的"电视知识分子"与国外的同行相比，只能是有过之而无不及。

说到中式的"电视知识分子"，人们最容易想到的大概当数余秋雨。平心而论，余秋雨最受诟病的就是他在电视上的频繁亮相。他在全国青年歌手大奖赛当评委，有批评说他"卖弄知识"；他随凤凰卫视出国拍片，有批评说此举"与'板凳要坐十年冷'相悖"；他在迎接十六大的专题片中作为嘉宾主持，则更是招致"不务正业"的斥责。当然，对"电视知识分子"也是仁者见仁，智者见智，一篇"阅读'常识'"的文章写道：

> 对此现象，学者余秋雨感触很深地说："如果我在中央电视台专门开一个文化栏目，讲中国文化或者世界文化，估计收视率很低。但由于它搭上了歌手大奖赛这个车，就产生了非常好的效果。在一种好的

---

[1] 〔法〕皮埃尔·布尔迪厄、〔美〕汉斯·哈克：《自由交流》，生活·读书·新知三联书店，1996，第51页。

载体中完成了一种文化普及。"

益智节目的问题都是一些常识,虽不难,但涉及的面很广,要获取这么多的知识,不知要看多少书。看这样的节目,其实是阅读常识,对增长知识,也是一种捷径。因为,并不是每一个人都能成为专家的。多一点知识,对人的成长无疑是有益的。当然,益智类节目还有一个提高的过程,尤其是在题目的选择方面。适度的奖金和奖品能够增强节目的观赏性,过于追求物质奖励,喧宾夺主,是不值得提倡的。据悉,《财富大考场》赛题精选出了两本书,都销得很好。这也是益智节目受欢迎为我们带来的启示。①

本来,电视扮演的特殊角色所造成的科学场和艺术场原有游戏规则的混乱和迷失,已经让人不以为然,更可怕的是由此而出现的一些制度安排上的变化。2001 年夏天,《中华读书报》发表该报记者赵晋华写的题为《大学人文学科"量化"管理引发争议》的文章,文中披露了三份原始文件——《清华大学文科科研量计算办法》(讨论稿)、《南京大学晋升教授、副教授职务的申报条件》(试行)和《北京师范大学人文社会科学论文奖励试行办法》。赵晋华文章所使用的被采访者的意见,焦点集中在清华大学的如下规定:"中央电视台和凤凰卫视每个专题节目(20 分钟以上)10 分,省市级电视台每个专题节目 5 分。"学界之所以对此一片哗然,主要针对的是"学者在电视上露脸"能否"得分"。为什么呢?因为"学者不是公众人物,不能以上电视为标准"。② 事后,清华大学哲学系教授、社会科学处处长蔡曙山专门撰文,称赵晋华的文章没有使用 7 月 5 日的新材料,而是用了 3 月上旬的旧规定,可见提供材料者"居心叵测、别有用心",而撰文者则"无实事求是之心,有哗众取宠之意"。针对学者上电视的讥评,蔡曙山的文章做了如下解释:"清华大学的文科还包括美术学、新闻传播学等特殊的学科领域,美术学的科研成果有的表现为作品、展品,新闻学的科研成果有的表现为报道、评论,传播学的科研成果有的表现为电视节目,等等。"③

对此,学者陈平原认为:"将俗称的'学者上电视'限制在'传播学的科研成果',虽有助于澄清事实,却回避了一个关键性问题:如何看待人

---

① 参见 2002 年 9 月 23 日《解放日报》第 7 版,吴为荣文。
② 参见 2001 年 7 月 18 日《中华读书报》。
③ 参见《学术界》2001 年第 6 期。

文学者日渐频繁的'触电',以及作为整体的现代学术能否在某种程度上与以电视为代表的大众传媒结盟。"① 的确,把"上电视"作为成名的终南捷径也许并非学者的本意,但"十载寒窗无人识,一夜电视天下知"的这种"暴利",无疑具有极大的诱惑。与"板凳要坐十年冷"的治学要义相比,"学者在电视上露脸得分"的"多快好省"的建设和"投入少见效快"的营生,将一个严峻的问题摆在学者的面前:当游戏规则和制度安排都在鼓励专家学者到科学场和艺术场之外去寻找认可与象征资本时,专家学者向媒体的投降甚至献媚是不是有几分无奈?到底是固守书斋、专心致学,还是走出校园,与大众传媒"亲密接触"?

笔者在研究电视批评理论的西方思想资源时曾多次指出了这样一种基本思路:将诸如生产、消费、商品、交换、资本等经济学的范畴引入电视批评理论,就获得了对电视的更为全面的、科学的认识。电视批评不应当是一种"纯粹理性批判",必须考察电视传播、文化生产与市场经济的共谋关系。对电视商业化和庸俗化的批评,不管是侧重于伦理的追问还是学理的批评,只要看到了电视传播现象背后的市场这只"无形的手"的作用,只要不再局限于单纯的道德的愤怒,我们就有理由相信,这种批评触及了问题的要害和实质。读"懂"电视必须有经济学的视角,这对于电视批评乃至整个文化研究来说,至关重要。同样,研究"电视知识分子"问题,也应当坚持从社会经济关系中找出其具有终极意义的经济原因的历史唯物主义的基本原则。正是在这里,布尔迪厄等西方学术大师,显示了他们的过人之处。

布尔迪厄在《自由交流》一书中曾指出:"经济对文化生产的影响,一般是通过报刊,通过报刊对文化生产者(特别是其中缺乏自主性者)的诱惑,通过报刊对作品的促销作用以及文化产品商(出版商、美术馆馆长等)来实现的。艺术、文学、科学,这些自主性领域反对商业法则,而今天主要是通过报刊将这些商业法则强加给这些领域。这种统治从根本上说是致命的,因为它有利于直接听命于商业需求的产品和生产者,正如维特根斯坦所说的'记者型哲学家'。"② 这里,我们特别需要说明这样一点,

---

① 参见《社会科学论坛》2002年第5期,第5页。
② 〔法〕皮埃尔·布尔迪厄、〔美〕汉斯·哈克:《自由交流》,生活·读书·新知三联书店,1996,第17~18页。

即在我们的学术涉猎范围内，需要将布尔迪厄的《关于电视》和《自由交流》这两本书一起来读。这样，一个更加完整的布尔迪厄才会呈现在我们面前。

布尔迪厄在《自由交流》中警告说："当国家在医院、学校、电台、电视台、博物馆、实验室方面以赢利和利润作为思考与行动的原则时，人类最高的成就就受到了威胁，也就是说一切具有普遍性、涉及总体利益的东西受到了威胁。"他大声疾呼："不能让文化生产依赖于市场的偶然性或者资助者的兴致。"① 可以说，对批判性知识分子和知识分子的批判性做了多方面探讨的布尔迪厄，在这两方面都是身体力行的。我们很难不让自己对布氏产生一种深深的敬意。

三 "电视知识分子"是不是知识分子的与时俱进？

我们知道，"远离电视"是西方电视批评理论最通俗、最大众化的关键词。一些激进的知识分子拒绝媒介，特别是拒绝上电视，他们似乎也恪守着中国学人那种"板凳要坐十年冷"的信条。

不过，布尔迪厄却堪称是一位"用电视的手段批评电视"的大师，他明确提出："抱有偏见，断然拒绝在电视上讲话在我看来是经不起推敲的。我甚至认为在条件合理的情况下有上电视讲话的'责任'。"② 于是，为布尔迪厄带来巨大声誉的《关于电视》一书便应运而生，这本字数不过7万字的小册子是根据他的两次电视讲座的内容修改而成的。布尔迪厄在《关于电视》中，开宗明义地断言："电视通过各种机制，对艺术、文学、科学、哲学、法律等文化生产的诸领域形成了巨大的危险"，"电视对政治生活和民主同样有着不小的危险"。③ 由这一基本判断出发，他有力地揭露了电视在资本主义社会中的两个基本功能：反民主的象征暴力和受商业逻辑制约的他律性。为此书的中文版作了译序的周宪认为，由此便构成了《关于电视》的两个基本主题："第一个主题是分析论证了电视在当代社会并不是一种民主的工具，而是带有压制民主的强暴性质和工具性质。""第二个

---

① 〔法〕皮埃尔·布尔迪厄、〔美〕汉斯·哈克：《自由交流》，生活·读书·新知三联书店，1996，第70、68页。
② 〔法〕皮埃尔·布尔迪厄：《关于电视》，许钧译，辽宁教育出版社，2000，第10页。
③ 〔法〕皮埃尔·布尔迪厄：《关于电视》，许钧译，辽宁教育出版社，2000，第1、2页。

主题，涉及电视与商业的关系，或者换一种表述，涉及商业逻辑在文化生产领域中的僭越。"①

周宪认为："布尔迪厄却提供了另一种策略：利用电视来为电视解魅。""与阿多诺式的在媒介体制之外来批评媒介的方法相比，布尔迪厄'参与性对象化'的方法似乎带有更大的破坏性，它从内部揭露了媒介体制鲜为人知或人所忽略的那一面。难怪《关于电视》一面世，便在法国传媒界和知识界引起了轩然大波，持续论争数月之久。"②

当然，正像电视具有两面性一样，对布尔迪厄的解读也是多元的。徐友渔就提出："值得指出的是，布尔迪厄的书本身也表现为一个悖论。他应法国电视台之邀作了两次讲座，他的书就是根据讲座的内容修改、整理而成。正是因为电视的影响力，《关于电视》一书引起了广泛的争论，使得该书长期名列最佳畅销书排行榜之首。也许有人要问，布尔迪厄是在对电视作批判，还是与电视共谋？在这里，我们必须承认电视的两种两面性，它既提供了信息，又可能遮蔽思想；它既体现了话语霸权，又提供了反思和批判的机会——如果没有电视，我们怎么知道布尔迪厄对电视的批判呢？当然，布尔迪厄对两个方面都有遭遇和体会，看来，电视的正面和负面作用，与它是处在垄断和竞争状态下很有关系。"③

这里，"布尔迪厄是在对电视作批判，还是与电视共谋"的问题提得十分有趣。我们认为，知识分子的拒绝电视应该是指拒绝电视的商业化和庸俗化，拒绝自己可能会因在电视上露面而成为这种商业化和庸俗化的傀儡或帮凶。但是，知识分子，包括可以称作大家的知识分子不应拒绝将电视作为一个平台，一个鼓吹启蒙、启迪民智的平台。提出"剧作家的真正关怀在哪里？电视人的真正关怀在哪里？"的剧作家张宏森写道："鲁迅先生的一生，都致力于揭示中华民族的国民性，他的《呐喊》和《彷徨》多么希望给当时麻木的心灵敲响重槌；然而，尽管如此，《呐喊》也罢，《彷徨》也罢，当时的总印数也不足几千册。如果鲁迅先生生逢今世呢？他有力的呐喊声定然不会放过这个一夜之间传遍各个角落的现代传播媒体。现在，手段和媒体正摆放在我们面前，从物质条件上说我们比鲁迅先生优越

---

① 见《关于电视》译序，第7、9页。
② 见《关于电视》译序，第3、4页。
③ 2001年11月1日《南方周末》第18版。

了许多。优越的条件呼唤的不仅是文化守灵人,它更在呼唤慷慨高歌的文化开拓者。所有真正意义上的文化人都应该重视并重新评估现代科技手段和现代传播媒体在实现文化思想中所发挥的力量。这种力量也许会重新构建出当代中国大文化的崭新模型。"① 事实上,国外一些学术大家像布尔迪厄一样,并没有把媒体视为学术的对立物,而是将媒体作为学术表达的一个话语系统,并发表了不少真知灼见。比如著名的英国广播公司的瑞思②系列演讲,像汤因比、萨义德等人,就曾在这个平台上作过著名的演讲。特别是萨义德的《知识分子论》一书,就是他在1993年的瑞思系列演讲,其中那种知识分子典型的不屈不移、卓然特立的风骨跃然纸上。

从常常被研究者引经据典的一些西方学界大家的学术经历和学术成果来看,考察他们对电视理论的影响,首先应当注意电视对他们的影响。我们注意到,现代西方学界的不少大家,对传媒的态度有一个发展变化的过程。以几位"大腕儿"来说,贝尔的传世之作《资本主义文化矛盾》发表于1978年,贝尔注意到了电视这种视觉媒介在"二战"后的迅速崛起,他比较了印刷媒介和视觉媒介在传播效果上的差异,贝尔的结论是,视觉文化虽比印刷文化更能迎合大众的感官需要,从文化的意义上来说却枯竭得更快。哈贝马斯则不同。"20世纪下半叶,由于信息技术的突飞猛进,卫星电视、英特网等大众传媒的迅速普及,人类社会进入了'图像世界'。……许多著名学者从幕后走到台前,从宁静的书斋走向热闹的电视演播大厅,直接面对发问的观众和主持人,直接面对纷繁复杂的各种社会问题,侃侃而谈,与在场的和不在场的电视观众即时互动,反响强烈。"③ 哈贝马斯作为西方社会科学界的领军人物,他不仅对20世纪80年代末和90年代初世界上发生的一系列重大事件给予了密切关注和严肃的思考,而且对电视传播在海湾战争等国际重大事件中扮演的特殊角色给予了哲学层面的分析,认为传播媒体史无前例的在场作为海湾战争的三个重要特征之一,不仅造成了战争的知觉方式的变化,而且改变了的知觉方式创造了另外一种现实。布尔迪厄就更是与电视有着"亲密"的接触,他的著名的《关于电视》一书,

---

① 转引自《新华文摘》1995年第10期,第121页。
② 瑞思于1922年任英国广播公司总经理,自1927年至1938年担任董事长,对英国广播业发展贡献良多。
③ 〔德〕尤尔根·哈贝马斯、米夏埃尔·哈勒:《作为未来的过去》,章国锋译,浙江人民出版社,2001,出版前言。

就是他在巴黎电视一台所作的电视讲座。并且,他开宗明义地宣称:"我选择在电视上讲授这两门课,是想做一尝试,突破法兰西公学院的限制,面向普通听众。"①

至于如前所述的"后知识分子"——"电视知识分子"将文化资本转变为经济资本和货币资本,布尔迪厄对此进行的深入分析当然不是空谷足音。美国学者安德鲁·罗斯认为:"作为人文主义者和社会学科学家,我们也已开始认识到通常传授的很难懂的知识是一种符号性资本,在新的专家政治权力结构中可以毫不费力地转化为社会资本。无论在哪里,社会差异总是以教育上的差别来作解释并证明其存在的合理性。在一个由鉴赏力范畴来划分等级的社会不平等世界里,正是经过学院教育积累起来的文化资本使这些范畴合法化,并系统地以无法避免的力量(类似于自然宗教的力量)投资到这种病态的不同等级的鉴赏范围。"② 这里,实际上涉及我们经常讨论的"话语霸权"问题。莫小看了"一介书生"们,罗斯的"社会差异总是以教育上的差别来作解释并证明其存在的合理性"的断言说得非常到位。如果说"话语"加上"资本"产生了"话语资本"的话,那么知识分子在此所拥有的霸权和特权何等了得。

然而,面对"电视知识分子"的频繁出镜和其背后的深刻社会原因,我们的思考不能不变得"形而上"。作为社会思想、意识形态、价值取向、精神信仰的建构者和阐释者,"现当代知识分子与传统知识分子的情形已大不一样。知识分子作为一个整体的同质性已发生分离,产生了许多异质性知识分子,如人文知识分子……"③ 在美国,"知识分子是否应该成为出现于电视的社会名流",这一问题成为关于知识分子的讨论的主要话题之一,有人甚至认为趋向于电子大众媒体的知识分子是逃避其各种公共责任的"个体知识分子",亦即非知识分子。而"早期的法国话语已对法国知识分子不是退却于大学而是退却于媒体提出了质疑"④。在我国,"知识分子如何在大众传媒霸权盛行的时代践履公共知识分子的社会角色",同样是我们

---

① 〔法〕皮埃尔·布尔迪厄:《关于电视》,许钧译,辽宁教育出版社,2000,第1页。
② 〔美〕布鲁斯·罗宾斯编著《知识分子:美学、政治和学术》,王文斌等译,江苏人民出版社,2002,第127页。
③ 此处列举了9种知识分子,参见布鲁斯·罗宾斯编著《知识分子:美学、政治和学术》,王文斌等译,中译本后记,江苏人民出版社,2002,第412页。
④ 〔美〕布鲁斯·罗宾斯编著《知识分子:美学、政治和学术》,王文斌等译,中译本序言,江苏人民出版社,2002,第5页。

无法回避的世纪性课题。

　　我们认为,知识分子所肩负的历史使命和社会责任到底是什么?是自由漂流、独立存在、保持一份清醒,还是随波逐流、得过且过?这种追问永远具有独特的理论意义和学术价值。那些在商业化、实用主义、拜金主义等社会思潮充斥日常生活,人心普遍浮躁的今天,仍然坚持自己的学术理想和学术操守的学者,哪怕他们终身没有媒体的光顾,他们仍然应当获得社会的推崇和尊重。而另一方面,提高电视的文化品位和人文内涵的关键之一,恰恰在于应该给知识分子提供更多的在电视上出镜的机会,使他们能够充分利用电视传播这一影响最大的公共空间,将学术话语变为电视话语。这无论是对知识分子学术话语的完善和普及,还是对电视节目档次的不断上台阶,都不无裨益。

第一章　电视知识分子概说

知识分子与电视之间的关系，从最根本的意义上来讲，是观念与公共生活之间的关系。作为从事观念生产的群体，知识分子与公共生活之间在很大程度上是同一的。这种同一性最直接的体现就是公共知识分子，电视知识分子只是知识分子或公共知识分子的一种变体罢了。从根本上否定知识分子参与电视的可能，也就是认为，在完成对口语传播、文字传播和印刷传播媒介适应之后，知识分子无法完成对以电视为代表的电子传播（已到来的以网络为代表的数字传播姑且不论）的媒介适应。显然，这种看法缺乏人类传播历史经验的支持。

"电视知识分子"这个论题的产生不能不归因于中国内地改革开放三十年来巨大的社会发展范式变迁在文化场域和媒介场域所引发的权威重建的过程，这个过程绝不是单纯的知识分子个体对媒介文化的纡尊降贵所带来的文化场域的力量转换，这个过程所反映的是中国内地的知识分子在面对晚清以降"中学"和"西学"传统重构、新时期主流知识意识形态再造以及电视等新兴媒体形塑人类知识交往模式这三重力量交织下的探索过程，归根结底，中国内地电视知识分子问题是知识分子个体身处这三种文化之网的纽结之上如何重识自身社会身份的问题。

在审视知识分子与电视的关系之际，笔者认为，对于这种关系不能简单理解为只存在单一的"收编—对抗"的二元对立模式。这种模式不承认知识分子与电视之间存在对话，或者更为确切地说，存在彼此利用的共生方式。甘为电视节目创作集体走卒的知识分子或完全拒绝与电视节目创作集体开展任何形式的合作的知识分子都为数极少，可以忽略不计。简单地将电视知识分子"污名化"的看法是苛刻而缺乏"理解之同情"的。"拒绝电视"是缺乏当代媒体观念的前"电视时代"知识分子的行为，这类知识分子在根本意义上讲是缺乏公共关怀的。当然，同"横眉冷对千夫指，俯首甘为孺子牛"的公共知识分子一样，"躲进小楼成一统，管他冬夏与春秋"①的知识分子也有其存在的重要意义，也是社会发展、进步所不可缺少的。不过，正如陈来先生所指出的那样："用公共性写作来回避专业工作的艰苦工夫，与用专业化工作消解社会关怀或公共参与，对人文社会科学者而言，同样是要加以警省的。"②

第一节　知识分子、公共知识分子与电视知识分子

一　谁是知识分子？

对于知识分子的评价可以说是众说纷纭，莫衷一是。经美国学者芭芭拉梳理，自20世纪60年代末期，关于知识分子的争论存在着几种矛盾的声音。首先，一些人认为知识分子的角色已随着知识分子生活的体制化、专业化和商品化过程而坍塌了。有人认为，知识分子的死亡被过度夸大了，甚或是错误的。这种观点将知识分子衰落归因于体制化、专业化、过去限于精英而现在更易接近的知识及公共平台、媒介文化等因素，这种做法忽略了知识分子得以独立的条件。另有一些人更具批判性，视知识分子为民众中被灌输程度最深的那一部分，而且因"与希特勒等人结盟的知识分子"的存在，知识分子还背负了不负责任的罪过③。

这种分歧的根源在于对知识分子概念理解的分歧。自法国学者班达以降，以德国学者曼海姆、意大利思想家葛兰西和法国学者福柯的定义影响最大，可以说，西方其他学者的定义都是在这几家的基础上的阐发，对知识分子及公共知识分子的研究，美国学者芭芭拉做了比较全面的综述，④ 笔者兹不在正文中赘述。

---

① 《鲁迅选集》（第一卷），人民文学出版社，1983，第467页。
② 陈来：《儒家思想传统与公共知识分子——兼论现代中国知识分子的公共性与专业性》，许纪霖主编《公共性与公共知识分子》，江苏人民出版社，2003，第27页。
③ Barbara A. Misztal, *Intellectuals and the Public Good: Creativity and Civil Courage*, New York: Cambridge University Press, 2007, pp. 13-15.
④ Barbara A. Misztal, *Intellectuals and the Public Good: Creativity and Civil Courage*, New York: Cambridge University Press, 2007, pp. 1-27. 关于知识分子以及公共知识分子研究的综述部分，笔者已将该书的相关部分择要译出（知识分子部分见本章尾注一，公共知识分子部分见本章尾注二），兹不在正文中赘述。另外，由于所引用者甚多，故不一一列出出处，仅标以名姓，如有兴趣者可通过芭芭拉一书查阅原书。

在这里，笔者只想在芭芭拉综述的基础上再做一点补充说明。许纪霖先生写道："现代意义的知识分子也就是指那些以独立的身份，借助知识和精神的力量，对社会表现出强烈的公共关怀，体现出一种公共良知，有社会参与的文化人。这是知识分子词源学上的原意。在这个意义上，知识分子与一般的技术专家、技术官僚以及职业性学者是很不相同的。"[①] 例如，英国学者雷蒙·威廉斯就认为：知识分子（intellectuals）"现在通常具中性意涵，有时候甚至用于正面的意涵——用来描述那些从事某种智力工作的人，尤其是从事一般种类的智力工作的人。在大学里，下述两者之间的用法有时候会有一种区别：（一）具有专门兴趣的 specialists（专家）或 professionals（专业人士）；（二）具有比较广泛兴趣的 intellectuals（知识分子）。更普遍的说法是，intellectuals 通常强调的是'意识形态与文化领域里的直接生产者'，这是有别于'需要劳心'工作的 specialists 或 professionals；这些劳心的工作主要是指管理、分配、组织或重复性的工作（例如，某一些形式的教学工作）[②]"。

萧功秦先生指出："文化学意义上的或狭义的知识分子就是运用思想来思考社会问题并运用思想来对特定的社会困境做出应对与选择的人们。知识分子就是以知识为基础，通过对社会困境的独立思考而形成自己的信仰与道德理念，并以这种自己认同的理念为基础形成对社会的批判能力的人。"[③]

在一些西方学者的研究基础上，郑也夫先生对知识分子"在文化层次中自下而上提出以下四种类型。（1）非文化型知识分子：他们具有大学学历，但不从事文化（包括科技）工作，而是在机关部门从事管理和事务性工作。（2）传授与应用型知识分子：教师、工程师、临床医生等。（3）创造型知识分子：学者、科学家、作家、艺术家等。（4）批判型知识分子。这种划分并不表示知识多少。一个官僚知识分子完全有可能具有不下于教师的知识；一位博学的教师的知识未见得少于发明家。这种划分着重表示：不同的职业角色在不同的层次上，以不同方式与知识文化发生关系。这四

---

① 许纪霖：《知识分子是否已经死亡？》，陶东风主编《知识分子与社会转型》，河南大学出版社，2004，第29页。
② 〔英〕雷蒙·威廉斯：《关键词：文化与社会的词汇》，刘建基译，生活·读书·新知三联书店，2005，第246页。
③ 萧功秦：《知识分子与观念人》，天津人民出版社，2002，第19页。

种类型均是一个健全社会所必须具备的"。①

周宪先生则从谱系学的角度,以现代性的冲突这个独特视角,从历史的角度,把知识分子区分为启蒙与革命型知识分子、技术官僚型知识分子以及批判型知识分子三种类型。②

讨论"电视知识分子"问题,绕不开对"知识分子"概念的探讨;探讨知识分子概念,也离不开对知识分子的观念史的回溯。

考究现代知识分子概念的源流,正如德国学者马克斯·韦伯所指出的那样,现代知识分子只是俄国革命知识分子最晚近的一次知识分子的伟大运动的产物。他写道:"在这场运动中,出身高贵的学院派贵族知识分子和平民知识分子并肩站在了一起。平民理智主义的代表是那些半无产阶级的小官吏群体,他们当中蕴藏着的社会学思考和广泛的文化兴趣非常老道,地方自治会(zemstvo)的官员则是尤为突出的代表(所谓'第三元素')。此外,记者、小学教师、鼓吹革命者以及产生于俄国社会条件下的一个农民知识阶层则推动了这种理智主义。"③ 在 18 世纪,这场运动与民粹主义相联系;在 19 世纪,则与马克思主义会合。④

现代知识分子除了其俄国源头之外,在西欧,如果按照英国学者雷蒙·威廉斯从语源学的角度所进行的研究,作为形容词的知识分子一词可以追溯至 14 世纪。从 19 世纪初期以来,名词形式的知识分子开始带上了负面的意涵。⑤ 知识分子的运动则集中表现为自 17 世纪以来的启蒙运动。⑥ 1894 年发生在法国的"德雷福斯事件"是现代知识分子走上历史舞台的标志性事件。就像最原始的生命物种也蕴涵着生命的奥秘一样,"德雷福斯事件"也揭示了在复杂历史环境中,现代知识分子走出书斋呼唤公平正义时所必须付出的代价,与政治场域和新闻场域等的密切合作,显示出撬动社会前行的巨大勇气,然而,也不得不背离许多传统知识分子场域所奉行的那些行为标准。德国学者汉娜·阿伦特写道,左拉"在他那篇著名的控告共和国的文章里,他也是最先背离了精确描述政治事实的原则,顺从了暴

---

① 郑也夫:《中国知识分子研究》,中国青年出版社,2004,第 10 页。
② 周宪:《审美现代性批判》,商务印书馆,2005,第 439~470 页。
③ 〔德〕马克斯·韦伯:《经济与社会》(第一卷),阎克文译,上海人民出版社,2010,第 650 页。
④ 〔德〕马克斯·韦伯:《经济与社会》(第一卷),阎克文译,上海人民出版社,2010,第 650 页。
⑤ 〔英〕雷蒙·威廉斯:《关键词:文化与社会的词汇》,刘建基译,生活·读书·新知三联书店,2005,第 245 页。
⑥ 〔德〕马克斯·韦伯:《经济与社会》(第一卷),阎克文译,上海人民出版社,2010,第 651 页。

民的激情","左拉的真正成绩从他的小册里很难看出,这就是他坚定无畏的勇气,用一生和著作使民众走向'接近偶像崇拜(idolatry)'的地步,他挺身而出,挑战、战斗,最后征服群众,但他像克列孟梭一样,一直很难把群众中的民众和暴民区分开来"。①

德国学者韦伯的研究②表明,围绕着各国宗教传统的发展流变,精英与大众、理智主义与反理智主义的种种因素纵横交错,出现了各种知识分子类型。

知识分子分类

类别	理智主义	反理智主义
精英	印度、埃及、巴比伦、琐罗亚斯德教、伊斯兰教及古代和中世纪的基督教的祭司团体③	儒教:世俗组织的官僚 印度教:世俗秩序的巫师 伊斯兰教:力求征服世界的武士④
大众	通常只受过被认为是劣等教育的小胥吏和微薄俸禄的收入者;在书写成了一个专门职业的时代却并非特权阶层成员的书吏;各类初级小学的教师;行吟诗人、说书人、朗诵人;各种自由职业的半无产阶级从业者。另外,非特权阶层中通过自修成为知识分子的人,如东欧的俄国半无产阶级农民知识分子、西欧社会主义—无政府主义的无产阶级知识分子。再如,19世纪上半叶仍谙熟《圣经》知识的荷兰农民、17世纪英格兰的小资产阶级清教徒以及所有时代和民族中那些满怀宗教热忱的手工业者。具有经典表现的犹太俗众法利赛人、哈西德派以及每天都在研习律法的无数虔诚的犹太人⑤	佛教:云游世界的托钵僧 犹太教:漂泊不定的商人 基督教:周游四方的手工艺人⑥

---

① 〔德〕汉娜·阿伦特:《极权主义的起源》,林骧华译,生活·读书·新知三联书店,2008,第170页。
② 〔德〕马克斯·韦伯:《经济与社会》(第一卷),阎克文译,上海人民出版社,2010,第633~652页。
③ 〔德〕马克斯·韦伯:《经济与社会》(第一卷),阎克文译,上海人民出版社,2010,第633页。
④ 〔德〕马克斯·韦伯:《经济与社会》(第一卷),阎克文译,上海人民出版社,2010,第646页。
⑤ 〔德〕马克斯·韦伯:《经济与社会》(第一卷),阎克文译,上海人民出版社,2010,第640页。
⑥ 〔德〕马克斯·韦伯:《经济与社会》(第一卷),阎克文译,上海人民出版社,2010,第646页。

在此，笔者想以中国传统知识分子"士"的一次演变为例说明知识分子性质的多变性。清代学者赵翼曾指出："古人习一业，则累世相传，数十百年不坠。盖良冶之子必学为裘，良弓之子必学为箕，所谓世业也。工艺且然，况于学士大夫之术业乎。"① 陈寅恪先生指出："所谓士族者，其初并不专用其先代之高官厚禄为其唯一表征，而是以家学及礼法等标异于其他诸姓。"② 而士的性质总是不断变迁的，以汉唐之间的士族流变为例，陈寅恪先生指出："夫士族之特点既在其门风之优美，不同于凡庶，而优美之门风实基于学业之因袭。故士族家世相传之学业乃与当时之政治社会有极重要之影响，……但东汉学术之重心在京师之太学，学术与政治之关锁则为经学，盖以通经义、励名行为仕宦之途径，而致身通显也。自东汉末年中原丧乱以后，学术重心自京师之太学转移于地方之豪族，学术本身虽亦有变迁，然其与政治之关锁仍循其东汉以来通经义、励名行以致从政之一贯轨辙。此点在河北即所谓山东地域尤为显著，实与唐高宗、武则天后之专尚进士科，以文词为清流仕进之唯一途径者大有不同也。由此可设一假定之说：即唐代士大夫中其主张经学为正宗、薄进士为浮冶者，大抵出于北朝以来山东士族之旧家也。其由进士出身而以浮华放浪著称者，多为高宗、武后以来君主所提拔之新兴统治阶级也。其间山东旧族亦有由进士出身，而放浪才华之人或为公卿高门之子弟者，则因旧日之士族既已沦替，乃与新兴阶级虽已取得统治地位，仍未具旧日山东旧族之礼法门风，其子弟逞才放浪之习气犹不能改易也。总之，两种新旧不同之士大夫阶级空间时间既非绝对隔离，自不能传染熏习之事。"③

以上情况表明，对于到底什么是真正的知识分子这个问题，因为"昨是今非、昨非今是"的情况太多，全与整个社会环境的变迁密切相关。由于社会环境的变迁不断，所以，知识分子的本质并非是一成不变的，对知识分子永恒本质的追问，从客观上讲是无解的。正如周宪先生所指出的那样："知识分子并无同一的本原，亦无始终如一的永恒角色。非连续性道出

---

① 王树民：《廿二史劄记校证》（订补本），中华书局，1984，第100页。
② 陈寅恪：《隋唐制度渊源略论稿·唐代政治史述论稿》，生活·读书·新知三联书店，2009，第259页。
③ 陈寅恪：《隋唐制度渊源略论稿·唐代政治史述论稿》，生活·读书·新知三联书店，2009，第260~261页。

了其社会角色不断转变的必然性。"①

意大利思想家葛兰西曾经指出:"要接受'知识分子'这一术语,其'最大'限度是什么呢?我们能否找到一个统一的标准,用以平等地描述知识分子所有各不相同的活动,同时在本质上区别于其他社会集团的活动呢?在我看来,最普遍的方法上的错误便是在知识分子活动的本质上去寻找区别的标准,而非从关系体系的整体中去寻找,这些活动(以及体现这些活动的知识分子团体)正是以此在社会关系的总体中占有一席之地的。"② 如果仅从最大限度获取经济资源途径的角度来看,知识分子由于不直接进行物质生产劳动,因此,在其存在方式上,始终处于一种依附他者的地位。除了那种依靠**自身所拥有**的土地或资金等财富形式生存的知识分子之外,就其依附方式所出现的先后顺序(对这种关系不应将其理解为一种进化式的替代淘汰),我们至少可以发现四种类型:人身依附、机构(团体)依附、媒介依附和资本依附。

对人身依附最典型的描述,我们可以从汉代史学家司马迁那里看到这样的描述:"仆之先人非有剖符丹书之功,文史星历近乎卜祝之间,固主上所戏弄,倡优蓄之,流俗之所轻也。"③这种依附关系的最大特征是知识分子个体对当权者个体的直接依附,当权者个体直接决定着知识分子个体的命运。机构(团体)依附,通常的例子是中世纪以降的大学教师(也包括部分学生),他们依赖于学术机构(或学术团体)对其学术能力的识别,并给予相应的物质待遇。媒介依附即知识分子个体通过大众媒体赚取版税、稿酬、编辑费和策划费等收入。知识分子媒介依附最为典型的例子当属20世纪30年代的鲁迅先生,据陈明远先生的研究显示:"1932年'教育部编辑费'撤销以后,版税和稿酬、编辑费成为鲁迅唯一的经济来源。鲁迅后期平均月收入相当于今人民币2万多元。作为自由职业者,这就是他坚持'韧性战斗'的经济基础。"④ 资本依附可以从现代市场经济条件下各类型的私人基金会对知识分子的资助行为中看到。

随着现代市场经济的不断发展,知识分子的人身依附形态逐步消亡,

---

① 周宪:《审美现代性批判》,商务印书馆,2005,第442页。
② 〔意〕安东尼·葛兰西:《狱中札记》,曹雷雨、姜丽、张跣译,中国社会科学出版社,2000,第3~4页。
③ 语见班固《汉书·司马迁传》(第九册),中华书局,1962,第272~273页。
④ 陈明远:《文化人的经济生活》,文汇出版社,2005,第193页。

而资本依附形态得以扩张，知识分子自身的文化能力也被资本化了。马克思和恩格斯敏锐地感受到了这一点。正如他们在《共产党宣言》中所指出的那样："资产阶级抹去了一切向来受人尊崇和令人敬畏的职业的灵光。它把医生、律师、教士、诗人和学者变成了它出钱招雇的雇佣劳动者。"而追根溯源，"现代资产阶级本身是一个长期发展过程的产物，是生产方式和交换方式的一系列变革的产物"①。

美国学者艾尔文·古德纳指出："看起来，文化作为资本的理论（the theory of culture as capital）正是开始于公认的社会学之父奥古斯特·孔德（Auguste Comte）本人。他是伟大的空想社会主义者亨利·圣西门（Henri Saint-Simon）的秘书和'忘恩负义'的门徒。在他的《社会整体体制》的第二章中，孔德评述了在劳动中，在人类产出高于消费——即一种盈余的状况——的情况下，以及在其中一些使得资本代代积累，并随时空而转移的耐用性中的资本的起源。这正是继承了人类学的'文化'的概念。孔德处于政治经济学和社会学的最初的交界处。在这里，文化与资本是'社会发展的基石'。正在出现的'文化'与'资本'的概念是暹罗孪生子（Siamese Twins）脊背相连：文化是资本的普遍化，而资本是私有化的文化。

实际上，这是文化向资产（楷体为原文所有——笔者注）的转变，资产的收入可以被私人占有或遗留下来，这种资产被古典政治经济学家称为'资本'。资本是对文化的私人占有，是把文化共有圈作私有。

如果文化的任何部分要成为'资本'，它所生产的商品必须被私人占有，而这种私人占有被习俗和国家所保护。当文化被'资本化'（capitalized）时，它就变成了资本。这意味着那些拥有文化或拥有文化的某些形式的人把收入留了起来，同时拒绝给那些缺乏文化的人以这样的收入。因此，资本是固有的一种优势：那些拥有它的人得到的是那些缺少它的人得不到的满足。对那些通过工资、版税、专利权、版权或资格证书而在文化上拥有技能的人，他们获取特殊收入的规定，是技能的资本化。"②

---

① 《马克思恩格斯选集》（第一卷），中共中央马克思恩格斯列宁斯大林著作编译局译，人民出版社，1972，第252、253页。
② 〔美〕艾尔文·古德纳：《知识分子的未来和新阶级的兴起》，顾晓辉、蔡嵘译，江苏人民出版社，2006，第33~34页。

在这里，文化的资本化所反映的是人类社会文化传承的依附对象的变迁。文化资本化的结果是，知识分子必须对文化进行售卖，依附于资本获得报酬。这种售卖既有根据文化的标准来分配物质报酬的情况（即由知识分子所组成的团体的标准来分配物质报酬，该标准只要求知识分子能够发现文化产品之中的创造性即可获得相应的物质报酬，而且这种创造性是不以数量来计算的），也有按照文化产品的大众使用者标准来分配物质报酬的情况（该标准要求作为评判者的文化产品的使用者能够接受，至于是否具有创造性，则由于绝大多数的文化产品购买者难以辨别产品质量，所以并不能占据主要地位）。就像法国社会学家布尔迪厄所指出的那样："实际上，为生产者服务的生产者及其代言人确立了创作自由同市场律令之间、创造受众的作品同被受众创造的作品之间的对立。"①

现代市场经济所导致的知识分子的资本依附或文化的资本化，其最显著的后果是文化的符号商品化，正如法国哲学家让·鲍德里亚所指出的那样："每一事物，甚至艺术的、文学的以及科学的产物，甚至那些标新立异和离经叛道的东西，都会作为一种符号和交换价值（符号的关系价值）而被生产出来。"② 笔者认为，根据现代知识分子对资本依附的现实，可将知识分子做如下定义：知识分子是生产符号商品的劳动者。知识分子可以根据其所提供的符号商品的性质划分为学院知识分子或公共知识分子，而具体到公共知识分子，又可以分为在报刊上发表评论文字的知识分子或电视知识分子。因而这些知识分子类型都可以根据不同的标准加以定义。例如，向公众提供符号商品的劳动者就是公共知识分子；通过电视向公众提供符号商品的劳动者就是电视知识分子。

二 公共知识分子的公共意涵

谈到"公共知识分子"，顾名思义与"公共性"密不可分，而要说明"公共"的含义却又是一个比较复杂的问题："即便是科学，尤其是法学、政治学和社会学显然也未能对'公'（Öffentlich）、'私'（privat）以及

---

① Pierre Bourdieu, "The Market of Symbolic Goods," in Randal Johnson (eds.), *The Field of Culture Production: Essays on Art and Literature*, New York: Columbia University Press, 1993, p. 127.

② 〔法〕让·鲍德里亚：《符号政治经济学批判》，夏莹译，南京大学出版社，2009，第 73 页。

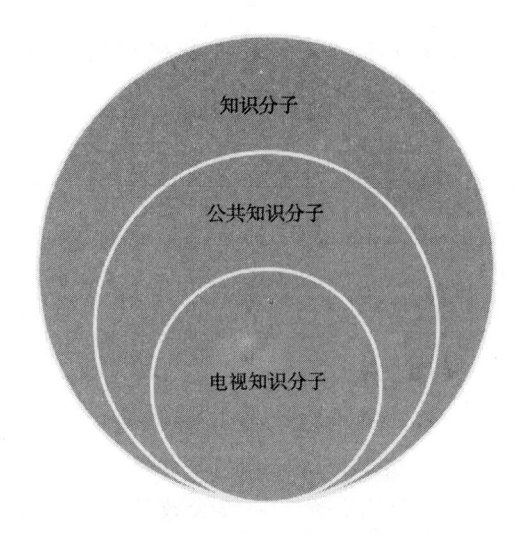

知识分子、公共知识分子与电视知识分子关系图

'公共领域'、'公众舆论'等传统范畴做出明确的定义。"①

"公众舆论、专制或开明的公共领域等范畴最常用的意思和公众、公共性以及公开化等有着密切的联系",因而可以理解为与一般意义上的公共场合"几乎毫无联系"。德国学者伊丽莎白·诺尔－诺曼从三个方面加以把握公共性的意涵②:首先,是法学上的意义,指任何人都可以接近;其次,政治学上的意义(当然也涉及法学),指凌驾于个人权利之上的国家公共权力;最后,是社会心理学的意义,指的是个人害怕孤立而追求与周围环境的协同一致,并据此行动。

相对于学理上的规定,现实中的公共性却呈现出相对复杂的情况,在相当的程度上,这种复杂性的产生应当归结为大众传媒的介入:"公共性——如法庭审判时的公开性——所发挥的主要是评判功能。到了大众传媒领域,公共性的意思无疑有所变化。它从公众舆论所发挥的一种功能变成了公众舆论自身的一种属性。"

在许纪霖先生看来:"公共知识分子中的'公共'究竟何指?我以为,其中有三个含义:第一是面向(to)公众发言的;第二是为了(for)公众

---

① 〔德〕尤尔根·哈贝马斯:《公共领域的结构转型》,曹卫东、王晓珏、刘北城、宋伟杰译,学林出版社,1999,第1页。

② 〔德〕伊丽莎白·诺尔－诺曼:《民意——沉没螺旋的发现之旅》,翁秀琪、李东儒、李岱颖译,远流出版事业股份有限公司,1994,第87～89页。

而思考的,即从公共立场和公共利益,而非从私人立场、私人利益出发;第三是所涉及的(about),通常是公共社会中的公共事务或重大问题。公共性所拥有的上述三个内涵,也是与知识分子的自我理解密切相关的。"①

现代意义上的知识分子是以对公共事务的关怀登上历史舞台的。但是,这只是东西方知识分子传统的一次回归罢了。所以,张汝伦先生从发生学上将知识分子同公共知识分子等同看待也不无道理:知识分子"主要是指除了知识与文化外还有特殊担当的人,即所谓公共知识分子(public intellectuals)"。②

虽然公共知识分子天然是知识分子,但知识分子并不天然就是公共知识分子。美国学者波斯纳指出:"所谓公共知识分子,是指依托其智识资源,面向受过教育的广大社会公众,就涉及政治或意识形态维度的问题发表高见之人。"③ 在美国学者芭芭拉看来,公共知识分子的本质特征在于专业立场的确立以及与非专业对象建立联系。④ 总之,公共知识分子意指那些基于从其各自的特殊领域获得的知识和权威的专业角色之外向普通公众传播的作家、学者、科学家和艺术家等。⑤ 例如,中国著名法学家江平先生就曾经这样描述自己的公共知识分子的定位:"我现在没有专门对法学某些具体问题作深入的研究,但是我这个人又喜欢发表言论,什么题目都谈一些。"⑥

余英时先生借助马克思关于"哲学家们只是用不同的方式**解释**世界(黑体为原文所有,下同——笔者注),而问题在于**改变**世界。"⑦ 的思想,认为马克思揭示出了"西方知识人的两大类型"。他写道:"'解释世界'

---

① 许纪霖:《从特殊走向普遍——专业化时代的公共知识分子如何可能?》,许纪霖主编《公共性与公共知识分子》,江苏人民出版社,2003,第29页。
② 张汝伦:《知识分子·中国知识分子·现代性》,《天涯》2004年第1期。
③ 〔美〕波斯纳:《公共知识分子:衰落之研究》,徐昕译,中国政法大学出版社,2002,第213页。
④ Barbara A. Misztal, *Intellectuals and the Public Good: Creativity and Civil Courage*, New York: Cambridge University Press, 2007, p. 21.
⑤ Barbara A. Misztal, *Intellectuals and the Public Good: Creativity and Civil Courage*, New York: Cambridge University Press, 2007, p. 27.
⑥ 陈夏红:《江平:我为什么要呐喊》,网络来源:http://www.eeo.com.cn/observer/wenhua/2010/9/26/181815.shtml,下载日期:2010年10月14日。
⑦ 中共中央马克思恩格斯列宁斯大林著作编译局编《马克思恩格斯选集》(第一卷),人民出版社,1972,第19页。

的哲学家是西方古代和中古的知识人;'改变世界'的则是西方近代和现代的知识人。希腊'哲学的突破'是外在的超越(external transcendence),超世间而高于世间,但又外在于世间。因此哲学家的重要兴趣贯注在永恒不变的超越本体或真理世界,他们以思辨理性(speculative or theoretical reason)对超越世间进行静观冥想(contemplation),而不大肯注意流变扰攘的世间生活。自苏格拉底(Socrates)因为卷入城邦的政治生活而被判处死刑以后,希腊的哲学家更不肯参加政治生活了。柏拉图以来,西方文化史上出现了'静观的人生'(vita contemplative)和'行动的人生'(vita active)的划分。哲学家'解释世界'便是'静观'的结果。中古的经院哲学家(schoolmen)仍然继续着'静观的人生'。另一方面,西方中古基督教教会(church)则承担了'改变世界'的任务,因为基督教是根据上帝的旨意而'救世'的。欧洲中古时代的教会对所谓蛮族(barbarians)进行教化,对君主的权力加以限制,同时又发展了学术和教育。这些都属于'改变世界'的工作,也就是'行动的人生',西方文化'世俗化'(secularization)的结果。18 世纪以后的西方知识人才转而重视'行动'与'实践'(practice);西方近代史上的革命,都有知识人的参与和领导。"[1]

东方知识分子的公共关怀也是不能被抹杀的。美国学者默尔·戈德曼认为当代中国知识分子继承了儒家知识分子的传统,他这样描述儒家传统对知识分子的要求:"按照这个传统,文人应该为国家服务,同时在政府偏离原则的时候能直言敢谏。在批评政府的错误行为上,西方知识分子更多地认为是他们的权利,中国知识分子则认为是他们的责任。中国知识分子把自己看成是道德裁判者。他们带头做应该做的事,而不是随遇而安,因此可以不计个人的成败得失,甚至坐牢和杀头也在所不惜。他们没有得到制度上或法律上的认可,但是,他们有传统的道德来大声抗议暴政。文人们都起来争辩、抗议和批评,以求改正错误和改革政治。在支撑国家政策和施加政治压力方面,存在着使用书面文字的长期传统。"[2] 林语堂先生在论及汉代学者对政府的批评时曾经写道:"他们没有完全取得成功并非他们

---

[1] 余英时:《士与中国文化》,上海人民出版社,2003,第 608 页。
[2] 〔美〕R. 麦克法夸尔·费正清编《剑桥中华人民共和国史》,谢亮生、杨品泉、黄沫、张书生、马晓光、胡志宏、思炜译,谢亮生校订,中国社会科学出版社,1990,第 198~199 页。

的错误,而是由于中国缺乏保护个人权利的宪章。"《尚书》关于"天视自我民视,天听自我民听"的民主形式"通常都是徒劳无益的,因为尽管上天可以选择聆听人民声音的方法或途径,但宦官、帝王的臣妾和皇上的乳母等并不这样做,而上天对此也无能为力"①。中国传统中的"清谈"也从反面揭示出在缺乏法治的条件下,知识分子的公共关怀所产生的社会效果是多么无力,知识分子为公共关怀所付出的代价是多么沉重,林语堂先生说:"或许正像大多数中国史学家所言,是'清谈'时尚带来了清末中国国势的衰弱和外族入侵华北,但如果人们真正理解了这个风尚的实质就会对其给予谅解和宽恕。在宪政对学士们和评论家缺乏保护的情况下,人们无法采取一种积极的政治心态,在舆论的指引下,冒着被统治者惩罚和付出生命的危险而'勇敢前进'。只有在法律规范中,言论自由真正实现并被保护,而人的生命具有更大价值和更多尊严的时候,人们才能以一种积极的心态来关注政治。"②

但是,如果据此就否定了知识分子公共关怀的必要性也是不应该的,从学术与思想对其本质的自我理解来说,二者是紧密相连互为里表的,知识分子对学术和思想的双重追求的价值是弥足珍贵的。许纪霖先生援引王元化先生关于"有学术的思想"和"有思想的学术"论证了真正的学术是具有深刻的思想性的。以陈寅恪先生的著述为例,许纪霖先生写道:"陈寅恪先生无法写入思想史,但20世纪中国学术史肯定缺不了他。陈寅恪的学术背后有着一般人所忽略的思想关怀,那种深刻的历史意识,那种文化遗民的忧患意识,前几年有'顾准热'与'陈寅恪热'。这两种'热'有其各自的积极意义,但也有其各自的偏差。最典型的莫过于对陈寅恪的误解了。作为一代宗师,陈寅恪的史学成就是毋庸置疑的。然而在史学界,却有不少人仅仅在诸如精通多少国外语啦、史料如何熟悉啦、考证本领如何了得啦这类史学功夫上崇拜陈寅恪,独独忽略了大师之所以伟大,不仅在于上述这些工匠之技,更重要的乃是对历史有大识见,有自己独特的问题意识。一个思想力稍微弱一些的学者是产生不了深刻的问题意识的,更不

---

① 林语堂:《中国新闻舆论史》,王海、何洪亮译,王海、刘家林校,中国人民大学出版社,2008,第36页。
② 林语堂:《中国新闻舆论史》,王海、何洪亮译,王海、刘家林校,中国人民大学出版社,2008,第40页。

用说那些一叶障目的专家了。"① 以陈寅恪先生的晚年力作《柳如是别传》为例，陈先生曾有"著书唯剩颂红妆"的慨叹。其书历10年始毕，初看起来，不免使人觉得这一选题的切口过小，有"割鸡焉用宰牛刀"之叹。不过，陈寅恪先生的好友吴宓先生指出："寅恪之研究'红妆'之身世与著作，盖借以察出当时政治（夷夏）、道德（气节）之真实情况，盖有深意存焉，绝非清闲、风流之行事。"② 余英时先生分析："此书在事实的层面所研究的钱柳因缘及复明运动。在这个层面上，陈先生的考证解决了无数复杂而深微的问题，在史学上有重大的突破。但是在意义层面上，此书却绝不仅限于三百余年前的明清旧闻，而处处结合着当前的'兴亡遗恨'，尤其是他个人的身世之感。古典今情融化为一，这原是陈先生一贯的学术精神。"③ 知识分子首先是社会人，较之一般民众更对制度变迁、风俗流变、文化变革有着切身的感受，在选择研究课题，特别是像陈寅恪这样的学者在选择自己的研究主题时，绝非只凭象牙塔中的学术旨趣加以决定，而始终不免要用自己的研究成果对社会说话，其强烈的公共关怀比新闻界的文化掮客更为深刻。

在现代市场经济条件下，正如英国学者哈耶克所指出的那样："像市场这种收集信息的制度，使我们可以利用分散而难以全面了解的知识，由此形成了一种超越个人的模式。在以这种模式为基础的制度和传统产生之后，人们再无必要（像小团体那样）在同一的目标上求得一致，因为广泛分散的知识和技能，现在可以随时被用于各不相同的目标。"④ 这样，因为公众的利益分化，故此一味以代表"全体公众利益"发言为己任的一般公共知识分子显然在很多问题与场合下是虚妄的，而代表某一利益诉求集团发言的特殊的公共知识分子倒是真实的。针对解决公共问题而发生的沟通过程，其理想状态并不是以一个或若干个个人魅力型权威式的公共知识分子的意见为最终结论，理想的情况倒应该是代表不同利益诉求集团的特殊的公共

---

① 许纪霖：《知识分子是否已经死亡？》，陶东风主编《知识分子与社会转型》，河南大学出版社，2004，第47页。
② 余英时：《陈寅恪的学术精神和晚年心境》，沈志佳编《余英时文集》（第五卷）：《现代学人与学术》，广西师范大学出版社，2006，第213页。
③ 余英时：《陈寅恪的学术精神和晚年心境》，沈志佳编《余英时文集》（第五卷）：《现代学人与学术》，广西师范大学出版社，2006，第215页。
④ 〔英〕F.A.哈耶克：《致命的自负》，冯克利、胡晋华译，冯克利统校，中国社会科学出版社，2000，第11页。

知识分子通过包括电视在内的大众媒介各自阐明观点、平等协商、逐步达成共识、最终形成对某一公共问题的意见共同体，这一过程也是公众借助大众传播媒介达成共识的过程。德国学者韦伯写道："文学界、学术界或者咖啡馆社交界知识分子储存的印象与感觉之源，也包括了对'宗教'情感的需求，他们讨论的话题当中也有这种需求，但它决不会产生一种新的宗教。作家们就这些饶有趣味的话题创作的作品，或者精明的出版商远更有效地卖掉这种作品的需求，也都会孕育出一种新生的宗教。无论从表面上看这能够激起多么广泛的宗教关切，知识分子的这种需求或者他们的饶舌，都决不会产生出一种新的宗教。时尚的飘忽不定将会让这种谈资和新闻由头转瞬即逝。"① 笔者认为，那种对人类精神导师的吁求本身就是极其值得人们警惕的，确切地说，这种吁求与盼望弥赛亚的心理根源是一致的，都是一种宗教渴望。

三 一种电视知识分子的定义及分类

笔者认为："'电视知识分子'的概念是法国著名社会学家布尔迪厄提出的。"② 根据布尔迪厄 1996 年 3 月录制、5 月播出的两次电视讲座内容修改、整理而成的《关于电视》一书成为研究电视知识分子问题的核心著作。借助其场域理论，布尔迪厄描述了电视知识分子是如何在收视率的驱赶下尽心尽职地完成与电视传播机构的合作的。但是，笔者在这里希望强调指出的是，布尔迪厄并不是一般地拒绝上电视，他说："我倒以为如果**条件合适**（黑体为原文所有——笔者注），在电视上讲讲话是很重要的。"③

何东先生的《电视"知识分子"》一文是笔者所见的中国内地最早的一篇有关电视知识分子问题的论文，该文描述了电视知识分子的几个特征："一、凡此类人士屏幕亮相，或左或右下角处必会出现一行电脑排字：某科学院（或大学）某研究所'副'研究员（或副教授、副主任、副编审），实在无衔可列的，便一概混称'学者'。倘若观众还有耐心等下去，过两年他们兴许还有可能把那'副'头衔再混出一个'正'来。见的多了，有人

---

① 〔德〕马克斯·韦伯：《经济与社会》（第一卷），阎克文译，上海人民出版社，2010，第651页。
② 时统宇：《试论"电视知识分子"》，《现代传播》2003年第2期。
③ 〔法〕皮埃尔·布尔迪厄：《关于电视》，许钧译，辽宁教育出版社，2000，第8页。

便将这种屏幕头衔陈列戏称为'挂羊头'。二、他们总是敢于对一切问题开口说话,包括对克隆、相对论、耗散结构一类最专门的科学问题,也无所不能地大发议论。而他们所向披靡又无所不通最方便的窍门,就是随时都将复杂的思想简单化、深刻的问题肤浅化。因此我们又可以将他们这种看家本领戏称为'卖狗肉'。'电视知识分子'运用起这套看家本领时,最明显的破绽就是:一旦面对某个复杂、深刻的思想问题或作品时,他们总是瞠目结舌哑口无言,而对一切肤浅时髦的东西,他们却总会报之以大声喝彩。"①

周安华先生则对中国电视知识分子的出现做出正面的解读:"与电视传媒担负的浩大使命相比,'电视知识分子'不是多了,而是太少了。知识圈应当更自觉、更充分地占领声像世界,以科学的头脑和丰富的学识,以敬业的姿态和细致的运作,参与电视事业。只有更多一流的文化人成为'电视知识分子',荧屏才会真正色彩缤纷,气象万千,饱孕智慧之美,满目哲理之趣,'遍地'欢悦之情,无愧当代人'精神的家园';而一个知识分子在挑战的岁月,创造具有现代水准文化殿堂的梦想,才会成真,并且永恒。

你没有理由为玄乎又玄乎的那几个'电视知识分子'寝食难安,也不必为电视制作群体的吊儿郎当、没规矩闷闷不乐。竞争终会叫他们脱胎换骨,而荧屏前那帮叫真的老少爷们迟早将教会他们'什么是游戏规则'。"②

笔者认为,虽然电视知识分子存在着种种问题,但仍然需要从提高电视的文化品位和人文力度的视角加以解读:"知识分子所肩负的历史使命和社会责任到底是什么?是自由漂流、独立存在、保持一份清醒,还是随波逐流、得过且过?这种追问永远具有独特的理论意义和学术价值。那些在商业化、实用主义、拜金主义等社会思潮充斥日常生活,人们的心理普遍浮躁的今天,仍然坚持自己的学术理想和学术操守的学者,哪怕他们终身没有媒体的光顾,他们仍然应当获得社会的推崇和尊重。而另一方面,提高电视的文化品位和人文力度的关键之一,恰恰在于应该给知识分子提供更多的在电视上出镜的机会,使他们能够充分利用电视传播这一影响最大的公共空间,将学术话语变为电视话语。这无论是对于知识分子的学术话

---

① 何东:《电视"知识分子"》,《天涯》1997年第5期。
② 周安华:《论中国"电视知识分子"》,《文艺争鸣》1998年第2期。

语的完善和普及，还是对于电视的档次不断上台阶，都是不无裨益的。"①

在周宪先生对被"边缘化"的知识分子在处理与传媒关系时的现实选择的概括的基础上，党生翠先生将大众传媒与知识分子之间的关系分为以下三类："对于专业知识分子，他们虽然把大部分精力投入到将知识创新的冲动转化为技术上的完满和规范上来，但在此过程中，也有人将所学应用于大众传媒的节目的策划和评审中来。对于这种关系，我们称之为'节目专家'与大众传媒的关系。

严格意义上的知识分子，在扮演自己批判性的公共角色时，也继承了前代利用大众传媒揭露社会问题、阐发自身观点、充当意见领袖的光荣传统。对于这种关系，我们称之为'公共知识分子'与大众传媒之间的关系。

第三种关系，也正是理论界早有人警醒、现实中却愈演愈烈的'电视知识分子'与大众传媒之间的关系。正如著名学者德布雷所分析的，由于大众媒介的影响和名声的诱惑，以及知识分子由自律的道德向追逐声望的名流之转变，在中国也作为一个严峻的问题出现了。"②

黄煜先生认为："'电视知识分子'的要害在于作秀及对知识的'炫耀'上，其代价常常牺牲分析的深入和叙述的完整，将知识论述的重要性演变成一种表演。"③

研究者胡畔指出："整体上来看，目前知识分子与电视媒介的关系体现为以下四种：第一类知识分子仅借助电视媒介传播思想理念和科研成果。他们只把电视视为与报纸杂志一样的传播媒介，因而能够恪守知识分子的学术品格，但此类节目往往美誉度高而收视率低，叫好却不叫座。如早期荧屏上的一些严肃死板的电视讲座。第二类知识分子常以专家学者的身份，对某领域的知识做电视化改造，使其适应电视节目的需要。这就难免在某些情况下做出让步和妥协，以达到电视和学者的双赢。比如风头正劲的《百家讲坛》的诸多嘉宾。第三类就是所谓的'媒介常客'和'快思手'，在电视所能带来的巨大名利财富的诱惑下，他们几乎丧失自己的理念和原则，只是假借一个学者的头衔，一切言行只是根据电视节目的需要进行表演。当然这只是少数现象，应当引起我们的警惕。第四类知识分子往往不

---

① 时统宇：《试论"电视知识分子"》，《现代传播》2003年第2期。
② 党生翠：《"公共知识分子"、"传媒知识分子"与"节目专家"——传媒时代知识分子与大众传媒关系探析》，《当代传播》2006年第1期。
③ 黄煜：《媒介知识分子角色的问答》，《中国传媒报告》2007年第4期。

与或者很少与媒介发生交集，始终深居象牙塔内，一如既往地潜心学术。"①

笔者认为，广义的电视知识分子可以从以下几个方面进行定义。按照是否将电视节目作为其职业来划分，可以将电视知识分子划分为职业电视知识分子和业余电视知识分子。前者包括各级电视制作及传播机构的领导者、部门管理者、电视节目制片人、记者、编导、主持人（播音员）、工程技术人员、经营人员等，这类电视知识分子是以制作、审查或出售电视节目为其职业特征的，其社会价值、个人尊严和成就感来自于电视传播机构和电视节目。按照其与电视场域最重要的生产工具——镜头的关系，主持人（播音员）也可以被认为是台前职业电视知识分子，其他的职业电视知识分子也可以被认为是幕后职业电视知识分子。业余电视知识分子是指并非以制作电视节目为其职业特征的那部分知识分子群体，包括作家、学者、艺术家、报刊记者等，其社会价值、个人尊严和成就感来自于其各自从属于的那类场域，例如文学场、学术场、艺术场和电视之外的新闻场等。当然，由于职业分工的日益细密，上述场域还可以被细分为层级不等、专业各异的子场域。在这里，笔者还想强调一点，除在传统意义上，新闻记者是属于知识分子行列的原因之外，笔者赞同李岩先生的看法："媒介从业人员从其具备专业技能和从事信息传播活动两个方面考察，都是属于知识分子行列。媒介从业者的职业特点决定了他们的工作是超越一切职业领域的，换句话说是代表一切从职业范畴走出进入社会公共领域的众人说话。真实、客观、公正的新闻原则既是大众传播的宗旨，也是超越行业范畴的普遍的信息—意义传播、舆论表达的原则。"②

就业余电视知识分子而言，按照其与摄像机镜头的关系，还可以划分为台前业余电视知识分子与幕后业余电视知识分子两类。前者是指那些出现于摄像机镜头前、电视屏幕中的业余电视知识分子，通常以新闻报道中的采访对象、电视谈话节目中的嘉宾或电视学术讲座中的主讲人等形式出现，这类电视知识分子的表现直接构成了电视节目的呈现元素，直接将其个人形象铭刻于电视节目本身，直接同观众发生了联系，同主持人（播音员）等职业电视知识分子相比，这类电视知识分子是业余的，其事业理想

---

① 胡畔：《解析电视知识分子现象》，《传媒观察》2007 年第 11 期。
② 李岩：《媒介从业者与公共知识分子的角色》，《中国传媒报告》2007 年第 4 期。

是在电视节目之外的。至于幕后业余电视知识分子，通常以电视节目创作集体的顾问、撰稿人、策划等形式出现，以向电视节目创作集体贡献专业意见为存在形式。

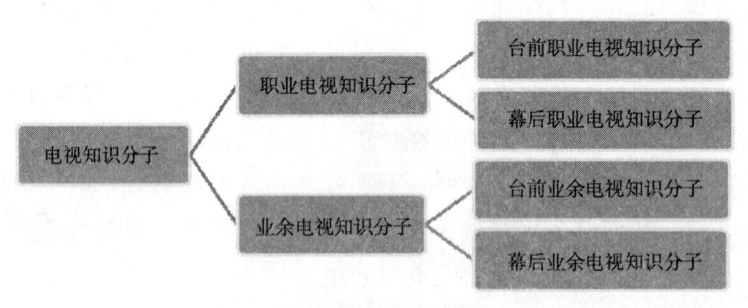

```
                              ┌─ 台前职业电视知识分子
              ┌─ 职业电视知识分子 ─┤
              │               └─ 幕后职业电视知识分子
电视知识分子 ─┤
              │               ┌─ 台前业余电视知识分子
              └─ 业余电视知识分子 ─┤
                              └─ 幕后业余电视知识分子
```

电视知识分子分类图

从广义上看，电视知识分子是指运用自己的文化资本参与电视节目制作的知识分子。从狭义上看，电视知识分子是在镜头前就某一问题阐述个人观点、提供专业意见的公共知识分子，即台前业余电视知识分子。关于此种知识分子的"业余性"，除了职业分类的意义之外，还需注意到这种业余性背后的文化意涵，在美国学者萨义德看来："所谓的业余性就是，不为利益或奖赏所动，只是为了喜爱和不可抹杀的兴趣，而这些喜爱与兴趣在于更远大的景象，越过界线和障碍达成联系，拒绝被某个专长所束缚，不顾一个行业的限制而喜好众多的观念和价值。"① 而本书所着重探讨的就是台前业余电视知识分子。当然，在业余电视知识分子当中也存在那种放弃知识分子操守、屈从于媒介权力的一类知识分子。对这种屈从本身不能简单地归结为道德因素，而应该从制度上寻找原因。

第二节　电视知识分子的制度之维

一　电视知识分子的前世今生

在许多研究者那里，"电视知识分子"被等同于"屈服于电视的知识

---

① 〔美〕爱德华·W. 萨义德：《知识分子论》，单德兴译，陆建德校，生活·读书·新知三联书店，2002，第67页。

分子"，而忽略了电视知识分子所继承的知识分子利用大众传播媒介对公众进行启蒙的重要传统。在这个传统中，从来不乏人类思想巨擘的身影。例如，新闻记者们不远千里来探望托尔斯泰。"托尔斯泰晚年时，摄影术已经普及，新闻影片才刚刚起步。作为媒体上第一位预言家，他的农民装束配合他显露的圣体，真是十分理想。托尔斯泰表演体力劳动也被拍成照片和电影。"① 罗素把一生中发表作品或在电台做节目得到的酬金都一笔笔记入一个笔记本中，"放在一个贴身的口袋里。偶有懒散或是灰心的时候，他就会把它掏出来仔细翻阅，并称之为'最有益的消遣'"。②

陈丹青先生为我们提供了一份与媒体亲密接触的西方重要知识分子的名单："'二战'前后欧美一流知识分子、艺术家、学者，都曾经高度重视媒体。譬如大诗人庞德、大哲学家萨特和西蒙娜·德·波伏瓦、大学者约翰·伯格、大哲学家及思想史家以赛亚·伯林等等，均深度涉入公众媒体，不仅利用，那还是他们在事业盛期或晚年的重要工作。萨特失明衰老后，放弃写作，全力主持电视节目，向全国和全欧洲人民说话。一说就说了10年。约翰·伯格在BBC主持多年系列节目，几乎影响到70年代后的欧美文化形态。他的《观看之道》在中国是极小众的美学与文化研究丛书，可当时就是英国大众定期观看的电视节目啊。这就是人家的人文水准。至于以赛亚·伯林那些主题庞大、艰深难懂的长篇文论，探讨冷战、历史、文学、政治学——这样大尺寸的哲学家，中国高级知识分子堆里半个也找不出——许多都是公众场合的讲演，还有不少是广播电台的长期现场播音。他是牛津的资深教授，是雅人中的雅人，可是扯着喉咙没完没了在电台里讲啊！"③

陈平原先生写道："《美国划时代作品评论集》（*Landmarks of American Writing*）集合众多专家学者，讨论32部代表美国历史及精神价值的重要作品，书中各文原是为美国之音对外广播而作。《人文科学中大理论的复归》（*The Return of Grand Theory in Human Science*）则是英国广播公司第三台谈话部的系列谈话，分别请专家撰稿，讨论伽达默尔、德里达、福柯、哈贝

---

① 〔英〕保罗·约翰逊：《知识分子》，杨正润、孟冰纯、赵育春、施敏译，江苏人民出版社，2003，第136页。
② 〔英〕保罗·约翰逊：《知识分子》，杨正润、孟冰纯、赵育春、施敏译，江苏人民出版社，2003，第237页。
③ 陈丹青：《也谈学者上电视》，《南方人物周刊》2006年第19期。

马斯、阿尔杜塞、年鉴学派等话题,这组广播谈话的问题意识很明显,那便是'大理论的复归'。《思想家——当代哲学的创造者们》(*Mens of Ideas*)则是20世纪70年代中期由英国广播公司制作的电视系列节目的记录整理稿,该节目分别邀请十几位当代著名哲学家、主要思想学派的代表人物,如柏林、马尔库塞、奎因等,进行哲学对话和辩难,不难想象这15集电视系列节目的学术含量。"①

如果我们将"屈服于电视的知识分子"等同于"电视知识分子",那么,我们又该怎么称呼上述学术大家和文化大师呢?或许我们可以将其称为"上电视的公共知识分子",仿佛只有将电视污名化,进而将"电视知识分子"污名化才显示出知识分子的高洁、不为流俗所污似的。但是,如果我们注意到这样一个事实,即在这些知识分子选择在电视上传播思想的同时,电视节目创作集体也选择了这些知识分子,他们接受了电视节目创作集体对其言论的选择性播出(哪怕是现场直播或实况转播,也存在着电视节目创作集体对机位的调动、景别的转换和视角的取舍等,这些操作都会对观众的收视心理和对知识分子言说内容的传播产生细致而微妙的根本性影响)。像梦魇一般缠绕着"电视知识分子"的是"学问做不好才上电视"的文化魔咒不是很应该烟消云散了吗?

在审视"传播知识信息(这里也包括上电视——笔者注)是'那些学问做得不够好的人'做的"这一假设时,法国学者巴勃罗·延森等人的研究显示:"如果我们承认分析指标支持'做学问好的人',那么我们的研究清楚地否定了'传播知识信息是"那些学问做得不够好的人"做的'这样的假设。第一,随机抽样的结果显示,广泛传播知识信息的科学家较其他学者具有更高的学术职称。第二,其他条件一样的情况下,学术地位越高,就越可能广泛传播知识信息。而且,学术记录越好,就越可能参加与产业方面的合作。"②

法国社会学家布尔迪厄运用电视批判电视的方法从一开始就消解了否定电视传播的前提,知识分子的精神气质之所以如此与电视格格不入,在很大程度上可以用他的如下观点加以解释:"有限生产场域的主体性取决于

---

① 陈平原:《大众传媒与现代学术》,《社会科学论坛》2002年第5期。
② Pablo Jensen, Jean‑Baptiste Rouquier, Pablo Kreimer and Yves Croissant, "Scientists who engage with society perform better academically", *Science and Public Policy*, Vol. 35, No. 7 (August 2008), p. 535.

其发挥一种特殊市场功能的能力,这种市场提供一种特殊文化类型的稀缺性和价值,而与经济稀缺性和讨价还价的商品价值无涉。也就是说,一种场域越是具有发挥其追求文化合理性功能的能力,每个生产者就越要以追求具有该场域自身价值的文化持久性特征为导向。"① 也就是说,对电视来说,知识分子所争取的不是为拒绝而拒绝的清高身段,而是保持自身言说完整性的自由与尊严。

然而,与此同时,我们也必须清醒地认识到,知识分子同样**离不开**大众媒介推进人类文化的进步和社会和谐。法国学者埃莱娜·埃克根据其法国经验指出:"随着大众视听媒体的不断发展,出现了一种较为乐观的说法,甚至可以说有点空洞,但其所引起的令人惊讶的文化变革却又非常值得注意,来自全世界的各种各样的节目和即时信息瞬间便通过媒体的传播走进千家万户。然而那些人文学者和教育学家们又何曾不想借助这些科技成果的巨大作用来促进民主社会的进步、文化的推广与普及和拉近人和人之间的距离呢?

在整个 20 世纪,伴随着视听媒体卓有成效的发展,那些不同的态度最终转化为同一个愿望,文人学者们希望通过在他们自身的精神领域的演绎,能赋予那些国外的先进技术和实践经验以新的内涵。由于那些不同的态度和视听媒体的关系并不仅仅局限于抽象的分析和那些预知的言论,因此这也证实了过去和现在他们都体验到了要协调理论和实际应用是十分困难的。同时由于有了听众和观众的缘故,他们也一直需要通过广播和电视来定期地与听众及观众进行交流和沟通。他们时常被邀请参加一些电视节目的录制;他们中的一些人还是节目的制作人或创办者。这就是为什么我们需要思考是否只存在着文人们对视听媒体那种夹带着不安和讽刺的蔑视,而事实是在他们那个时代文人学者们一直都在努力适应媒体的原因。怎么,对于广播和电视节目也是如此吗?视听非常仓促地将这两种媒体结合在一起,不过文人学者之间的那种关联却与之大相径庭。

还有,那些发挥着各自作用的、目标各异的专业机构虽然看上去似乎和文人们的领域丝毫沾不上边,但它们应该用自己的办法,让文人们敞开

---

① Pierre Bourdieu, "The Market of Symbolic Goods," in Randal Johnson (eds.), *The Field of Culture Production: Essays on Art and Literature*, New York: Columbia University Press, 1993, p. 117.

心扉，高谈阔论。"①

这里，最值得一提的就是，历来为国内学界所称道的钱锺书、杨绛夫妇"拒绝电视"的说法，其实经不起推敲。

以钱锺书先生的小说《围城》被改编为电视剧一事为媒介，钱杨夫妇就曾与电视有过一次深入的接触。吴学昭女士写道："《围城》出来，北京、湖南、广州、辽宁、中央等多家电视台要求把《围城》搬上荧屏，钱锺书都拒绝了，小说妙趣横生的幽默语言，要在影视媒介中体现不是一件容易的事。上海电影制片厂的黄蜀芹、孙雄飞、屠岸德等却锲而不舍，他们反复阅读这部小说，体会它的哲理内涵，寻求书中人物形象和性格特点的表现手法。他们花了三年时间写出了改编《围城》的电视剧本，请了钱杨的老友、作家柯灵做文学顾问，1989年9月到北京登门求见。

他们拿着柯灵的介绍信，钱杨不好不给老朋友面子。为了节省锺书的精力和时间，杨绛帮助接谈，意见能说到点子上。她为导演黄蜀芹、编剧孙雄飞详细介绍钱锺书当年创作《围城》的经过。黄蜀芹后来说，她从杨先生'写《围城》的是淘气的钱锺书'这句话得到了灵感。

杨绛把他们留下的电视剧本读了两遍，四十多处提出意见，对如何开头结尾都有详细的修改。最重要的是她指出，方鸿渐的性格是被动的，什么都不主动。电视剧不要给人造成他从这个女人追到另一个女人的印象，似乎他很荒唐。②

在场景选择、道具设置、人物形象动作设计上，杨绛也有种种建议。

关于怎样突出主题，杨绛觉得应表达《围城》的主要内涵。她写了几句关键的话给黄蜀芹。那就是：

围在城里的人想逃出来，

城外的人想冲进去。

对婚姻也罢，职业也罢，

人生的愿望大都如此。

……杨绛概括《围城》内涵的几句话，后来在电视剧开头作为开场白吟诵，对突出主题起到画龙点睛的作用。电视剧《围城》放映以后，钱杨

---

① 〔法〕埃莱娜·埃克：《论视听媒体和知识分子》，〔法〕米歇尔·莱马里、让-弗朗索瓦·西里内利主编《西方当代知识分子史》，顾元芬译，江苏教育出版社，2007，第142~143页。

② 吴学昭：《听杨绛谈往事》，生活·读书·新知三联书店，2008，第360~361页。

都看了。他们很欣赏李媛媛饰演的苏文纨,很到位。方鸿渐、高校长、孙柔嘉、汪太太、'四喜丸子'等都演得不错。全剧大小角色,都是大明星,那位每分钟一句'兄弟在英国的时候'的教育督学,虽不是剧中重要人物,演得多么出色。"①

从这里,我们不难发现,钱杨夫妇所拒绝是那种"以我为主"、将知识分子作为电视工业生产流程的一个"齿轮和螺丝钉"的惯常做法。钱杨夫妇所要求的仅仅是对知识分子及其文化产品的起码尊重:平等相待而非被当做手段来利用。《围城》一剧的电视节目创作集体做到了认真理解作品内涵,精心实现作品文本媒介叙述模式的转换,尽可能地保留原作的神韵,使该剧与那些把观众注意力骗到手就算胜利的粗制滥造之作相比有着质的区别。直到今天,电视剧《围城》仍然保持其独特的艺术魅力,也仍然是那个时代所创作的为数不多的在今天仍然具有观赏价值的少数电视剧作品之一。这部作品能够在今天仍然站得住脚自有其能够站得住的道理,其中,钱杨夫妇在其中的作用功不可没,同时,钱杨夫妇也为我们提供了知识分子与电视对话的中国范本。钱杨夫妇的做法并非孤例,而是代表了中国知识分子在市场经济条件下比较普遍的心态,陆小娅和彭泗清的研究表明:"在与媒体交往中或交往后,学者最重视五个因素,依次是:(1)采访报道是否尊重学者的原意;(2)是否包括完整的观点;(3)记者是否具备相关知识,能够顺利沟通;(4)记者是否守时;(5)对文章标题或内容修改时是否征求学者的意见。"②

二 寻找电视知识分子的制度密码

面对电视这头"电子怪兽",知识分子需要重新矫正其媒介行为模式。在接受可以在报章杂志之上启迪民智的媒介生存方式之后,电视可否被接纳为其中的新的一员,不免令知识分子颇费思量。笔者认为,只有从制度入手,深入解读蕴涵于其中的密码,才能充分理解电视知识分子这一文化现象。

形形色色的制度是形塑人类行为的基本框架,是无数世代的人们的社

---

① 吴学昭:《听杨绛谈往事》,生活·读书·新知三联书店,2008,第361~362页。
② 陆小娅、彭泗清:《学者与媒体关系调查》,《中国记者》2002年第10期。

会实践所累加而成的游戏规则，无论个体产生遵循某一种制度的行为也好，还是产生违背某一种制度的行为也好，都必须与该种制度进行处于某一语境之中的对话方始达成。制度分配着人们发生某种行为所必需的社会资源，鼓励、禁止或者遥控着行为的产生、后果及其评价。正如美国经济学家诺思所指出的那样："制度乃是一种人类在其中发生相互交往的框架。这和团体竞技体育的游戏规则十分相似。这即是说，它们由正式的成文规则以及那些作为正式规则之基础与补充的典型的非成文行为准则所组成，诸如不得故意伤害对方运动队中的核心队员等。这一比喻也意味着，规则和非正式准则有时会被违反，而且也需要进行处罚。因此，制度运行的关键在于犯规确有成本，并且惩罚也有轻重之分。"①"（1）制度框架将形塑获取知识与技能的方向；（2）这一方向将是特定社会长期发展的决定性因素。"②

美国学者 W. 理查德·斯科特认为："制度包含为社会生活提供稳定性和意义的规制性、规范性和文化—认知性要素，以及相关的活动与资源。"③

斯科特指出，不同的社会理论家把规制性（regulative）、规范性（normative）和文化—认知性（culture‐cognitive）系统分别确定为制度的关键要素。实际上，这三大基础要素构成了一个连续体。我们可以视这些制度要素或制度层面，以相互独立或相互强化的方式，构成一个强有力的社会框架。

对于规制性基础要素而言，斯科特认为，在最广泛的意义上，所有的学者都强调制度的规范性层面：制度会制约、规制、调节行为。规制性过程包括确立规则、监督他人遵守规则，并且如果必要，还有实施奖惩以图影响将来的行为。

至于规范性基础要素，斯科特概括为，社会生活中的制度，还存在说明性、评价性和义务性的维度，这种制度就是规范性的规则。规范系统包括了价值观和规范。所谓价值观，是指行动者所偏好的观念或者所需要的、

---

① 〔美〕道格拉斯·C. 诺思：《制度、制度变迁与经济绩效》，杭行译，韦森审校，格致出版社、上海三联书店、上海人民出版社，2008，第 4~5 页。
② 〔美〕道格拉斯·C. 诺思：《制度、制度变迁与经济绩效》，杭行译，韦森审校，格致出版社、上海三联书店、上海人民出版社，2008，第 108 页。
③ 〔美〕W. 理查德·斯科特：《制度与组织——思想观念与物质利益》（第三版），姚伟、王黎芳译，中国人民大学出版社，2010，第 56 页。

有价值的观念，以及用来比较和评价现存结构或行为的各种标准。规范则规定事情应该如何完成，并规定追求所要结果的合法方式或手段。规范系统确定目标（如赢得博弈、获取收益等），但也指定追求这些目标的适当方式（如规定博弈如何进行、公平交易的概念等）。

关于文化—认知性基础要素，斯科特提出，这类制度主义者强调制度的文化—认知性要素的重要性，认为制度的文化—认知性要素构成了关于社会实在的性质的共同理解，以及建构意义的认知框架。这类制度主义者严肃地对待和深入地研究了人类存在的认知维度，认为认知是外部世界刺激与个人机体反应的中介，是关于世界的、内化于个体的系列符号表象。符号——词语、信号与姿势——塑造了我们赋予客体或活动的意义。意义出现于互动之中，并被用来理解持续不断的互动，从而得以维持和强化①。

按照这一框架，我们可以从规制性层面（笔者认为，也就是狭义的制度层面）、规范性层面和文化—认知性层面来探讨电视知识分子问题。可以分别从电视知识分子的游戏规则、知识分子与公共领域的关系和知识分子与电视媒介的关系这三个维度对电视知识分子问题加以分析。

在我们讨论电视知识分子的制度之维以前，必须充分意识到，对制度的强调绝对不能达到失真的程度：仿佛整个电视知识分子现象只是一部整装待发的机器，只要某一个"第一推动力"轻轻按下制度的旋钮便可平顺运行。英国思想家卡尔·波普尔指出："制度就像是堡垒。它们必须要好好加以设计，而且要配备适当的人员。"② "人的因素乃是社会生活中和一切社会制度中**那个**（黑体为原文所有，下同——笔者注）归根到底是无从确定的而又曲折的成分。的确它是那归根到底**不可能被制度所完全控制的成分**……"③ 或者如美国思想家罗尔斯所指出的那样："一种制度可以从两个方面考虑：首先是作为一种抽象目标，即由一个规范体系表示的一种可能的行为形式；其次是这些规范指定的行动在某个时间和地点，在某些人的

---

① 〔美〕W. 理查德·斯科特：《制度与组织——思想观念与物质利益》（第三版），姚伟、王黎芳译，中国人民大学出版社，2010，第57~65页。
② 〔英〕卡尔·波普尔：《历史主义贫困论》，何林、赵平译，中国社会科学出版社，1998，第137页。
③ 〔英〕卡尔·波普尔：《历史主义贫困论》，何林、赵平译，中国社会科学出版社，1998，第138~139页。

思想和行为中的实现。"①

但是,我们也要明确指出,人们的行为处世全在各种因素的彼此纽结之中,殊难肆逞己志,绝非简单的"控制—从属"或者"刺激—反应"那样的机械状态,不过,这种运动也不是热力学上布朗运动那样杂乱无章的分子碰撞,归根到底,人类的种种行为方式都可以在现实生活的生产和再生产那里找到终极原因,就像恩格斯所指出的那样:"我们自己创造着我们的历史,但是第一,我们是在十分确定的前提和条件下进行创造的。其中经济的前提和条件归根到底是决定性的。但是政治等等的前提和条件,甚至那些存在于人们头脑中的传统,也起着一定的作用,虽然不是决定性的作用。……但是第二,历史是这样创造的:最终的结果总是从许多单个的意志的相互冲突中产生出来的,而其中每一个意志,又是由于许多特殊的生活条件,才成为它所成为的那样。这样就有无数互相交错的力量,有无数个力的平行四边形,而由此就产生出一个总的历史结果,即历史事变,这个结果又可以看做一个作为整体的、**不自觉地**(黑体为原文所有——笔者注)和不自主地起着作用的力量的产物。因为任何一个人的愿望都会受到任何另一个人的妨碍,而最后出现的结果就是谁都没有希望过的事物。所以以往的历史总是像一种自然过程一样地进行,而且实质上也是服从于同一运动规律的。但是,个人的意志——其中的每一个都希望得到他的体质和外部的、终归是经济的情况(或是他个人的,或是一般社会性的)使他向往的东西——虽然都达不到自己的愿望,而是融合为一个总的平均数,一个总的合力,然而从这一事实中决不应作出结论说,这些意志等于零。相反地,每个意志都对合力有所贡献,因而是包括在这个合力里面的。"②

英国学者雷蒙德·威廉姆斯关于"现实社会的决定论"的思想显然受到了恩格斯上述思想的影响,他写道:"现实社会的决定论,是指在各种限制与压力之下,人们在社会的行事与作为受到了很大的掣肘,但又从来不至于全盘地被其控制。我们对于决定的认识,不应该将它视为是单一的力量在运作,也不应该视之为抽象的力量,而是应该把它看成是一个过程。

---

① 〔美〕约翰·罗尔斯:《正义论》,何怀宏、何包钢、廖申白译,中国社会科学出版社,1988,第55页。
② 中共中央马克思恩格斯列宁斯大林著作编译局编《马克思恩格斯选集》(第四卷),人民出版社,1972,第477~479页。

在这么一个过程中，权力或资本的分配，社会力与体力上的继承，不同群体之规模与大小的关系，都是设下限制与施加压力的因素。但它们从来不能控制全局，也不能全部预测整个复杂活动的结局；限制之下，总有空间可以转圜，压力之下，存有反抗余地。"①

  无论何种制度总要在真实具体、瞬息万变的社会环境之中运作施行，社会环境中各种因素彼此凑合所带来的种种些微变化总是最先作用于社会个体。然而，相对于制度，社会个体绝非随波逐流、无所用心，而是时时试图贯彻己意的具有主观能动性的"自变量"。社会个体如飘零于社会环境之海的托身于制度之舟的笠翁渔夫，于惊涛骇浪之中最知"制度之舟"顺手合用之程度，何处需细心弥缝，何处需精心藻饰，何处需耐心顺应，皆了然于感觉之中，然而身处真情实境之中，试图另造一完全适合当下情景的制度之舟，则纯属理想美意，不甚实际：一则，求生尚无余暇，遑论造舟；二则，以一人对社会环境之感觉，便遽下推陈再造之结论，实难有完全之把握。不过，社会个体总随所处情境不断调试制度所能容忍之底线，充分发挥制度功能之极致。与其像波普尔那样慨叹人之因素"无从确定而又曲折"，倒不如将其理解为人的因素是制度安排与社会情境"对话"的具体承担者，正是通过人，制度安排才将其预先设定或从历史那里继承而来的种种功能于当下社会情境中加以发挥，而当下的社会情境也正是通过人，考察种种制度安排是否施用得当，通过在制度安排的使用过程中所反映出的种种不适症状亦皆由人所感受传递。于是，笔者认为，人的因素之重要体现于该因素为制度安排与社会情境对话的枢纽之所在；个人贤愚、好坏、禀赋、脾性等具体情况并不重要，其实全赖这一个个人所托庇的制度安排与社会情境的适应程度。就像德国学者卡尔·曼海姆所指出的那样："我们当然可以谴责知识分子个人所走的道路，责怪他们不停地动摇。但我们这里唯一关心的，是通过知识分子在整个社会结构中的地位来解释他们的这种行为。"② 或者像美国学者爱德华·W. 萨义德指出的那样："就像奥威尔（George Orwell）这么说达利（Salvador Dali）：有可能令人厌恶的凡人，却是一个巨匠，达利正是如此。因此，你可以既是帝国主义者和东方

---

① 〔英〕雷蒙德·威廉姆斯：《电视：科技与文化形式》，冯建三译，远流出版事业股份有限公司，1992，第162~163页。
② 〔德〕卡尔·曼海姆：《意识形态与乌托邦》，黎鸣、李书崇译，周纪荣、周琪校，商务印书馆，2000，第162页。

学者，却又是伟大的作家。"①

就像研究者叶慧珏所指出的那样："大众传媒和专家学者之间的关系掺杂着各种力量抗衡，其背后是各种利益的较量。所以，异化了的关系并非偶然现象，而是由双方的根本矛盾决定的。"② 同样，对于电视知识分子问题来说，尽管道德问题在这里并非应当缺席，但是单纯的道德批判或将主要的焦点集中道德批判显然是偏颇的。美国社会学家默顿为我们揭示了从事舆论工作的人员所面临的道德困境，显然，这也是人们只有"坏"知识分子才上电视的刻板印象所产生的根源："从事舆论工作的专业人员或实际工作者、他们的学术对手以及学习社会心理学的学生，无法回避那些渗透在作为社会控制方法的宣传之中的道德问题。这些道德问题的性质对实际工作者和研究者略有不同，但对这二者来说，这些问题本身都是不可避免的。

从事宣传的实际工作者马上就会遇到一个二难推理：他必须要么放弃使用某些说服方法（这些方法将有助于使他达到当前他心中的目标），要么违背主流的道德准则。他必须做出选择：要么不做一个效率十分高的专业人员，而做一个谨小慎微的人；要么不做一个非常谨小慎微的人，而做一个效率高的专业人员。当前目标的压力会迫使他选择这其中的第一项。这是因为，如果要想有效地说服大众，而对'有效性'的衡量，完全是依据能劝说多少人从事所要求的活动，或者是依据能使多少人具有所希望的心境，那么，严格的专业标准和非道德标准将会左右对说服方法的选择。而这种标准会强迫人们以牺牲主流的道德为代价，因为它表达了一种要对人和社会实施控制的态度。这不可避免地会迫使人去运用任何'能起作用'的无论是什么方法。

看起来，在那些大众舆论操纵者身上滋生的权力意识，也许并不总能补偿相关的内疚感。这种冲突也许很快会把他们变成玩世不恭的人。或许，它会导致这样一些努力，即设法免除他们在使用操纵方法方面的道德责任，为此，他们会毫无用处地对他们自己和所有愿意听他们讲话的人宣称：'很不幸，世界就是这样。人们是受感情、恐惧、希望和渴望驱使，而不是受

---

① 〔美〕薇斯瓦纳珊编《权力、政治与文化——萨义德访谈录》，单德兴译，生活·读书·新知三联书店，2006，第283页。
② 叶慧珏：《新闻点评的异化：大众传媒和专家学者的相互介入及其方式》，《2006中国传播学论坛论文集（Ⅱ）》，第1042页。

信息或知识驱使的。'但这类努力难以奏效。"①

然而，如果仅仅因为知识分子文化制度与电视所代表的大众文化制度的彼此疏离便认为电视知识分子无足观，也是过于独断之论。美国学者理查德·桑内特指出："电子传播技术正是一种促使人们不再有公共生活的概念的技术手段。媒体大大加深了社会群体之间的相互了解，但也毫无必要地削弱了它们的实际交往。收音机是亲密性的电器，电视机更是如此；人们多数情况下在家里使用它们。要清楚的一点是，酒吧里面的电视机其实是背景，在酒吧里面看电视的人往往更有可能谈论他们所看到的画面，但在更为正常的情况下，人们看电视时，尤其是关注电视节目时，往往是独自一人或者和家人在一起。公共生活的特征是，如果人们想获得各种各样的生活体验，想了解社会的某个区域，那么就必须离开自己的私人生活圈子；但是'媒体'与此产生了抵触。这句话听起来像一道自我满足的公式，这让我觉得很不安。因为退出公共生活的冲动早在这些技术的发明之前就出现了；科学技术常常被描绘成怪兽，但它们并不是邪恶的工具，它们是人们为了满足人类的需求而发明的工具。电子媒体所满足的需求是过去一百五十年以来人们为了更好地了解和感知自己的人格而从社会交往中退缩的需求。这些机器是社会交往和个人体验之间的战争所用上的武器的一部分。"②

拒绝电视的立场从根本上说是知识分子的遁世传统在当下媒介生态中的反映，德国思想家韦伯对这种传统分析道："知识分子追索的救赎总是基于内心的需求，因此，与寻求解除外在痛苦的救赎相比，就更加远离生活，同时也更加理论化和系统化，而渴望从外在痛苦中得到救赎则是无特权阶层的特征。这样的知识分子会力求以各种方式在无穷尽的决疑中使他的生命具有一种普遍意义，从而与自身、与同他的同类乃至整个宇宙达成统一。这就是把'世界'看做一个'意义'问题的知识分子。由于理智主义压制巫术信仰，这个世界的过程就被消除了魔力（除魔），于是这些过程便丧失了巫术意义，因而仅仅'是'和'碰巧是'它们自身，不再另有意味。结果，这个世界和整个生活模式便越来越需要服从一个重要而有意义的秩序。

---

① 〔美〕R. K. 默顿：《科学社会学——理论与经验研究》（上册），鲁旭东、林聚任译，商务印书馆，2003，第116～117页。
② 〔美〕理查德·桑内特：《公共人的衰落》，李继宏译，上海译文出版社，2008，第358～359页。

这种对意义性的要求同这个世界及其各种制度的经验现实的冲突、同安排经验世界中的生活的各种可能性的冲突，便导致了知识分子的遁世特征。"①

列宁引证了德国和国际工人运动理论家卡·考茨基下面的一段话，并且列宁认为这段论述是"十分正确而重要的话"："现代社会主义意识，只有在深刻的科学知识的基础上才能产生出来。其实，现代的经济科学，也像现代的技术（举例来说）一样，是社会主义生产的条件，而无产阶级尽管有极其强烈的愿望，却不能创造出现代的经济科学，也不能创造出现代的技术；这两种东西都是从现代社会发展过程中产生出来的。但科学的代表人物并不是无产阶级，而是**资产阶级知识分子**〈黑体是卡·考茨基用的〉（此为原书注——笔者注）；现代社会主义也就是从这一阶层的个别人物的头脑中产生的，他们把这个学说传授给才智出众的无产者，反者又在条件许可的地方把它灌输到无产阶级的阶级斗争中去。可见，社会主义意识是一种从外面灌输（von auβen Hineingetragenes）到无产阶级的阶级斗争中去的东西，而不是一种从这个斗争中自发（urwüchsig）产生出来的东西。"②同样的，公众也不会自发产生适应于现代市场经济的种种观念形态，特别是法治观念，而必须经由包括电视知识分子在内的现代知识分子通过大众传播媒介进行灌输方始达成。现代知识分子与电视等新兴媒体对话是其作为符号商品生产者不可摆脱的宿命。在这个过程中，如果选择逃避，就会将与公众对话的重要渠道委托于专业能力与个人操守均不可靠之人，就会影响整个启蒙的社会工程，将知识分子启迪民智的重要使命置于前途未卜的境地。所以，笔者认为，做一个合格的"电视知识分子"不仅是电视传播机构对知识分子的要求，更是知识分子在当下传播媒介生态发生巨变的时代中的全新的文化使命。

尾注一：知识分子社会类型——"普遍知识分子"的兴起，是与法国19世纪晚期的"德雷福斯事件"相伴随的。现代知识分子，其兴亡已成为

---

① 〔德〕马克斯·韦伯：《经济与社会》（第一卷），阎克文译，上海人民出版社，2010，第639页。
② 中共中央马克思恩格斯列宁斯大林著作编译局编《列宁选集》（第一卷），人民出版社，1995，第326页。

现代性独特而具标志性意义的现象（鲍曼，1995；布尔迪厄，1989）。现代知识分子可以被定义为：一旦社会和谐有需要，其职责就是维护那些被搁置的权利和进程（哈贝马斯，1989：73）。这种责任是"信仰卫护者"原则更富于世界性和现实性的表达，它通过知识分子追求普遍化的雄心壮志，使其超越狭隘的学科分际而成为观念王国的代表。"德雷福斯式的知识分子相信，浸淫于理念世界，不仅是一种道德责任，他们仰仗普遍理念甚至可以对抗国家。"（科塞，1965：223）。他们对普遍理念的信仰以及他们所独有的批判本能，促使他们"将对普遍化的追求同使这种追求变得可能的那些特殊条件的普遍存在的不懈追求结合起来"（布尔迪厄，1989：110）。

然而，这一知识分子的新形象，正如鲍曼（1992a）所指出的那样，与其说是激发了一种旨在标明知识分子职责的经验性定义，不如说是发出一种规划或动员性的号召。它兼具"向前看"与"向后看"两种特性，因为这种形象试图对知识阶层日益增长的碎片化视而不见，试图重塑知识人公共权力的一统天下（鲍曼，1995：224~225）。而且这一大众化但却令人迷惑的定义为围绕如下主题的争论有所助力，这些主题是：知识分子参与的真相、知识分子的职责、知识分子公共参与的形式、知识分子的定义、知识分子的观点、知识分子的阶级地位以及知识分子融入社会的程度。结果，描述知识分子易于在对如下问题的强调程度不同而有所摇摆，比方说，知识分子应该是"旁观者"还是"参与者"？合作还是疏离？墨守成规还是背叛？充当持异见人士还是精英集团的一分子？是否倾向于持有批判性观点？这些频繁浮现的非此即彼的知识分子特征造成了长期以来广泛存在的关于知识分子命运和本质的矛盾判断。这样，自20世纪60年代起，关于知识分子的争论就包括了几种矛盾的声音。

首先，一些人认为知识分子的角色已随着知识分子生活的体制化、专业化和商品化过程而坍塌了。这些哀愁的表达围绕着知识分子的缺席展开，关于"知识分子的沉默"（麦克斯·盖勒，转引自范森，1998）、知识分子的失语（鲍曼，1992a）以及非学院知识分子的消亡（雅各比，1987），总是视萨特为承担知识分子责任和参与社会的典型。他们痛惜知识分子衰亡后留下了公共生活的空白（伊格纳提夫，1997），抱怨知识分子的声音湮没于"大众文化和政治的喧嚣"（戈德法布，1998：216）。另外，通过知识分子不再保有其合法性（这种合法性用以判断其可信度并允许其谈论超出其专业能力范围之外的那些问题），他们变成了纯粹的公民，毫无专业能力，后现代主义者让·鲍德里亚（1990）和让-弗朗西瓦·利奥塔（1984）宣称知识分子死了。鲍曼（1995：239）看到"知识分子历史荣光"的终结，特别是那些"与其他现代—完美社会的巨大乌托邦的因素（这些因素如今在很大程度上都消失了）紧密相连"的知识分子。个人魅力型公共知识分子的消失在雅各比（1997）看来，是在专业化和职业化时代，知识分子进入大学教员行列的结果。以同样的研究思路，弗兰克·弗莱迪（2004：25）将知识分子生活的程式化和公共生活的平庸化归咎于知识分子化身为"独特的废物"。

其次，有人认为，知识分子的死亡被大大地夸大了（范森，1998），甚或是错误的（科利尼，2006）。根据这种观点，将知识分子的衰落归因于体制化、专业化、过去限于精英的知识及公共平台而现在更易接近、媒介文化等因素，这种做法忽略了保证知识分子独立的那些条件的存在。像阿兰·沃尔夫（2003）或赛德（1994）这些维护知识分子角色的人，通过公众必然更为广阔的视角，认为知识分子发挥着重要的社会功能。而那些甚至维护知识分子特殊角色的人们，也表达了对知识分子的怀疑。还有人认为，不仅知识分子的地位更低，而且更高级的教育与研究似从生活中撤退和公众质量的降低，这种立场反映出当代知识分子角色模糊（布尔迪厄，1993）。

另有一些人更具批判性，视知识分子为在民众中被灌输程度最深的那一部分（乔姆斯基，1989），而且因"与希特勒等人的结盟的知识分子"的存在，知识分子还背负了不负责任的罪过（富勒，2003：20；朱特，1992）。跟着乔治·奥威尔的所谓"聪明反被聪明误"的路径（转引自萨基，1990：230），一些人批评知识分子"把事情搞砸"（诺曼·斯通，转引自詹宁斯和坎普-威奇，1997：1）。其他人，像保罗·约翰逊（1988），不仅指责知识分子习惯于摆弄教条概念、忽略民间疾苦，而且浑身上下都是伪善、自私自利和说一不二的习气，或者像约翰·凯瑞（1992）那样，揭露知识分子的自命不凡和精英主义。史蒂夫·富勒（2005）指出知识分子偏执、虚弱和疲于应付现代世界的冲击。以相似的研究思路，理查德·A.波斯纳（2001）批评知识分子作品的品质日衰，他认为这是由日益壮大的"出名文化"造成的。弗莱迪（2004：2）指出，知识分子使命的边缘化和知识分子屈从于"庸俗的社会运行日程"是"主导知识分子和文化生活的边缘主义新气质"的结果。但是，值得注意的是，此种对知识分子作为的负面评价了无新意。至少从埃德蒙·柏克那时开始,"知识分子就为每个影响社会的弊端背黑锅"（弗莱迪,2004:27）。尽管熊彼得（1947:145~155）担心知识分子对资本主义的敌意,而萨特（1974:230）看到知识分子是这种人:"总是多管闲事,对接受以人和社会普世观念为名的真理及其所激发的行为,心存疑虑。"不仅是定义的不确定,而且这些关于知识分子命运彼此矛盾、含混不清的意见使定义知识分子成为一项非常困难的任务。而且,这种困难因为下面的事实而变得更加严重:知识分子是一种历史建构的类别,其性质依赖于不同社会的文化传统（埃尔曼,1994）。另外,那些要下定义的人自己就是知识分子,因此遭遇到自我定义的问题。这样,作为一种社会类别的知识分子的真实性总是"被掩上层层迷雾:既没有准确定义,也缺乏坚实的合理性"（范森,1998:23）。因此,这些定义的跨度之广不令人感到奇怪,从那些聚焦于知识分子教士式的神圣角色,其言辞承载了"终极的狂热以及可以明显识别其对传统的保存"（柯拉科夫斯基,1971:57）,到那些在日常意义层面上使用的"知识分子"术语——那就是,像作家、哲学家、某些记者和某些学者,或者在一般意义上像受过高等教育、文化或观念的生产者或传播者,或那类卷入公共事件的人们。

传统定义的主流承认在所有现代社会都可以找到知识分子,并力图将知识分子的功能确定为观念生产者。例如,塔尔科特·帕森斯（1969:4~6）,通过指出知识分子最关心文化符号的清晰度来定义知识分子,而S. M. 李普塞（1963:311）则视知识分子为那些"创造、传播和应用文化,也就是,人的符号世界,包括艺术、科学和宗教"的人。这些定义视知识分子为"像理性、正义和真理这些抽象理念的特殊的守护者,为经济和权力所经常视而不见的道德标准的忠诚卫士"（科塞,1965:Ⅶ）。而且,许多这样的定义视知识分子是与其他社会团体有着特殊关系的一种客观的社会分类。其中,影响最大的知识分子定义当属班达、曼海姆、葛兰西和福柯所给出的定义。

最有特点的定义是班达（[1927]1980:43）的将"生活在别处"的人作为知识分子的定义,其存在的原因是知识和创造。正如"其行为本质上不以实用为目的,他们都沉浸在享受研究艺术、科学或形而上学的欢愉中,简单地说,不追求物质利益"。在其影响深远的著作《知识分子的背叛》一书中,班达将真正的知识分子描绘为通过献身普遍理念服务于人类利益,尽管同时疏离于大众政治运动,并不偏向于政治。这本书开启了对知识分子热衷于参与群众运动表示悲观的传统，随后，这一传统在其他人如雷蒙·阿隆（1957）、托尼·朱蒂（1992）和波斯纳（2001）的著作中也有所反映。

对班达（[1927]1980：43）来说，真正的知识分子——那些"其行为本质上不以实用为目的的人"——是现代社会秩序稳定的核心。用他的话说，知识分子的背叛——那就是背叛不追求功利的使命，改善人性以"为知识分子的政治激情服务"——导致国家至上主义或社会党争盛行。这种批评引出了他对当代知识分子的批评，他抱怨当代知识分子放弃其卫护真理的角色，降低对自身特殊追求的要求，放弃对"整合集体目标"的道德优势，汲汲于具体的权势。班达在两个方面存有幻想，正如斯蒂芬·科利尼所指出的那样：首先，存在"一种与世界完全绝缘的知识分子活动类型"；其次，"丝毫不受腐蚀、完全不加妥协的纯粹思想在世界上是非常重要的"。而且，作为德雷福斯的卫护者的班达自己，似乎也忽略了如下事实：英雄般的德雷福斯的卫护者——按照班达自己的定义——也犯下了背叛的罪行，因为他们以法兰西的名义发扬知识分子的独立性和树立权威，这个国家被他们"毫不羞愧地赋予了理性、自由和正义"（詹宁斯，2000b：834）。

曼海姆（1949：160~161）也视知识分子为形塑现代社会秩序的主要力量、独立判断的拥有者和"暗夜里的守夜人"（斜体为原文所有——笔者注）。同班达一样，他视无根化为批判的条件。在《意识形态与乌托邦》中，知识分子被描述为与社会秩序混乱紧密联系，因此能够超越其出身而探寻自己的想法。关于"探索性的鸟瞰，并对社会不断变化的本质保持敏感""只能由并不植根于社会秩序中的阶层"加以发展的观点，曼海姆给出了解释。自由漂浮的、无根的知识分子的思想由两类性质不同的争论所构成。首先，曼海姆提出知识分子能够应对意识形态分歧，既然来自不同的阶级，他们在政治观点上是"不同的"或多种多样的。其次，由于相对不受阶级出身的影响，知识分子可以像"调和者"般行事，或者，换句话说，像"命里注定的整体利益维护者"般行事。这样，在社会中的"无根状态"的思想既呈现为对知识分子行为的解释，也呈现为在一种新政治科学中对其特权地位的辩解。正如罗伯特·J. 博瑞姆（1980：56~58）所指出的那样，曼海姆关于知识分子政治态度的观点充满了无法调和的张力，在其思想中百花齐放与整齐划一并存。

跟曼海姆一样，葛兰西认识到知识可以影响政治，但是，同曼海姆相比，这位意大利马克思主义者视知识分子首先是存在阶级差别的，并争辩说每一个社会阶级"都在其内部有机地产生一个或多个知识分子阶层"（葛兰西，1971：5）。有机知识分子，不像班达的独立知识分子，在围绕其自主性展开活动的同时，他们也维护特定集团利益。他们并不因其职业而与众不同，而更因其在"引导其所属阶级的意识与抱负"中的功能而彰显自身（葛兰西，1971：3）。能在所有社会集团中找到，并在特定地位工作和表达这些群体的利益，有机知识分子同那些掌握真理的疏离的传统知识分子判然有别，这些传统知识分子"保持着不受社会主导集团的支配的自主性与独立性"（葛兰西，1971：7）。不像有机知识分子，传统知识分子不代表或服务于任何集团利益；就像班达的知识分子定义，他们是卫护普遍价值的精神领导者。葛兰西的传统知识分子与有机知识分子的区别是"说不清，道不明"的（赛德，1996：79），但是，葛兰西的思想——特别是他的关于知识分子作为在社会中发挥特殊作用的个人的社会学分析，以及他的如下思想：知识分子，而非社会阶级，对现代社会的运作起更为本质的作用——为今天的观点奠定了基础，这些观点认为知识分子应当有机地与社会集团或运动相联系（艾尔曼，1994；卡拉贝尔，1996；博瑞姆，1980 年），以及福柯的作为专家的知识分子概念。

福柯（1977）用专业知识分子概念置换了传统知识分子概念：专业知识分子在其专业领域参与社会活动、表达利益诉求；传统知识分子维护普遍价值并渴望成为人类的精神导师。他拒绝班达关于普遍知识分子栖身于纯粹价值领域的观点，并指出权力对价值无远弗届。福柯的"特殊知识分子"模式是指按照其专业性，有选择地参与特定公共问题，这与传统的对什么事情都要插嘴的"总体知识分子"的法国形象有所不同。写于 1968 年"五月风暴"之后，福柯（1977：207）争辩说，大众不再要求知识分子来代表他们了。相反，知识分子的任务变成反求诸己了："知识分子的'工具'如知识、'真理'或话语被盗用，知识分子变成了权力的对象和工具，知识分子要与权力的种种变体作斗争"（福柯，1977：208）。知识分子专业性的提高和借科学赶走人性的做法已削弱了传统的普遍知识分子文化的根基。福柯认为，"特殊"知识分子是在其特殊研究领域的"教授"和"专家"，深耕于某一学科者。

知识分子的传统社会学定义倾向于将知识分子或者通过其首要的职业

活动（此类定义强调知识分子生产和传播观念）或将其阶级地位定义为一种集团（此类定义视知识分子为一与其他社会集团存在特殊联系的客观的社会团体）。对后一种定义的类型，查尔斯·库茨曼和林恩·欧文（2002）将这些定义分为三种不同路径：第一类定义视知识分子自身为潜在的阶级；第二类定义假定知识分子是存在阶级差别的；第三类定义将知识分子看成是相对独立的——能够超越其出身的集团，追求信念。例如，阿尔文·古德纳（1979：21）的知识分子形象，或者一种"有裂痕的普遍阶级"，作为"一种新型文化资产阶级其资产不是金钱而是对价值文化的控制"显示了第一种路径，而爱德华·希尔斯（1972：3）则把知识分子定义为"那些对神圣性事物的敏感度超乎寻常，对其普遍性本质和掌管社会的规则有着不同一般的体认"，代表着第三种观点。

但是，20世纪下半叶，知识分子已变得与众不同的原因并不是其作为阶级或集团的地位，而是个人品质，以及知识和战略的洞察力。知识分子角色本质和知识分子集团构成的持续变化意味着，在日益增长的平等主义态度的语境中，现在更容易接受高等教育，伴随着对学术和"名誉文化"尊敬的衰落，知识分子不能被定义为一种阶级或等级。新的社会学概念化手段倾向于通过将知识分子定义为知识分子场域的成员（凯米克和格罗斯，2004：241~242）。例如，布尔迪厄（1989：99）将知识分子定义为属于独立的知识分子场域的文化生产者，该场域是独立于宗教、政治、经济或其他场域。布尔迪厄（2004：59）运用其场域理论方法提出，每一种科学选择都是"一种投资的社会策略"。这个场域中的活动者，被看成是拥有科学惯习并具有不同数量的文化资本，运用个人或集体策略为保存、传承、再造这个社会空间而奋斗。

知识分子场域的概念被理解为一个竞争空间，在其中，知识分子为得到承认而奋斗，因此，我们的注意力被吸引在一种关系的建构，知识分子的相互依赖、彼此之间和在不同观众之间的争夺，以确立其作为知识分子的合法性和可信度。谈及知识分子场域作为一种由占据不同位置的代理人所组成的社会空间，打破了知识分子形成一个统一同质集团的观念，可以看到争夺"合法摆布"知识分子产品垄断权的空间。

科利尼（2006：57）批评布尔迪厄"将过于狭隘的属于经济领域的'竞争'和'定位策略'概念应用于那些用已有的术语就能较好理解的活动领域"，所以，科利尼提出，知识分子应根据其角色行为加以定义，或者，确切地说，借助于"关系结构"定义知识分子。换句话说，"借助定义，通过以一种专业活动的相对坚实的基础，并同时逐步形成必要的更具说服力的非专业主义观点，拓展知识分子概念的内涵"（科利尼，2006：57）。相对于社会学定义聚焦于从职业团体或阶级地位定位知识分子，科利尼的知识分子的文化学定义更强调功能而非职业或信仰。这定义提醒我们"知识分子角色是这样一种方式，一种由依赖于一整套历史性的特殊的文化和社会关系，并扮演由其所组成的角色"（科利尼，2006：62）。

通过角色行为对知识分子进行定义，强调知识分子角色包含几种维度的交集，因此，"知识分子只是在某种程度上是知识分子"（科利尼，2006：52）。这样一种路径聚焦于这样一种事实，既然最重要的因素是得到不同类型公众的某种普遍关注，这样，知识分子资本就需要不断地进行再投资，发言者与公众之间的关系需要被视为是互帮互助的。这一定义也提供了对结构性矛盾的一种解释，这些矛盾包括批评与保守的两极化对立，疏离与参与的尴尬境况以及随之而来的对知识分子令人困惑的评价，这些都是源于公共知识分子角色的内在不稳定性。

科利尼（2006：7）注意到某些机制，通过这些机制，随着促使非专业公众关注公共问题，一种文化赋予某种知识或文化差异，能够使学者、作家、记者或艺术家得以被承认。他拒绝那种政治活动囊括知识分子的提法，反而争论说知识分子的公共角色是"文化意义上的知识分子术语的题中应有之义"（科利尼，2006：51）。这样，尽管知识分子的公共角色经常以政治活动的形式出现，但是，知识分子所承担的公共角色并不必然就是政治活动。而且，"没有一套话题是为知识分子所独占的"（科利尼，2006：56）。

尾注二：科利尼（2006：190）关于"将专业知识'熔于一炉'及专家超越其专业性时就产生了"知识分子活动的思想强调，公共知识分子总是从一些显而易见的专业知识出发，他们在向更广泛的、非专业的公众发言时会利用这些知识。这样，如下看法就是值得商榷的，公共知识分子的重要性同其充当的角色相联系，这种角色恢复了专业观念生产者（例如，记者、艺术家和学者）和非专业公众之间的联系。

对术语"公共知识分子"，现在已经提出很好的定义来，这是指"那些为数不多的享有巨大媒介能见度并利用机会干预当下政治和社会问题的人"（科利尼，2006：231）。但是，在英语世界，除了在法国"知识分子"

概念从一开始就意味着"公共知识分子"的事实之外，只是在 20 世纪 60 年代公共知识分子才变得流行起来。这一术语最初进入学术写作，用以描绘对独立知识分子怀旧浪潮的，是雅各比的《最后的知识分子》这本书。该书提出的"大学实际上垄断了文化生产"思想，支配着 20 世纪晚期关于知识分子角色及其自主性的讨论，这两个因素被看做是知识分子职业的核心。

与阿兰·布鲁姆在其《美国精神的封闭》（1988）一书中所宣称的左翼知识分子"正在毁灭大学"的提法不同，雅各比认为"大学正在毁灭知识分子"（莱默特，1991：179）。雅各比坚称，知识分子生活已被学术、职业、专业运作的主导力量弄得变形了，没给知识分子的意愿和向广大公众表达观点留下什么空间。知识分子被大学收编意味着他们丧失了传统的叛逆性（雅各比，1987：82）。C. 怀特·米尔斯（1963）早在 20 世纪 60 年代初就哀叹知识分子围着保守主义转。雅各比（1987：117）写道"在阶层、地位还是自我形象"，知识分子已成为典型的中产阶级，一个已婚男人坐在桌旁，儿女绕膝，住在体面的郊区。除了雅各比典型的怀旧立场，这种立场将公共知识分子的角色浪漫化，忽视了知识分子从未真正独立过的事实，对非学院知识分子参与新型社会运动的角色（诸如女性主义运动或反种族歧视运动）视而不见，他还呼吁知识分子坚持"真理的政治"，这已引发了关于知识分子社会和政治意义的长期争论，以及学院化在削弱知识分子自主性过程中所充当的角色的讨论。

尽管许多人支持雅各比的想法，认为大学给严肃知识分子的工作带来了威胁，因为大学的气质为平庸和琐屑化推波助澜（卢克，1987）。其他人，比如赛德（1994），批评雅各比关于学院化威胁独立知识分子的断言。赛德认为（1994：61）除了许多压力之外，大学仍然提供了"一种准乌托邦空间，在其中知识分子可以进行思考和研究"。今天，公共知识分子的主要威胁与其说是学院化倒不如说是专业主义——那就是，"把你作为知识分子的工作变成了为稻粱谋，上班期间一面盯着时钟，另一面汲汲于怎么干才合适……"（赛德，1994：55）。对赛德来说，专业主义带来三种消极后果——名曰专业主义的压力、对拥有专业证书的专家的迷信和对权力的屈从——扼杀了所有兴奋感和领悟力，分析判断的批判和独立精神。因此，维护知识分子相关独立性的一种方式是具有"一种业余而非专业化的态度"（赛德，1994：64）。赛德称（1994：61）今天公共知识分子应该是业余者,所谓孤独的持异议者,他"会哪怕是在最技术化和专业化的活动中的核心部分维持道德问题的重要性于不堕",其批判精神和独立分析能力及不屈从于权力,也不完全限于专业或主张。

但是,这种相当浪漫的借被压迫而团结起来的孤独个体同权势做英雄式抗争的形象,暴露了赛德对"公共知识分子"这一术语的使用是不稳定的。"赛德的书没有真正触及到在孤独个体与自然而然的团结之间的矛盾,更不要说解决了,这部分是因为赛德的书没有上升到足够的分析层次。"(科利尼,2006:428)

赛德(1994)断言,知识分子与当学者是两码事,专业主义态度会威胁到知识分子的追求,这话并非是全新的,就像学者的荣誉感同被充沛的情感而非狭隘专业所激发的参与感相结合并不合适也是早已被其他人所提及的。而且,像波斯纳(2001)、米歇尔·瓦尔瑟(2002)和福勒(2005)这些人都不同意赛德的如下看法:欲对真理负责,只能袖手旁观。瓦尔瑟认为,真知是批判的源泉,社会批判工作是基于专业工作基础之上的内部人士的争论,然而,波斯纳认为,公共知识分子的业余性降低了科学共同体的标准。赛德(1994:64)的一个业余者的例子——选择"风险和不确定性后果都较内部人空间为大的公共领域"的知识分子——是诺曼·乔姆斯基。但是,正如福勒(2005:123)所指出的那样,更进一步的审视揭示出,乔姆斯基和20世纪的其他业余公共知识分子的例子是"利用"他们的学术威望在"其面向公众呼吁和争论,铭刻进其专业标识"。波斯纳(2001:50~52)甚至走得更远,争论说,在今天这个专业时代,当像乔姆斯基那样的业余者能够向非专业的普通公众呈现有益的高质量的言说的时代已经过去了,而且同专业人士的重要性相比,业余者的意见不可同日而语。

在学院化与专业化影响的争论中,波斯纳在其《公共知识分子:衰落之研究》一书中,采取了与赛德和雅各比推崇的萨特式的、持异议的"完全知识分子"不同的立场。他不怎么对公共知识分子的缺席上心,而是更为关注公共知识分子工作的质量。波斯纳认为大学对知识分子的活动来说是合适的地方,主要的公共知识分子在超越其狭隘专业对重要公共问题的评论,既未冒什么风险,也没付出什么代价,还没有出色的质量。赛德(1994:11)将公共知识分子定义为:"他公开提出令人尴尬的问题,挑战传统和教条,他可不是政府或企业轻易就能摆布的人",在波斯纳(2001:

30）看来，这个定义太过狭隘，他认为"这个定义暗示着只有政府或企业才值得反对"。但是，他自己关于公共知识分子的定义提出："所谓公共知识分子，是指依托其智识资源，面向受过教育的广大社会公众，就涉及政治或意识形态维度的问题发表高见之人。"（译文见波斯纳《公共知识分子：衰落之研究》，徐昕译，中国政法大学出版社，2002，第213页。——笔者注）也是一个狭窄的定义，因为其拘泥于只问结果、不问过程的人士，这些人利用主流大众媒体评论当代政治问题（波斯纳，2001：170）。尽管波斯纳（2001：23）同意赛德的如下观点：公共知识分子的角色包括了"争议的模式"，但是，波斯纳意义上的知识分子是一个纯粹为名誉和金钱才为公众就公共问题写作，而并非是为了引发争取个人权利和民主自由才参与政治问题的讨论。

波斯纳（2001）认为正是媒体市场控制了知识分子队伍，知识分子才往往不能说出让人满意的话。波斯纳认为市场对公共知识分子的需求正在被同时进行的学术的日益专门化所左右，学术的日益专门化使寻找学者充当公共知识分子变得越来越困难。为获得学术认可，看上去是最好和最重要的知识分子公信力的保证，并不容易。而且，这种认可并不总能说服受众。因此，知识分子依靠市场手段提高消费者信任，诸如明星地位和以名誉做担保。公共知识分子所提供的产品是在很大程度上依赖于信誉的产品，因为消费者无法检查和评价其质量。因此，公共知识分子会因低成本而被公共知识分子市场淘汰出局（波斯纳，2001）。

但是，波斯纳宣称，市场激励并不能保证公共知识分子产品的质量。一些人争辩道，尽管对大多数公共知识分子来说，金钱并不构成行动的目的，可是，毕竟市场机制在起作用。"倒不如说读者不是傻瓜。"（沃尔夫，2003：370）即使对金钱的欲求超过了对更广泛认可的追求，那也与知识分子与公众之间的关系的变化相关，但是，这并不意味着新型市场选择的知识分子——伴随着文化市场、公众、印刷出版的扩张以及质量的变化而出现——就一定比学者或国家遴选的知识分子低一等（考皮，1996：1）。对其他学者来说，像布尔迪厄（1993）和雷吉斯·德布雷（1981），对知识分子可信度资源的改变的评价表明，有太多比波斯纳所谴责的屈从于媒体的知识分子因素在起作用。

这些对知识分子角色的评估表明，在评价学术工作的新兴知识分子市场，被其他更能够吸引公众注意力的竞争者所超越（德布雷，1981；考皮，

1996)。公共知识分子的"错误预言和可疑的政策建议",波斯纳认为(2001:99),是"一般负责过滤的把关人的缺席和政治学术出版物"的结果。但是,知识分子思想传播的评价应在政治文化变革的更宽广的语境和关于公共知识分子作品评价竞争的更开阔的架构中加以审视——这种竞争反映了对知识分子自主性的抗争(布尔迪厄,1989)。简言之,所谓的公共知识分子工作的退化也可以从公共辩论让位于"明星访谈节目"的事实,以及外化于文化生产领域的机制决定公共知识分子价值的事实来体认。相对于波斯纳,有观点认为,不仅是公共知识分子,学院知识分子也对他们的评论和预言的失败承担责任。艾兹昂尼-哈利维(1985:2)认为,西方学院知识分子"作为预言家已失败",因为他们的知识和建议"既未对西方社会的道德淳化也未对经济社会和谐,作出如其所宣称的那样大的贡献"。这样,波斯纳这本书一般更多地关注于知识分子的名气而非成就,因为波斯纳聚焦于享受媒体知名度的学者而非那些"观点深刻影响公众"的学者(沃尔夫,2003:364)。波斯纳的书忽略了进入公共领域所伴随的风险和不确定性,以及不那么"有名"的学者在追求不那么"有名"的目的的过程中所包含的成本和风险问题。

在许多其他根据职业责任定义公共知识分子的学者当中,最有趣的贡献来自于布尔迪厄和鲍曼。挑战传统的对单纯沉思和参与的否定,布尔迪厄(1992:4)将知识分子概念化为拥有一种推进"普遍性的社团主义"理想。但是,他断言,知识分子,在其专业领域之外活动时,必须调动其专业的经验和权威,这一点不同于赛德赞同业余者孤独和持异议的形象。在布尔迪厄(1993)看来,知识分子,为将其整合为一支自主的队伍,需要调动其知识资本。这种资本可以使其在面对政治权威时依然可以坚持其独立性。这种由知识分子所提出的在社会中保持特权地位的要求是正当的,布尔迪厄(1989:103)写道,因为通过"将其维护为一个整体,他们就能维护普遍性"。知识分子干预政治是根植于其自主领域的权威,这就意味着,看似矛盾的是,知识分子是"两面人",他能够将两方面都加以扩展,但是,这"将互相对立的退却和参与的矛盾进行综合,知识分子的典型,既不能凭空出世,也不能包打一切"(布尔迪厄,1989:101)。无法确定的是,这种综合"伴随着历史进程,能够使文化资本的持有者'退化'至一种位置或另一种位置,例如'退化'至纯粹作家、艺术家或学者、记者等等"(布尔迪厄,1989:101)。除了知识分子遭到各种微妙的限制和审查这一事实之外,知识分子是最善于识破自由的幻象,并"利用现有规则,使其最大限度地为我所用"(布尔迪厄,1993:44)。最初布尔迪厄视知识分子从事政治的行为是进入了自我限制的游戏,但后来他自己也"渴望在更宏大的公共知识分子传统中像左拉和萨特那样发挥作用"(罗宾斯,2006:19)。

尽管通过知识分子围绕其专业责任的所作所为,注意到其概念的源头,但鲍曼认为,作为"知识分子意味着在社会中作为整体执行特殊角色"(鲍曼,1995:225;斜体为原文所有)。在这一定义中,重点是知识分子在其专业角色之外发挥作用,这种角色可以被看成知识分子在特殊学科或专业领域成为权威,这一定义的另外一个重点是知识分子在面对社会问题时能获得独一无二的普遍性视角。在现代政策制定者与知识分子之间的相互依存和结构性亲和力使知识分子能够拥有权威,并因此以"立法者"身份为国家服务(鲍曼,1987:3),在后现代条件下,政治变为"对注意力的再分配",知识分子成为来自"内部"不同知识系统的"阐释者"或翻译者(鲍曼,1992b:201)。

第二章 作为制度的电视知识分子

从规制性的制度的角度入手，对电视知识分子的游戏规则的深入解读显然是必要而紧迫的。毋庸置疑，一方面，电视知识分子当然要服从于电视产业的生产标准：即服从于为收视率导向所直接表现的经济性原则，逐利性是其中丝毫不能动摇的铁律；另一方面，电视知识分子的主体性是知识分子，这一规定性勾画了其行为准则：即为创新性导向所生动呈现的神圣性原则。尽管布尔迪厄力图将"电视知识分子"描述为"在电视上'挖一段时间'，得以靠媒介生存"[①]的那部分知识界的边缘人，但是，我们却希望从这个描述继续出发，不是将这种状态作为一种**工作职业**而是作为一种**社会角色或存在状态**，甚至我们希望把电视知识分子的外延扩展至**学院知识分子**这一最为阳春白雪的知识分子类型那里。作为社会角色的电视知识分子，完全可能出现在某一个学院知识分子身上，这种情况可以描述为下面的情景：同样是一个人，时而是认真揣摩观众心理，积极配合电视节目创作集体，将知识的残羹冷炙或在学术场域中已经不成问题的那些问题，不厌其烦地再重新回答一遍的彬彬有礼的电视常客；时而是寒窗苦读，对"究天人之际，通古今之变，成一家之言"孜孜以求，虽"路漫漫其修远兮"仍"将上下而求索"的严肃学者。游走于电视演播室与书斋之间，扮演性质迥异的社会角色给知识分子个体所带来的影响，只能通过解读电视知识分子行为背后的制度密码才能了然。

第一节 知识生产的制度安排

一 知识分子文化的逻辑：以科学为例

知识分子文化的制度安排绝不是脱离社会具体语境而孤立出来的，整

---

① 〔法〕皮埃尔·布尔迪厄：《关于电视》，许钧译，辽宁教育出版社，2000，第87页。

个社会的生产方式的变革或迟或早总要引起知识分子文化的制度安排的改变。以自然科学为例，马克思曾指出："工业和商业、生活必需品的生产和交换，一方面制约着不同社会阶级的分配和彼此的界限，同时它们在自己的运动形式上又受着后者的制约。这样一来，打个比方说，费尔巴哈在曼彻斯特只看见一些工厂和机器，而一百年以前在那里却只能看见脚踏纺车和织布机；或者他在罗马的康帕尼亚只发现一些牧场和沼泽，而奥古斯都时代在那里却只能发现到处都是罗马资本家的茂密的葡萄园和讲究的别墅。费尔巴哈特别谈到自然科学的直观，提到一些只有物理学家和化学家的眼睛才能识破的秘密，但是如果没有工业和商业，哪里有自然科学？甚至这个'纯粹的'自然科学也只是由于商业和工业，由于人们的感性活动才达到自己的目的和获得材料的。这种活动、这种连续不断的感性劳动和创造、这种生产，是整个现存感性世界的非常深刻的基础，只要它哪怕只停顿一年，费尔巴哈就会看到，不仅在自然界将发生巨大的变化，而且整个人类世界以及他（费尔巴哈）的直观能力，甚至他本身的存在也就没有了。"[①]

沿着马克思的思路，德国社会学家马克斯·舍勒进一步认识到对科学研究优先权的争夺，只是现代经济在科学研究领域所投射下的竞争精神的产物，他指出："到处都出现了一种新的、不断超越任何一个既定阶段的**竞争精神**（黑体为原文所有，下同——笔者注）（不受任何限制的'进步'）。而且，参与生产过程的第一个人都试图通过一种崭新的、与研究和探索有关的**抱负**，胜过其他的任何一个人，而这种抱负却是中世纪的'学者'一无所知的，这种学者——至少就他的意向而言是如此——只是把知识本身当做一种有益之物保存下来。中世纪的学者试图把各种'新'观念——甚至在知识的世俗领域之中也是如此——冒充成为陈旧的和传统的东西，因为他们假定'真理'在很久以前就'已经被发现了'；与此相反，现代的研究者则试图把人们在很久以前就已经认识了的东西，冒充成某种新的和富有独创性的东西。这样便出现了一种新的研究抱负以及一种新的、应当当做'**竞争**'确立起来的科学研究合作形式，而这种合作形式是与中世纪及其与权威的亲缘关系——正像揭示其特征的经院哲学精神所表现的那

---

① 中共中央马克思恩格斯列宁斯大林著作编译局编《马克思恩格斯选集》（第一卷），人民出版社，1972，第49～50页。

样——完全格格不入的。因此便出现了人们在解读一部不熟悉的科学著作的过程中所采取的、根本性的**批判**态度。正像存在于科学争辩和科学评论方面的关于优先权的争端所表明的那样，有关'精神财产'和专利的法律概念以及其他相似的法律概念，都是与这种生活共同体——或者说任何一种'经院哲学'——的知识形式格格不入的。但是，这些现象也同样像知识通过'方法'而客观化的过程属于现代科学那样属于现代科学，也就是说，属于一种合乎逻辑的和超个体的机制。"① 需要指出的是，在我们审视众多学者关于科学或文化场域的种种价值规范或行为导向原则的时候，都是以马克思和舍勒的观念为前提条件的。没有现代经济，也就没有现代科学；没有现代市场经济运行逻辑，也就没有现代知识分子的游戏规则。

在美国社会学家默顿看来，对"优先权"的争夺体现了科学自身的制度性规范的要求，他写道："科学规范促使产生这种结果的方式似乎是十分清楚的，人们从各个方面提醒科学家，增进知识是他的任务，实现这个任务亦即大大增加知识则是他最大的幸福。当然，这只不过是说，在这种科学制度中独创性非常受重视。因为正是通过独创性，知识才会以较小或较大的增幅得以发展。当科学的制度有效地发挥着作用时（像其他社会制度一样，它并不总能有效地发挥作用），对那些最出色地履行了自己角色的人，以及那些为公共知识的积累做出了真正开创性贡献的人，人们的承认和尊敬就会自然增加。这样就会看到那些快乐的局面：个人利益与道德义务相符并且融为一体。

因此，对一个人所取得的成就的承认是一种原动力，这种原动力在很大程度上源于制度上的强调。对独创性的承认成了得到社会确认的证明，它证明一个人已经成功地实现了对一个科学家最严格的角色要求。科学家的个人形象在相当程度上取决于他那个领域的科学同人对他的评价，即他在什么程度上履行了这个高标准的极为重要的角色，正如达尔文曾经指出的那样：'我对自然科学的热爱……因有心要得到我的自然科学家同行们的尊敬而大大加强了。'

因此，对承认的兴趣虽然很容易成为，但不一定就是一种对自我抬高的渴望或自我中心主义的表现，毋宁说，从心理学角度讲，这种兴趣就是这样一种动机，它是与制度层次上对独创性的强调相对应的。每个科学家

---

① 〔德〕马克斯·舍勒：《知识社会学问题》，艾彦译，华夏出版社，1999，第166页。

并不一定一开始就有成名的欲望,科学只要坚持并经常从功能方面强调独创性,并且把大部分奖励授予有独创性的成果,就足可以使对优先权的承认变得至高无上。这样,承认和名气就成了一个人工作出色的象征和奖励。"① 这时,创新者的状态就仿佛德国学者雅斯贝斯在讨论悲剧问题时所指出的那样:"谁碰上哈姆雷特的遭遇——知道了别人不知道的事但又不是很有把握——他就会感到整个世界新鲜而异样。"②

在对科学研究对创新的追求所依托的制度平台的时候,英国哲学家卡尔·波普尔指出:"科学,而尤其是科学的进步,并不是孤军奋战的结果,而是**思想自由竞争**(黑体为原文所有——笔者注)的结果。因为科学需要有假说之间日益加剧的竞争和日益严格的检验。而竞争中的假说则需要有个人作为其代表,就仿佛是它们需要有拥护者,需要有陪审团,甚至需要有公众似的。如果我们希望保证这种个人的代表性能起作用的话,它就必须从制度上组织起来。"③

波普尔认为,这种制度平台直接关乎"科学方法的公共特征"。在批评知识社会学时,他反对将科学以及科学的客观性归结为科学家或研究者个人的心灵追求,他认为:"有趣的是,人们通常所称之为'科学客观性'的那种东西,在某种程度上乃是建立在社会制度的基础之上的。天真的看法是,科学的客观性全靠科学家个人的精神的和心理的态度,靠他们的训练、细心和科学的不偏不倚的态度。作为一种反弹,这就产生了另一种怀疑的看法,即科学家永远不可能是客观的。根据这种看法,科学家缺乏客观性在自然科学中是可以忽略的,那在这里并不激发起科学家的热情;但是在社会科学,就要牵涉到社会偏见、阶级偏见和个人的利害关系,在那里缺乏客观性就是致命的了。被所谓的'**知识社会学**'(黑体为原文所有——笔者注)详尽加以发挥的这一学说,完全忽视了科学知识的社会的或制度的特性,因为它奠基于这样的一种天真的观点,即客观性有赖于科学家个人的心理。它忽视了这一事实,自然科学的题材的枯燥性和遥远性,

---

① 〔美〕R. K. 默顿:《科学社会学——理论与经验研究》(下册),鲁旭东、林聚任译,商务印书馆,2003,第395页。
② 〔德〕雅斯贝斯:《悲剧知识》,吴裕康译,见刘小枫选编《德语美学文选》,华东师范大学出版社,2006,第85页。
③ 〔英〕卡尔·波普尔:《历史主义贫困论》,何林、赵平译,中国社会科学出版社,1998,第135~136页。

并不能阻止偏私和自利来干扰科学家个人的信念;而且假如我们必须有赖于科学家的不偏不倚的态度,那么科学,哪怕是自然科学,也会是完全不可能的。'知识社会学所忽视了的东西,正好是知识社会学——科学之社会的或公众的特性。'它忽视了这一事实:正是科学和科学制度的公众特性,才强加给科学家个人以一种精神的纪律,并且保持了科学的客观性及其批判地讨论新观念的那种传统。"①

他还指出:"(知识社会学)把科学或知识看做是个别科学家心灵或'意识'中的过程,或者看做是这样一种过程的产物。如果以这种方式来考虑,那么,我们所谓的科学的客观性确实必然会变得完全是无法理解的,甚或是不可能的;阶级利益和类似的隐秘的动机不仅在社会或政治的科学中发挥作用,而且在自然科学中也如此。任何一个略知自然科学史的人都明白,情感的执着使许多争论显得更为突出。政治偏见对政治理论的影响,决不比某些自然科学家为了其理智的裔孙所表现出的偏见的影响更强烈。如果科学的客观性像天真的知识社会学理论所假定的那样,要建立在个别科学家的公正或客观性之上,那么我们就只好与它道别。确实,我们必须采取比知识社会学更激进的怀疑方式;因为毋庸置疑,我们全都饱受过我们自身的偏见系统(或'总体意识形态',如果喜欢用这个词的话)之苦;我们把许多东西都当作是自明的,无批判地接受它们,甚至天真而狂妄地认为,批评是完全不必要的;科学家在这一规则面前也不例外,即使他们可能在自己特有的领域中表面上清除了自身的一些偏见。但是他们没有用社会分析或一切类似的方法清除自身,他们没有想到要爬到一个更高的台阶,在那里他们能够理解自身的意识形态的愚昧,对它进行社会分析并删除它。因为通过使其思想更'客观',他们不可能获得我们所谓的'科学的客观性'。它是一个科学方法的问题。非常具有讽刺意味的是,客观性与科学方法的社会方面(着重号为原文所有——笔者注)是紧密相连的,与这一事实也是紧密相连的,即科学和科学的客观性不会(也不能)产生于个别科学家追求客观性的企图,而是产生于许多科学家的合作。科学的客观性可以被描述为科学方法的主体际性。"②

---

① 〔英〕卡尔·波普尔:《历史主义贫困论》,何林、赵平译,中国社会科学出版社,1998,第136页。
② 〔英〕卡尔·波普尔:《开放社会及其敌人》(第二卷),陆衡、张群群、杨光明、李少平等译,中国社会科学出版社,1999,第333~334页。

在这里，美国经济学家约瑟夫·熊彼特也认为，科学研究中，动机问题与研究结论是不相关的："一篇分析文章的科学特性，与进行这种分析的动机是不相干的。举例说，细菌学方面的研究是一项科研工作，研究人员是为了医学或其他任何目的而进行研究，对于这种研究的过程并无关系。同样，如果经济学家采取适合于他那个时代和环境的科学标准的方法，来研究投机倒把的各种手法，则研究结果将会形成经济知识科学财富的一部分，不管这些知识他是用来提供制定管制法规的建议，或是用来保护投机者抵制这种法规，或者仅仅为了满足他自己的求知欲。除非他故意让他的目的来歪曲他的事实或推理过程，我们就不能因为不赞成他的目的而拒绝接受他的成果或否认其科学性。"①

波普尔提出科学方法在两个方面具有公共特征："自然科学方法的两个方面具有重要性。它们一起构成了我所命名的'科学方法的公共特征'。第一，要有某种探讨自由批评的方式。科学家可以完全自信地提出他的理论，这是无可争辩的。但这并不必然影响到他的科学家同僚；它倒是向他们提出了挑战。因为他们知道，科学的态度意味着批判一切，即使是权威也不能阻止。第二，科学家们试图避免谈论相互冲突的计划（我要提醒读者，是在谈自然科学，但也包括一部分现代经济学在内）。他们试图非常严格地说某种同一的语言，即使他们使用的是不同的母语。在自然科学中，通过承认经验是其争论的公平的仲裁者，已经达成这点。当说到'经验'时，我想到的是具有'公共'特征的像观察、经验和实验之类的东西，与较为'私人'的审美或宗教意义上的经验相反；如果每个遇上麻烦的人都能重复它，那么这种经验就是'公共的'。为了避免谈论互相冲突的计划，科学家们试图以一种能够对其进行检验的方式来表达他们的理论，即用这种经验来反驳或证明。

这就是构成科学的客观性的东西。每个学过理解和验证科学理论的技巧的人，都能重复这种实验并为自身做出判断。尽管如此，总会有一些人会成达局部的，甚至是任性的判断。这是不可避免的，但它还不会严重阻碍各种社会机制（着重号为原文所有——笔者注）的运作——这些社会机制是被设计来促进科学的客观性和公正性的；例如实验室、科学期刊、讨

---

① 〔美〕约瑟夫·熊彼特：《经济分析史》（第一卷），朱泱、孙鸿敞、李宏、陈锡龄译，商务印书馆，1996，第29页。

论会，等等。科学方法的这个方面表明，由被设计来使公共控制成为可能的机制以及由舆论的公开表达能够达成什么，即使这被限制在一种专家圈内。"①

美国社会学家默顿也注意到了这一点："科学需要许多人物的交流，现代的思想家与过去的思想相互交流；它同样要求或多或少形式上有组织的劳动分工；它预设了科学家的不谋利、正直与诚实，因而指向了道德规范；而且，最后，科学观念的证实本身基本上也是一个社会过程。但是，科学对社会的依赖性甚至可以追溯到比这些更基本的考虑。科学，像所有大规模活动一样，涉及许多人的持续互动，如果它想有任何系统的发展，首先必须得到社会的赞助。换句话说，科学与科学家本身的存在预先假定了他们在社会价值标尺上占有某种正［值］的等级，而这一社会价值标尺便是赋予各种科学探索以声望的最终仲裁人。"②

美国经济学家约瑟夫·熊彼特也写道："把科学定义为一种由一个社会集团专门从事研究而发展起来的技术，这一定义同这个集团的'科学'活动所产生的方法与结果的意识形态方面有什么关系，读者是不难看出的。显然在其成员之间必定有某种程度的凝聚力，至少在这个集团已经取得相当确定的存在地位时，会有一种合作精神，产生出明显的或者下意识的规则，依照这些规则，成员可以彼此互相承认，而且允许某些人加入，而把另一些人排斥在外。"③

同收视率导向所依托的"大众注意力选票"有所不同，科学的评价体系依靠的是"只有其判断值得尊敬的那些科学家才能提供可靠的再担保"。默顿指出："我们的社会学家可能会认为，我们每个人都有我们自己的参照群体和参照个体，他们对我们的表现的见解事关重大。在成就的等级制度中，我们的同行和我们的上级变成了对我们来说至关重要的鉴定人。关于《物种起源》，达尔文'带着可怕的忧虑'写信给赫胥黎，认为：'也许，像许多人所做的那样，我也自己欺骗了自己，因而我在心目中确定了三个

---

① 〔英〕卡尔·波普尔：《开放社会及其敌人》（第二卷），陆衡、张群群、杨光明、李少平等译，中国社会科学出版社，1999，第334~335页。
② 〔美〕罗伯特·金·默顿：《十七世纪英格兰的科学、技术与社会》，范岱年等译，商务印书馆，2000，第279~280页。
③ 〔美〕约瑟夫·熊彼特：《经济分析史》（第一卷），朱泱、孙鸿敞、李宏、陈锡龄译，商务印书馆，1996，第80页。

鉴定人,我由衷地决心遵守这几位鉴定人所做的决策。这三位鉴定人是赖尔、胡克和您本人。'在这方面,达尔文所重复的是众多在他之前和在他之后的科学家的行为。天文学家约翰·弗拉姆斯蒂德在与牛顿结下世仇之前曾经写道:'我的研究并不是为了赢得眼前的喝彩。对于我来说,牛顿先生的称赞比世界上所有愚昧无知的叫喊更为重要。'薛定谔几乎用同样的语言给爱因斯坦写信说:'您的认可和普朗克的认可对我来说比半个世界的认可还重要。'还有利奥·齐拉特或马克斯·德尔布吕克,众所周知他们是极端固执和要求苛刻的鉴定人,寸步不让,即使在给他们的同事以短暂的安慰时也决不放松评判的标准,他们是参照人物,他们的赞扬对已完成的工作具有一种扩大效应,进而会影响到其他许多科学家的判断。"①

这种判断与英国经济学家亚当·斯密此前的看法不谋而合:"一个真正的智者,对另外一个智者对他的审慎而恰如其分的赞美,比对一万个人对他的虽则热情然而出于无知的嘈杂的赞扬声,更感到由衷的满足。这个智者可能提到巴门尼德:他在雅典的一次群众集会上宣读一篇哲学演讲时,看到除了柏拉图一人外,其他所有的听众都已离他而去,他还继续宣读下去,并且说,只有柏拉图一个听众,我就心满意足了。"②

同样,在现代中国知识分子群体中,也出现过类似的情况。例如,在中国社会科学院文学所流传的"何其芳评职称"的故事与前述巴门尼德与柏拉图的相知就有异曲同工之妙。吕微先生写道:"文学所的人'服'何其芳的故事当中最脍炙人口的一个就是'何其芳评职称'。我从文学所的老人口中听说过不止一两个版本。那是'文化大革命'以前文学所唯一的一次职称评定,直到今天,每逢年终评职称,文学所的人必把这个故事再讲一遍。'那年评职称文学所就是何其芳一个人说了算。何其芳对钱锺书说:你是一级研究员。钱锺书点点头。何其芳又对某某人说:你是二级研究员。某某人说,知道了。'

文学所没有人对何其芳拟定的评职称决议案持有异议,因为,没有人不信赖何其芳的学术判断力,也没有人怀疑何其芳会不公正。何其芳给所有的研究人员定了职称,唯独没有给自己定职称,他认为自己是所长做的

---

① 〔美〕R. K. 默顿:《科学社会学——理论与经验研究》(下册),鲁旭东、林聚任译,商务印书馆,2003,第466页。
② 〔英〕亚当·斯密:《道德情操论》,蒋自强、钦北愚、朱钟棣、沈凯璋译,胡企林校,商务印书馆,1997,第329~330页。

是行政工作，不应该再享受职称的待遇。在文学所的传说中，那一次是文学所历史上最没有争议也没有留下任何遗憾的一次职称评定，自那以后直到今天，何其芳一直是文学所人心目中公正与权威的化身。

说起来很是奇怪，从今天的眼光看，当年何其芳定职称的所作所为可以称得上是独断专行，可是文学所的人至今并不质疑何其芳的做法，相反却津津乐道于这个故事，难道文学所当年的大师们以及今天的诸位专家学者们即文学所所有的'知识分子'都丧失了起码的自由民主意识，反而要去赞誉一种过了时的开明专制，从而统统跌入了新权威主义的窠臼？

我想，事情并非如此简单。在经历了学术民主制度化的今天，我们终于意识到，科学的量化也无法保证学术自身的纯粹性，没有对于学术自身纯粹性的理解，学术就仍然要搅在种种人事情感和利益关系的缠绕与纠葛中而无法抽身为超越人事、利益经验（超验）并上升为纯粹信仰的'事情本身'。难能可贵的是，在学术政治化的昨天，何其芳竟然能够以一人之身直接面对学术信仰这个事情本身，他用了一种最简单的也是最不可思议的办法把一件在今天看来很难办妥的事情在一夜之内就解决了。不光我相信，文学所的人都相信：换了任何人都做不到何其芳已经做到的。

也许，何其芳没有料到的是，文学所的老人们以绝对信任的态度接受了他对他们的'裁决'；也许何其芳早就想到了他那些朝夕相处的同事们一定会与自己'共襄其事'，对此，何其芳胸有成竹：同事们一贯信任自己，并非仅仅是相信自己的品格比如能够主持正义之类，而是因为他们与自己一样对于学术有着同样深刻的理解。所以我想，当年的那次评职称，如果没有文学所一班大师们的无言支持，仅以何其芳一人之力，那是绝对不可能的，何其芳不可能独步天下。在这个意义上，我要说的是，也是那些大师们与何其芳共同缔造了文学所历史上的那次平静而又平凡但却前无古人后无来者的学术壮举。"[1]

换句话说，学术共同体是自足的，是只问创新、不受外部形形色色因素羁绊的。德国哲学家费希特这样描述学术共同体的特征："学术共同体的突出特点是思维的绝对自由和独立自主；学术共同体的建构原则是这样一条原理：绝对不服从任何权威，对一切事情都要立足于自己的独立思考，断然否定一切没有被自己的独立思考确认的东西。学者与非学者的区别在

---

[1] 吕微：《何其芳的传说》，《读书》2007 年第 5 期。

于：非学者虽然以为自己通过独立思考有了自信，并且确实有了自信，但是，谁比他看得更透，谁就会发现他对于国家和教会的那一套看法是从他的时代最流行的意见中得出的结论。他不过是独自确信，他的时代的舆论恰好就是如此，他的前提是他并不真正知道所以然的情况下，没有他的参与，由他的时代形成的，尽管他自己也的确由此得出了一些结论；学者则能察觉这种情况，而在其自身寻找前提，以自由的决断将其独立自主的理性自觉地定为整个理性的代表。

对于学术共同体来说，绝不存在任何可能的象征，绝不存在任何钦定的准则和矜持的态度。按照学术共同体的概念学说，在学术共同体里，人们必定能讲述自己已经确信的一切东西，正像他们本人可以大胆地承认这些东西一样（各个大学都是学者们云集的园地。因此，在大学里也必定可以讲述人们确信的一切东西，大学也没有任何表意的象征。那些建议在大学讲坛上采取矜持态度的人们，那些认为在大学讲坛也一定不要和盘托出，而是必须首先考虑什么东西会有益或有害，什么东西会得到正确解释或错误解释的人们，确实是犯了很大的错误。谁不会审查自己和不能学会审查自己，谁就在思想上负有自己闯入学者们的园地的责任，而这与其他的人们并无关系，因为他们是按照他们的充分权利和职责行动的。大学讲坛上的陈述与学术论著中的陈述，就内容而言毫无差别，仅就方法而言才有差别）。

正像学术研究是绝对自由的一样，参加学术研究对于每个人也必须自由。谁在内心不再能相信权威，要他继续相信权威就违背他的良心，而参加学术共同体才是他的道德职责。任何尘世力量都没有权利在良心事务上发号施令，对每一个依据自己的思想已经有资格参加学术共同体的人，不同意他这么做是不讲道德的。"①

美国学者托马斯·库恩这样描述科学评价体系的基石——科学共同体的特征："显然，它们需要更多的研究。在这个领域中目前只能做一些最富尝试性的概括。然而，成为一个专业科学共同体的成员的一些必要条件，应当已经是非常清楚了。例如，科学家必须关注有关大自然行为的种种问题。此外，尽管他对自然界的关注及其范围可以是整体性的，但他实际研究的问题必须是关于细节的。更重要的是，令他满意的解答应当不仅仅是

---

① 〔德〕费希特：《伦理学体系》，梁志学、李理译，商务印书馆，2007，第 271~272 页。

个人的，而必须为许多人所接受。而接受这些解答的团体不应从社会整体中随机抽出一些人组成，而是明确限定的、由科学家中的专业同行组成的共同体。科学生活中最坚定的原则之一（或许尚未见诸文字）就是在科学问题上禁止诉诸政界首脑或社会大众。承认一个具有独一无二的能力的专业共同体的存在，并接受它作为专业成就的唯一仲裁者，还具有进一步的含义。作为个人，并借助于共同的训练和经验，专业团体的成员必须被看成是游戏规则或作为明确判断的某种等价基础的唯一持有者。怀疑他们共有这种评价基础，就等于承认有不相容的科学成就的标准存在。这样一来必然会引起在科学中是否有真理的问题。"[1]

　　法国社会学家布尔迪厄写道："绝大多数作品显示了一种风格，这种风格蕴涵着作者的创新，这种创新源于一种使命感，或在作者眼中这作品与前辈同侪的有所不同。通过阐释客观上铭刻于作品中的意义（而非使这意义就范于模式化的判断）而形成的批评使人格的物化得以达成，依靠强调艺术家和作者的努力以辨识其习性，人格的物化趋于在这一过程中充当主角。批判阐释、生产者话语，甚至作品本身结构，在这三者中的相应变化包含着借助生产者的对批判话语认知的见证——既是因生产者感到其通过作品而被认识，又因为他在作品中认识了他自己。关乎作者自我界定的一部作品的公共意涵源于流通和消费过程，该过程为牵涉其中的制度和行动者之间的客观关系所掌控。这些行动者在有限生产场域结构中所占据的相对位置决定了产制这一公共意涵的社会关系。例如作者和出版者、出版者和批评家、作者和批评家等之间的关系，伴随着作品出版便全部被揭示出来了，也就是说，该作品变成了公共物品。"[2] 这样，在科学甚至整个知识分子文化领域内，评价标准应当是具有某种"公共性质"的，但是，这种公共性质只能局限于一个非常有限的圈子才能够保证其文化标准不致下降，也就是说，才能够保证所遴选出的文化产品是真正创新的而非重复前人已有的精神成果。这种做法在最大限度上，保有了对前人创造性的尊重和避免了对人类智识资源的浪费。正如美国社会学家科塞所指出的那样："社会

---

[1] 〔美〕托马斯·库恩：《科学革命的结构》，金吾伦、胡新和译，北京大学出版社，2003，第151页。

[2] Pierre Bourdieu, "The Market of Symbolic Goods," in Randal Johnson (eds.), *The Field of Culture Production: Essays on Art and Literature*, New York: Columbia University Press, 1993, p. 118.

制度的关键作用是协助组织科学事业，确保科学家能把他的发现展示给自己的公众并得到相应报酬。这些制度特别重要，因为科学家所受到的教育，使他对自己和别人的发现都抱怀疑态度。他必须到同行那里寻求肯定，直到其他科学家表示赞同，他才能对自己的发现有发自内心的充分满足。"① 但是，这种原则绝非单纯的独断论层面的道德律令，就像美国学者列奥·施特劳斯所指出的那样："最佳制度只有在最有利的条件下才成为其可能。因此，它只有在最有利的条件下才是正当的或合法的。在或多或少有些不利的条件下，只有或多或少不那么完美的制度才是可能的，并且因此才是合法的。最佳制度只有一个，而合法的制度则多种多样。合法制度的多样性对应于相关环境类型的多样性。最佳制度只有在最为有利的条件下才是可能的，而合法的或正当的制度无论何时何地都是可能的，并且在道德上是必需的。"② 而法国社会学家布尔迪厄对文化场域的权力关系的揭示是非常必要的："简单地说，并非像外省的拉斯蒂涅③们幼稚的想象，'制造声望'的不是这个或那个'有影响的'人，这个或那个机构、访谈、杂志、学院、圈子、艺术品经销商或出版商；甚至整套安排也不是有时被称作'艺术和文学世界精神'的东西；'制造声望'的是生产场域，它被理解为上述行动者或机构之间的客观关系系统和争夺赋予他人地位的垄断权力的场所，就是在生产场域中，艺术和观念作品的价值被生产出来。"④

这样，在科学研究上，"科学作品（论文）的影响力不一定与它的质量和水平成比例"也就不足为奇了。通过对爱因斯坦、孟德尔、虞福春、王竹溪、汤佩松、赵忠尧等研究者在他们的科学发现被承认的过程中的种种遭遇的分析，罗辽复和陆埮先生指出："请不要因历史的不公正而苦恼，因为历史有太多的随机因素。""继续做自己想做的事，要不断做下去，做出更高质量、能经受历史考验的科学作品。当然，由于市场风暴已冲击当

---

① 〔美〕刘易斯·科塞：《理念人：一项社会学的考察》，郭方等译，郑也夫、冯克利校，中央编译出版社，2004，第5页。

② 〔美〕列奥·施特劳斯：《自然权利与历史》，彭刚译，生活·读书·新知三联书店，2006，第141页。

③ 拉斯蒂涅是法国19世纪伟大的批判现实主义作家巴尔扎克的著名小说《高老头》中的主人公，是来自外省，却又野心勃勃、渴望在巴黎的上流社会中出人头地的大学生。笔者认为，布尔迪厄借拉斯蒂涅以指代那类渴望在文化场域崭露头角，却又对其游戏规则不甚了解之人。——笔者注

④ Pierre Bourdieu, "The Market of Symbolic Goods," in Randal Johnson (eds.), *The Field of Culture Production: Essays on Art and Literature*, New York: Columbia University Press, 1993, p.78.

今科学评价系统的每一个角落,也许科学已经变成一种需要营销的事业,如果你有社会活动的才能,也可以研究一下科学营销的策略,用它来提高作品的影响力。不过这已不重要了。我们还是回归科学研究的动机吧,一是享受过程,二是获得结果,两者都是甜美的事。作为一个自由的人,享有一片自由的天空,如果既已在探索中度过愉快的一生,又获得真实的经受住历史考验的成果,难道这还不够满足,还需要别的什么吗?"① 这种快乐,英国思想家罗素也注意到了:"当从手段到目的的旅途并不过于漫长,而且如果人们热切地盼望着这一目的时,手段本身也就是令人愉快的。为了下滑瞬间的无上快乐,一个男孩子会带着平底雪橇吃力地爬上小山;没有人强迫他这么辛苦,尽管他气喘吁吁,他仍然很高兴。不过如果你以答应 70 岁给他一笔养老金来取代这种能马上兑现的酬劳,他的精神头儿就会立刻消失得无影无踪。创造性的冲动可以激发出比那个带着平底雪橇的男孩子更加长久的努力,并且仍然能够保持自发性。一个人如果热切地盼望实现一个目的,并且勇于克服困难的话,他就可能历经数年的艰辛、险阻和贫困,试图登上珠穆朗玛峰或者抵达南极极点,又或者做出一项科学发现,而且始终像那个带着雪橇的男孩子一样,和他自己的各种冲动协调一致。就像那个印第安人所说,'那里面有光荣'。"②

马克思就他同恩格斯合著的《德意志意识形态》一书在出版过程中所遇到的问题曾经指出:"自从弗里德里希·恩格斯批判经济学范畴的天才大纲(在《德法年鉴》上)发表以后,我同他不断通信交换意见,他从另一条道路(参看他的《英国工人阶级状况》)得出同我一样的结果,当 1845 年春他也住在布鲁塞尔时,我们决定共同阐明我们的见解与德国哲学的意识形态的见解的对立,实际上是把我们从前的哲学信仰清算一下。这个心愿是以批判黑格尔以后的哲学的形式来实现的。两厚册八开本的原稿早已送到威斯特伐利亚的出版所,后来我们才接到通知说,由于情况改变,不能付印。既然我们已经达到了我们的主要目的——自己弄清问题,我们就情愿让原稿留给老鼠的牙齿去批判了。"③

---

① 罗辽复、陆埈:《科学作品的影响力和科学家的舛运》,《科学》(上海)2009 年第 6 期,转引自《新华文摘》2010 年第 3 期,第 138、139 页。
② 〔英〕伯兰特·罗素:《权威与个人》,储智勇译,商务印书馆,2010,第 53 页。
③ 中共中央马克思恩格斯列宁斯大林著作编译局编《马克思恩格斯选集》(第二卷),人民出版社,1972,第 83~84 页。

笔者认为,马克思所提出的"自己弄清问题"是科学研究的最重要的目的,也是知识分子文化区别于从属于经济逻辑的文化工业产品的本质区别。

这种区别用层出不穷的事例论证着德国哲学家费希特在讨论学者的使命时的看法:"我的本分就是把我这个时代和后代的教化工作担当起来:从我的工作中产生出来各代人的道路,产生出各民族的世界史。这些民族将来还会变化。我的使命就是论证真理;我的生命和我的命运都微不足道;但我的生命的影响却无限伟大。我是真理的献身者;我为它服务;我必须为它承做一切,敢说敢做,忍受痛苦。要是我为真理而受到迫害,遭到仇视,要是我为真理而死于职守,我这样做又有什么特别的呢?我所做的不是我完全应当做的吗?"①

这就是知识分子的宿命。

二 有限生产场域与规模化文化生产场域

在讨论电视知识分子的游戏规则之际,我们仍需借助法国社会学家布尔迪厄所提供的思想资源。他将文化生产领域所生产出来的产品视为符号商品,他写道:"文化生产系统的发展伴随着一种区隔的过程,这种区隔的过程由公众的分化而产生,不同种类的生产者为这些公众提供不同的产品。符号商品具有双重属性:商品和符号客体。符号商品特殊文化价值和其商业价值相对独立,尽管经济上的曲高和寡可能会有助于神化其文化价值。"②

按照不同因素在符号生产领域所发挥的作用,布尔迪厄将文化生产领域大体划分为:有限生产场域和规模化文化生产场域。他认为:"符号商品的生产流通场域定义为不同因素间的客观关系系统,是按照这些因素在为符号商品的生产、再生产和传播所付出的不同性质劳动之中的角色加以定义的。本质上,生产场域自身的结构可以划分为有限生产场域和规模化文化生产场域:有限生产场域是指客观上只向文化商品生产者提供文化产品

---

① 〔德〕费希特:《论学者的使命 人的使命》,梁志学、沈真译,商务印书馆,1984,第45页。
② Pierre Bourdieu, "The Market of Symbolic Goods," in Randal Johnson (eds.), *The Field of Culture Production: Essays on Art and Literature*, New York: Columbia University Press, 1993, p. 113.

（和享用这些产品的手段）的系统；规模化文化生产场域是以为非生产者即'广大公众'生产文化商品为特殊目的而加以组织的。相较于服从于为市场最大化而竞争法则的规模化文化生产场域，有限生产场域趋于发展出评价其产品的自主标准，通过由既相互依存而又彼此竞争的成员所构成的纯粹团体，以获得真正的文化认知。有限生产场域只能通过断绝与非生产者公众的联系而变为一个客观上为生产者生产的系统，也就是说，与主流阶层的非知识分子部分相隔绝。"[1] "有限生产场域的主体性可以通过其能力加以衡量，这种能力是指有限生产场域制定其自身产品生产和评估的自主标准的能力。这表明所有同有限生产场域自身的功能性原则相一致的外部决定性因素的转换。这样，文化生产者们越是形成了一个为文化自主性而竞争的封闭场域，其内部结构就越是与任何经济、政治或社会区隔的外部因素无涉。"[2]

布尔迪厄写道："有限生产场域所产生的作品是'纯粹的'、'抽象的'和'晦涩的'。说这些作品'纯粹'是因为它们要求接受者所采取的立场是特定的审美立场，以与这些作品的创作原则相适应。说这些作品'抽象'是因为它们要求多种形式的多元化共存，这一点同还没有分化的原始社会的艺术有所不同，原始社会的艺术是一种将音乐、舞蹈、戏剧和歌曲融为一体的即时呈现。说这些作品'晦涩'除了上述原因之外，还由于它们的复杂结构总是包含着与以往建构的总体历史之间心照不宣的联系，这些作品的复杂结构只能被那些在实践或理论层面上掌握了抽象的符码、接续的符码和'这些符码的符码'的人所理解。"[3]

具体到电视知识分子问题，我们不难发现，电视知识分子是不断游走于有限生产场域和规模化文化生产场域之间的知识分子群体，这个群体按照建构这两个场域的制度安排立身行事。

---

[1] Pierre Bourdieu, "The Market of Symbolic Goods," in Randal Johnson (eds.), *The Field of Cultural Production: Essays on Art and Literature*, New York: Columbia University Press, 1993, p. 115.

[2] Pierre Bourdieu, "The Market of Symbolic Goods," in Randal Johnson (eds.), *The Field of Cultural Production: Essays on Art and Literature*, New York: Columbia University Press, 1993, p. 115.

[3] Pierre Bourdieu, "The Market of Symbolic Goods," in Randal Johnson (eds.), *The Field of Cultural Production: Essays on Art and Literature*, New York: Columbia University Press, 1993, p. 120.

但是，由于有限生产场域和规模化文化生产场域游戏规则的本质差异，这种游走本身将集学院知识分子和电视知识分子角色于一身的知识分子个体的自我认同感加以撕裂，这种撕裂不可避免地会影响到学者对自身角色的认同。美国社会学家刘易斯·科塞指出："学者的传统听众是学者团体。传统知识分子的认同感主要是通过同事给予他的承认和尊重而形成的。但是，一旦一个学者得到了一批学院外的新听众，他很容易屈从于这种影响，重新塑造自我形象。当学院人帮助学院之外的人解决了问题而得到他们的承认时，可能产生这样一种倾向，学院人将更多地从能够给予他们酬劳的决策者那里寻找承认，而较少从同事那里寻求认可。由于学院人面临私人和企业官僚机构越来越多的寻求解决问题的要求，所以他们倾向于从探求更为一般的或更具理论性的文体中转移出来，学界之外的人是不需要那种研究的。企业和政府比以往更多地需要学院人，这一事实至少在一定程度上说明了他们在全社会的声望的上升。当学院中拥有众多能对现实问题提出见解的教师时，那些'不现实的教授'、那些消极的陈规老套就渐趋衰微了。然而，不能误以为这种对'实用性教授'更大的接受态度，是美国反知识分子的普遍下降。在社会上受到欢迎和接受的知识人，主要是那些已经变得更像他们为之提供服务的经理的知识人；而那些回避学院外的角色的学者，在决策者和公众的重新评价中并没有得到什么好处，而且也不能期待他们会得到什么好处。"[1]

布尔迪厄表示："尽管还没着魔，知识分子和艺术家总对功成名就、声名显赫的作品和作者心怀疑虑，有时倒是把拙嘴笨舌看成可以传之后世的保证；换句话说，'一般公众'的介入构成了对守护文化神圣性场域的威胁。上述情况反映了依靠'从公众那里取得成功'（按照销售额或在消费者当中的知名度）的生产者集团同依靠专业团体认同度的集团之间所存在的鸿沟。无疑，专业团体一直是有限生产场域自主性最好的指示器。也就是说，前述两大集团的分裂是自主评估原则同'一般公众'（特别是主流阶层的非知识分子部分）自选原则之间的分裂。"[2] 当这种分裂直接集合于

---

[1] 〔美〕刘易斯·科塞:《理念人：一项社会学的考察》，郭方等译，郑也夫、冯克利校，中央编译出版社，2004，第 316~317 页。

[2] Pierre Bourdieu, "The Market of Symbolic Goods," in Randal Johnson (eds.), *The Field of Culture Production: Essays on Art and Literature*, New York: Columbia University Press, 1993, p. 116.

同一个知识分子时,便会出现一种"表现派演员效应"。

　　法国思想家狄德罗的《关于戏剧演员的诡论》对那些冷静反思自身表演境遇的演员的心理进行了分析,钱锺书先生写道:"这个'诡论'的要旨是:演员必须自己内心冷静,才能惟妙惟肖地体现所扮演角色的热烈情感,他先得学会不'动于中',才能把角色的喜怒哀乐生动地'形于外'(c'est le manqué absolu de sensibilité qui prepare les acteurs sublimes);譬如逼真表演剧中人的狂怒时(jour bien la fureur),演员自己绝不认真冒火发疯(être furieux)。其实在18世纪欧洲,这并非狄德罗一家之言,而且堂·吉诃德老早一语道破:'喜剧里最聪明(la más diacreta)的角色是傻呼呼的小丑(el bobo),因为扮演傻角的绝不是个傻子(simple)。'正如扮演狂怒的角色的绝不是暴怒发狂的人。中国古代民间的大众智慧也觉察了那个道理,简括为七字谚语:'先学无情后学戏。'"①

　　就狄德罗的观点,朱光潜先生指出:"他所要求的冷静在实质上是什么呢?关键在于他所说的'理想的范本',就是中国画家所说的'成竹在胸'。演员要事先仔细研究剧本,揣摩人物的内心生活以及它的表现方式,先在心中把这个人物的形象塑造好,把他的一举一动,一言一笑,都准确地塑造出来,这样他心里就有了一个'理想的范本',于是把它练习得滚透烂熟,以后每次表演都要把这个已经塑造好而且练习好的'范本',像镜子在不同的时候反映同一事物一样,前后丝毫不差地复现出来。"②

　　宋代学者洪迈将"士之处世"即相类比于此:"士之处世,视富贵利禄,当如优伶之为参军,方其据几正座,噫呜诃,群优拱而听命,戏罢则亦已矣。见纷华盛丽,当如老人之抚节物,以上元、清明言之,方少年壮盛,昼夜出游,若恐不暇,灯收花暮,辄怅然移日不能忘,老人则不然,未尝置欣戚于胸中也。睹金珠珍玩,当如小儿之弄戏剧,方杂然前陈,疑若可悦,即委之以去,了无恋想。遭横逆机阱,当如醉人之受骂辱,耳无所闻,目无所见,酒醒之后,所以为我者自若也,何所加损哉!"③

　　审视这种"表现派演员心理",我们不难发现,这是知识分子体认另一场域运作的表现。德国学者曼海姆用"视角的获得"来概括这一现象,他

---

① 钱锺书:《读〈拉奥孔〉》,载《七缀集》(修订本),上海古籍出版社,1994,第34页。
② 朱光潜:《西方美学史》(上卷),人民文学出版社,1979,第268页。
③ (宋)洪迈:《容斋随笔》(上卷),孔凡礼点校,中华书局,2005,第180页。

举了一个著名的"农民儿子进城"的例子说明这一问题:"一个农民的儿子,如果一直在他村庄的狭小的范围里长大成人,并在故土度过其整个一生,那么,对于那个村庄的思维方式和言谈方式在他看来便是天经地义的。但对一个迁居到城市而且逐渐适应了城市生活的乡村少年来说,乡村的生活和思维方式对于他来说便不再是理所当然的事情了。他已经与那种方式有了距离,而且此时也许能有意识地区分乡村的和都市的思想和观念方式。在这种区分中,便有着知识社会学力图详细发展的那种方法的萌芽。那种被一个特定集团内当作绝对的而加以接受的东西,在外人看来是受该集团的处境限制的,并被认为是片面的(在这个例子中,是'乡村的')。这种知识类型含有一种更独立的视角。"①

在电视知识分子那里,由于分别对有限生产场域的游戏规则和规模化文化生产场域的游戏规则心知肚明,我们也不难认识到,无可避免地,随着现代市场经济的发展,物化现象已经在有限生产场域和规模化文化生产场域都有出现,甚至有逐渐占据统治地位之势,思与物的界限越来越模糊。匈牙利思想家卢卡奇指出:"专门化的'大师',即他的客体化了的和对象化了的才能的出卖者,不仅成为社会事件的旁观者……而且对他自己的、客体化了的和对象化了的能力所起的作用也采取直观态度。这种结构在新闻界表现得最为怪诞,在那里,这是主体性本身,即知识、气质、表达能力,变成了一架按自身规律运转的抽象的机器,它既不依赖于'所有者'的人格,也不依赖于被处理的各种对象的客观—具体的本质。新闻工作者们'没有气节',出卖他们的信念和经验,这些只有当作资本主义物化的极端表现才能被理解。"②

但是,在电视文化生产场域,这现象更为明显,经常出没于电视之中的媒体常客"随时可以效劳,时刻准备制造文章或提供访谈"③,这与流水线上的装配工人已经没有太大的区别,只不过所提供的产品有**表面上**的差异罢了。布尔迪厄这样描述包括电视知识分子在内的媒体知识分子:"他们首先关心的是暂时的成果,他们的生存就靠了隶从市场的期待。在某些极

---

① 〔德〕卡尔·曼海姆:《意识形态与乌托邦》,黎鸣、李书崇译,周纪荣、周琪校,商务印书馆,2000,第 286~287 页。
② 〔匈〕卢卡奇:《历史与阶级意识——关于马克思主义辩证法的研究》,杜章智、任立、燕宏远译,商务印书馆,1992,第 163~164 页。
③ 〔法〕皮埃尔·布尔迪厄:《关于电视》,许钧译,辽宁教育出版社,2000,第 30 页。

端的情况下（特别说明问题），他们可以在商场上出卖对先锋的模仿或假冒。"①

布尔迪厄对知识分子迎合电视、娱乐观众的做法甚为不满，他写道："新闻界，尤其是电视，最恐惧的是让人生厌，考虑的是不惜代价让人娱乐开心。……所以，在美国和欧洲，到处都可以看到一个倾向，社论和调查报道的记者越来越被排挤，让位给搞笑主持人；深入分析和对话、专家的讨论或采访的信息，让位给纯粹的消遣（着重号为原文所有——笔者注），尤其是无意义的闲聊——'脱口秀'（talk show）。这些闲聊者都有头衔，互相可以替换（我指名道姓地列举了几个人，罪不可恕）。为了真正理解这些空洞交谈中所说的，尤其所不能说的，必须仔细分析这些在美国被称为'专门小组成员'（panelists）的选择条件：他们必须总是有空，就是说，总是随唤随到，而且可以玩得起游戏，接受谈论一切（这正是意大利所谓［tuttologo］的定义），回答一切问题，甚至回答记者们提的最可笑或最过分的问题。他们必须准备做一切，就是说做一切让步（对话题、对其他谈话者让步），做一切调和与一切妥协，就为了能在镜头前保证'媒体'名声带来的直接或间接的利益：新闻机构内部的声誉，邀请去做有酬讲演等。他们必须用心，以简明而华丽的话表明自己简单的立场，避免纠缠复杂的知识（其格言是：'你知道得越少，就越好'）。""记者们借口观众的期待来为这种蛊惑人的简单化政策辩护。这种简单化政策与告以真情或寓教于乐的民主意图截然相反。他们只是把自己的倾向、自己的观点加于观众。尤其是因为害怕让观众生厌，害怕失去收视率，他们偏重的是口角，而非辩论，是争论而非说理。"②

有什么比在讨论问题时言不由衷或瞻前顾后更令知识分子感到窒息呢？如果在争取到出版自由以前，这种遏抑思想的力量可以具化为宗教裁判所或星法庭的话，那么，至少它们还无法直接干涉文化产品的生产环节，但是，到了电视这里，从文化产品（如果粗制滥造的电视节目可以被称作文

---

① 〔法〕皮埃尔·布迪厄：《文化处于危险之中》，见《遏制野火》，河清译，广西师范大学出版社，2007，第185页。

② 〔法〕皮埃尔·布迪厄：《电视、新闻和政治》，见《遏制野火》，河清译，广西师范大学出版社，2007，第72~73页。这篇文章是作者为英文版《论电视》所写的后记。此文亦为布氏所著《关于电视》中文版的附录（许钧译，辽宁教育出版社，2000）。两译文稍有出入，笔者所引证的是河清译文。

化的话)的生产环节开始,对精神的柔性形塑就已经变成一种无处不在、引人窒息的制度性安排了。收视率导向可以通过至少以下几幅具体的"面孔"来达成拒绝任何创新的目的:编导翻阅通讯录时精心算计的面孔,主持人引导话题时循循善诱的面孔,审片人权衡传播机构立场时反复斟酌的面孔,当然,最有力量的是收视率统计机构所传递的统计数据冷冰冰的面孔。人类精神产品的生产还从来没有受过如此心思周密的生意经的辖制。

  在这里,笔者认为有必要指出,电视知识分子是在何种状态下完成电视言说的,或者说面对知识分子,电视节目创作集体的权力是如何运行的。法国学者福柯在讨论18世纪的监狱制度时曾经注意到了英国思想家边沁所提出的一种"全景敞视建筑",这种建筑机制在安排空间单位时,使囚犯可以被随时观看和一眼辨认。福柯写道:"分层的、持续的、切实的监督,也许不是18世纪的重大技术'发明',但是它的暗中扩展使与之相关的权力机制变得重要。通过这种监督,规训权力变成一种'内在'体系,与它在其中发挥作用的那种机制的经济目标有了内在联系。它也被安排成一种复杂的、自动的和匿名的权力。因为虽然监督要依赖人实现,但是它是一种自上而下的关系网络的作用。这个网络在某种程度上也是自下而上的与横向的。这个网络'控制'着整体,完全覆盖着整体,并从监督者和被不断监督者之间获得权力效应。在对纪律实行层层监督时,权力并不是一个被占有的物或一个可转让的财产。它是作为机制的一部分起作用。诚然,它的金字塔组织使它有一个'头',但是,在这持久连续的领域里产生'权力'和分配人员的是整个机构。这样就使得规训权力既是毫不掩饰的,又是绝对'审慎'的。说它'不掩饰'是因为它无所不在,无时不警醒着,因为它没有留下任何晦暗不明之处,而且它无时不监视着负有监督任务的人员。说它'审慎'则是因为它始终基本上是在沉默中发挥作用。纪律使一种关系权力(relational power)得以运作。这种关系权力是自我维系的。它用不间断的精心策划的监视游戏取代了公共事件的展示。由于有了这种监督技术,权力'物理学'对肉体的控制遵循着光学和力学法则而运作,即玩弄一整套空间、线条、格网、波段、程度的游戏,绝不或在原则上不诉诸滥施淫威和暴力。"[1]

---

[1] 〔法〕米歇尔·福柯:《规训与惩罚》,刘北成、杨远婴译,生活·读书·新知三联书店,1999,第200页。

电视节目创作集体就是将知识分子置于一种"全景敞视状态"中来完成电视节目制作的。福柯说:"完美的规训机构应能使一切都一目了然。中心点应该既是照亮一切的光源,又是一切需要被了解的事情的会聚点,应该是一只洞察一切的眼睛,又是一个所有的目光都转向这里的中心。"① 而镜头与镜头前的知识分子就集中体现了这种权力关系。顺着福柯的思路②,在这种状态体现了观看/被观看二元统一体的机制。知识分子文化生产的传统方式,面对面的交流或者借助文字表达的写作,都将文化产品的生产过程神秘化,脱离了普通社会大众的视域。但是,在电视知识分子的工作状态下,文化的生产过程被彻底"祛魅";电视节目创作集体能观看一切,但不会被看到(出镜记者或主持人只是其中较为次要的因素)。一言以蔽之,对于作为"全景敞视状态"的电视来说,能够被看到的,哪怕是被置于中心位置的,在权力体系中,都是不重要的,处于被摆置的位置;不能够被看到的,哪怕是永远不为人所知的,在电视节目创作集体的权力体系中,都是重要的,处于摆布他人的位置。正如福柯所指出的那样:"这是一种重要的机制,因为它使权力自动化和非个性化,权力不再体现在某个人身上,而是体现在对于肉体、表面、光线、目光的某种统一分配上,体现在一种安排上。这种安排的内在机制能够产生制约每个人的关系。君主借以展示其过剩权力的典礼、礼节和标志都变得毫无用处。这里有一种确保不对称、不平衡和差异的机制。因此,由谁来行使权力就无所谓了。随便挑选的任何人几乎都能操作这个机器,而且总管不在的时候,他的亲属、朋友、客人甚至仆人都能顶替。同样,他怀有什么样的动机也是无所谓的,可以是出于轻浮者的好奇心,也可以是出于孩子的恶作剧,或是出于哲学家想参观这个人性展览馆的求知欲,或是出于以窥探和惩罚为乐趣的人的邪恶心理。匿名的和临时的观察者越多,被囚禁者越会被惊扰,也越渴望知道自己是否被观察。"③ 这样,我们就不难理解电视节目创作集体为何对学术界的情形如此"隔膜",即使了解对某一个学科或论题最有发言权的那些学者

---

① 〔法〕米歇尔·福柯:《规训与惩罚》,刘北成、杨远婴译,生活·读书·新知三联书店,1999,第197页。
② 〔法〕米歇尔·福柯:《规训与惩罚》,刘北成、杨远婴译,生活·读书·新知三联书店,1999,第226页。
③ 〔法〕米歇尔·福柯:《规训与惩罚》,刘北成、杨远婴译,生活·读书·新知三联书店,1999,第226~227页。

并不是一件特别困难的事情,因为对记者而言,了解这类信息的难度远远低于挖掘某条独家新闻的难度。恰恰是由于电视所掌握的将知识分子置于被敌视状态的这种权力是谁都能操作的机器,这样,从概率上讲,对知识、文化、学术的关注,同猎奇、展示、利用的心态当然是大体相当的,如果再考虑那类"贤而拙"的知识分子因"不识庐山真面目"对电视权力运作带来的干扰,只要顺从,不要冒犯,当然是最优选择。当然,电视观众也参与了这种对知识分子的观看,英国学者约翰·斯道雷写道:"身为'监视主体'的我们,总是以自我感觉良好的傲慢态度和侵略性的目光检视着电视上的节目嘉宾,却在不知不觉间通过自我规训的方式默然顺从了节目所宣扬的美学标准与行为规范。"① 观众与电视知识分子的关系可以用法国哲学家居伊·德波下面的观点加以概括:"工作之外,景观是人们自始至终相互联系的主导模式,只有通过景观人们才能获得社会生活特定的普遍方面的知识(虚假的),从科学、心理学的成就到流行行为类型再到国际政治名流的管弦音乐会。作者和观众之间的关系恰恰是领导者与执行者之间基本关系的一种调换。它正是对这一异化和物化的文化需要的一个完美回答:景观—观众的关系本质上是资本主义秩序的牢固支座。"② 通过电视影像,一种典型的景观,既有社会秩序借助权力转换的幻象抚慰了公众的焦虑,及时营造了公众单向统治的"眼见为实"的"太虚幻境",而这种无反馈的单向统治也就注定了这种统治的虚妄性,这就好像任何一个狂妄或患有某种心理疾病的个体可以感到他对宇宙具有绝对的统治力,然而虽然这种统治力并不为宇宙所否定,可也并不为宇宙所认可,这个个体所面对的只是无边无际的沉默,这沉默的背后是宇宙自足的运作和对人类终极命运的绝对掌控。

　　法国哲学家鲍德里亚写道:"当下,我们生活在一个无回应的时代——一个无责任的时代。'在观众和投票者的手中拥有最少的自主权',恩泽斯伯格说。大众媒介最为出色的地方在于它的选择体系,它最值得骄傲的成就就是公选制度。其中回应已经暗含在问题本身之中,就如同在民意调查中一样。言说本身通过一种拟真的迂回的回应回答了它自身。同时,在此,

---

① 〔英〕约翰·斯道雷:《文化理论与大众文化导论》(第五版),常江译,北京大学出版社,2010,第162页。
② 〔法〕居伊·德波:《景观社会》,王昭风译,南京大学出版社,2007,第129页。

在交换形式的伪装之下，言说的专制就是权力的定义。罗兰·巴特就曾指出在文学中存在的同样的非交互性：'文本的生产者和消费者、物主和顾客、作者和读者，无情地离了婚，文学体制维持了这种状貌，这标出了我们文学的特性。读者因而陷入一种闲置的境地，他不与对象交合（intransitivité），总之，一副守身如玉的正经样（sérieux）（楷体为原文所有——笔者注）：不把自身的功能施展出来，不能完全地体味到能指的狂喜，无法领略写作的快感，所有者，只是要么接受文本要么拒绝文本这一可怜的自由罢了：阅读仅仅是行使选择权。'

今天，消费者的地位界定了这种放逐。一般化了的消费秩序不过成为了这样一个领域：其中并不允许给予、补偿、交换，而只是试图去索取、利用（侵占，个体化的使用价值）。在这一意义上，消费物品同样也构建了一种大众媒介：它们回应了我们所描述的一般化的事物的状态。而它们的特殊功能变得不重要了：产品或者信息的消费是它们所构建的一种抽象的社会关系，禁止所有回应和交互性形式的产生。

由此，恩泽斯伯格所宣称的'在历史上第一次，媒介使得大众对社会进程的参与成为可能，并且参与的实践手段掌握在大众自己的手中'，这一说法完全不正确。这就好像拥有一台电视机或者一个照相机就可以引发一种新的关系和交换的新的可能性一样。严格说来，拥有这些东西并不比拥有一台电冰箱或者面包机包含更多的意义，并不存在对于某种功能性的物的回应：它的功能已经在那里了，它自身已经是一个包含着回应的完整话语，没有给游戏留下空间，也没有给交互性留下空间（除非毁掉物，或者完全改变它的功能）。所以，功能化的物，如同被媒介功能化了的所有信息，如同公共选举的操纵，控制者意义的断裂和显现，并监视着这一过程。在极端情形下，权威提供给每个公民一台电视机，但却没有预先给予任何电视节目来侵占它（假定这一权威自身没有被内容所迷惑，确信媒介具有的'劝导'的意识形态的力量，并确信需要控制信息的传播）。"[1]

如此看来，一味苛求电视发挥其种种并未设置其中的功能显然是缘木求鱼，它只是社会个体所面对的由众多媒介（除了电视之外，尚有口语、文字、印刷、广播、互联网等）所构成的媒介矩阵当中的一个组成部分罢

---

[1] 〔法〕让·鲍德里亚：《符号政治经济学批判》，夏莹译，南京大学出版社，2009，第169~170页。

了。英国学者雷蒙德·威廉姆斯说："真正的公共辩证与讨论的过程，必定是繁复多向而捉摸难定，但电视这么强有力而集中化的媒介，一如代议而中央化的行政过程，却有可能穷尽了，甚至是自称已经穷尽了繁复多变的民意。"① 如果因电视所具有的强大的告知功能，而以为可在"一振作间"将其导入知识分子文化预设的立场，便只能徒唤奈何了。

　　电视对知识分子劳作所产生的产品是毫不吝惜的，这种产品所蕴涵的文化与民主潜能被电视节目创作集体刻意忽视。知识分子再次陷入被侮辱和被损害的境地。法国学者列菲佛尔曾经指出："运用高度精密化的技术，大众传播将文艺巨著带给每个人；大众传播使全部历史和'世界'本身可以让所有人能够看到。大众传播将过去甚至未来带入当下。通过逐步改进大众传播的接受方式和传输手段，这些技术传播着人类精神作品当中的最精致者和最微妙者，那些细致的创作让人们奉献终生，其中凸显着时代和文明。现代技术使品位更加多元化，提高了文化、培训和教育的水准，并将一种百科全书式的文化带给人们。*同时*（斜体为原文所有——笔者注），大众传播使受众变得消极。大众传播使受众变得幼稚。大众传播以一种特殊的模式（景观和凝视的模式）呈现世界，这种方式伴随着我们所业已指出的所有的模糊，并且我们继续强调：虚假呈现中的非参与。这种传播依赖过去，将过去碎片化并浪费掉。产制影像和呈现，大众传播技术什么也没有创造出来，也不能激发出创造力。大众传播挥霍着积累了逾数世纪的珍贵遗产，其行为使下述古已有之的事实更显变本加厉：历史已使许多创作源泉枯竭，还要绵绵无绝期地这样做下去。"②

　　布尔迪厄告诉我们："无疑，大规模集体生产单位不仅出现于科学研究，而且也出现于广播、电视、电影和新闻，以及随之而来的知识宗匠俯就为雇佣工人，生产者和作品之间的关系便必然发生转型。这将反映在作者在社会结构中的位置和功能表现上，随后的生产者们所擅长的政治和审美意识形态也将反映这一点。在技术区隔和社会区隔的生产单位中，知识分子的集体劳作不再围绕着知识分子的创作本身展开，这种创作具有同传统独立创作相联系的个人魅力的灵晕。传统的文化生产者掌握了生产手段，

---

① 〔英〕雷蒙德·威廉姆斯：《电视：科技与文化形式》，冯建三译，远流出版事业股份有限公司，1992，第71页。

② Henri Lefebvre, *Critique of Everyday Life* (Volume Ⅱ), trans. by John Moore, London and New York: Verso, pp. 223–224.

仅仅是他的文化资本，这文化资本看上去就仿佛是一个高雅的赠礼。社会生产条件转型使知识和艺术活动明白晓畅，对知识分子和艺术家参与大型文化生产单位（广播、电视、新闻）的活动产生巨大影响。"① 美国学者拉塞尔·雅各比指出："作为唯一的经济来源，自由写作很容易使作家才思枯竭。计划、研究并完成能带来经济效益的项目——为此编辑将付酬劳——使作家完全听任市场的摆布，正如芒福德所指出的，这使得严肃的和一般的文章越来越少了。写一篇有关名人嗜好或现状的文章可能会激发编辑的兴趣，而写一篇有关城市危机的文章却是枉费心机。"②

法国学者帕奇克将新闻场域视为受知识分子场域与经济政治场域双重影响的地方，相比之下，更受到经济场域和政治场域的影响。但是，笔者更愿意将新闻场域视为整个文化场域（有限生产领域和规模化文化生产领域）与经济政治场域之间的过渡地带：从本质上讲，新闻场域属于文化场域中的规模化文化生产场域，但是，又不能不承认，这一场域的独立性又不如有限生产场域，而受到经济政治场域的支配。知识分子一旦进入以电视为代表的新闻场域就不免受到上述新闻场域的影响。不论知识分子所提供的文化产品从文化场域，特别是有限生产场域来看质量如何，尽管哪怕就是有限生产领域的产品，归根结底都不免与生产者所处社会的经济政治情况相关联，但是，新闻场域的知识分子所提供并传播到受众那里的文化产品都是**直接**受到经济政治场域干预的结果。帕奇克写道："新闻场的结构与主流阶层的结构是一致的，新闻场的结构也被知识分子角色和经济角色之间的张力所规定。这两个社会空间拥有各自相对独立的运作规律。在许多方面，经济成功与知识的神圣性相矛盾：前者是纯粹的物质原则，是转瞬即逝的，而后者更具象征意义且要求纯粹的团体逐渐认知的时间，但却是持久的。作为知识企业（在经济意义上），作为在外部约束之下的知识分子活动，在实践上，新闻场不得不将这两种水火不容的社会世界合二而一。在主流阶层，新闻场通过其自身的传播能力，施加特殊影响，淆乱二者之间的分际——原因之一就是新闻场可以趁乱牟利，特别是在把经济角色与知识分子角色彼此疏离的情况下。在勾连彼此的意义上，媒介知识分子

---

① Pierre Bourdieu, "The Market of Symbolic Goods," in Randal Johnson (eds.), *The Field of Culture Production: Essays on Art and Literature*, New York: Columbia University Press, 1993, pp. 130 – 131.

② 〔美〕拉塞尔·雅各比：《最后的知识分子》，洪洁译，江苏人民出版社，2006，第249页。

(或者,更准确地说是为媒介服务的知识分子)本不可能出现的形象在一定程度上便被包含其间。经济上成功的新闻企业也总是恰当地追求新闻(也就是说知识意义的)上的成功。""新闻场域所独具的权力以及其令其他社会场域忧心不已的能力尤其可以从新闻场域能够制造知名度这一点加以把握,与其说新闻场域受知识分子场域逻辑的支配,倒不如说是受经济或政治角色逻辑的支配。新闻场域除了神化那些已经在各自领域被神化的个人(例如,采访诺贝尔奖获得者)——这些人士的声名与媒介无关,并非昙花一现的媒介炒作——新闻场域也具有自己的神圣化权力,这种权力通过将各种人物作为重要人物呈现给公众。而这类人物的名气实际上是媒介给的:他们基本上是媒介名流,并经常从其中挣得迅速兑现的物质利益。但是,这种纯粹的媒介盛名往往只是商业推广的脆弱的虚假形式,本质上是昙花一现的,并且,对为媒介服务的知识分子来说,还要求记者不断地做好维护工作以防止被公众遗忘。""媒介场域固有的神圣化权力——说谁和什么是重要的,以及我们所应思考的重要的人和事——是基于其自身的合法性,这种合法性是记者们在历史上共同积累的。实际上,这个社会空间为不止一个而是两个彼此竞争的合法性原则所掌控,这两个原则是我们在定义新闻领域的卓越表现时所必须面对的。这种竞争性原则是新闻活动内在的二重性,即同时是知识的和经济的。"①

在电视生产的语境中,有限生产场域意义上的创新的优先性绝非身处其间的知识分子的先决要求,甚至这种要求本身是被否定和被排斥的,如果提出这种要求将是被电视节目创作集体所嘲弄的。确切地说,创新的优先性原则已经在知识分子走上荧屏前加以完成了,即镌刻于电视知识分子的头衔的介绍上。在这里,"教授"意味着与之相应的学术创新程度,"著名作家"则意味着与之相应的文学创新程度(尽管"著名"在这里并非没有盛名之下,其实难副的可能)等等,总之,创新的优先性原则已经被归入了绝不应该被认真对待的程度——不被思考的前提、被打入潜意识的遥远背景,一切在电视上的呈现,都应服从于电视本身的游戏规则——如何吸引观众注意力,以最大限度地提高收视率。知识分子的特质被压缩至最

---

① Patrick Champagne, "The 'Double Dependence': the Journalistic Field Between Politics and Markets," in Rodney Benson and Erik Neveu (eds.), *Bourdieu and the Journalistic Field*, Cambridge and Malden: Polity Press, 2005, pp. 57 – 58.

小，而电视人的特质被放大到最大，拟像式的创新象征行为是电视知识分子的行动指南。故弄玄虚、平铺直叙、简单直白等与知识分子的创新性优先原则毫无关联的语言游戏上升到了重要位置。正如匈牙利思想家卢卡奇所指出的那样："工人必须作为他的劳动力的'所有者'把自己想象成为商品。他的特殊地位在于，这种劳动力是他唯一的所有物。就他的命运而言，对于整个社会结构有典型意义的是，这种自我客体化，即人的功能变为商品这一事实，最确切地揭示了商品关系已经非人化和正在非人化的性质。"① 确切地说，对于电视知识分子来说，其知识是被物化的。这种物化的结果并不令人乐观，正如德国思想家霍克海默和阿道尔诺所指出的那样："精神的真正功劳在于对物化的否定。一旦精神变成了文化财富，被用于消费，精神就必定会走向消亡。精确信息的泛滥，枯燥游戏的普及，在提高人的才智的同时，也使人变得更加愚蠢。"②

商品拜物教的概念是我们认识知识分子在电视场域生存状况的有力武器。马克思曾经指出："商品形式的奥秘不过在于：商品形式在人们面前把人们本身劳动的社会性质反映成劳动产品本身的物的性质，反映成这些物的天然的社会属性，从而把生产者同总劳动的社会关系反映成存在于生产者之外的物与物之间的社会关系。由于这种转换，劳动产品成了商品，成了可感觉而又超感觉的物或社会的物。正如一物在视神经中留下的光的印象，不是表现为视神经本身的主观兴奋，而是表现为眼睛外面的物的客观形式。但是在视觉活动中，光确实从一物射到另一物，即从外界对象射入眼睛。这是物理的物之间的一种物理关系。相反，商品形式和它借以得到表现的劳动产品的价值关系，是同劳动产品的物理性质以及由此产生的物的关系完全无关的。这只是人们自己的一定的社会关系，但它在人们面前采取了物与物的关系的虚幻形式。因此，要找一个比喻，我们就得逃到宗教世界的幻境中去。在那里，人脑的产物表现为赋有生命的、彼此发生关系并同人发生关系的独立存在的东西。在商品世界里，人手的产物也是这样。我把这叫做拜物教。劳动产品一旦作为商品来生产，就带上拜物教性

---

① 〔匈〕卢卡奇：《历史与阶级意识——关于马克思主义辩证法的研究》，杜章智、任立、燕宏远译，商务印书馆，1992，第154页。
② 〔德〕马克斯·霍克海默、西奥多·阿道尔诺：《启蒙辩证法——哲学断片》，渠敬东、曹卫东译，上海人民出版社，2003，第4页。

质,因此拜物教是同商品生产分不开的。"① 劳动的物化或客体化只是重复了商品拜物教的表面现象,只是现代市场经济条件下商品留给人们的"第一印象",物化现象的背后隐藏的是社会某个组成部分对社会个体劳动的无偿占有和任意处置。"商品不只是当作**商品**(黑体为原文所有——下同,笔者注)来交换,而是当作**资本的产品**来交换。这些资本要求从剩余价值的总量中,分到和它们各自的量成比例的一份,或者在它们的量相等时,要求分到相等的一份。"② 对电视知识分子分来说,无论经过多长时间之后,作为个体,面对充分技术化了的电视文化工业,电视知识分子已经充分体会到无法再现社会精神导师的往日辉煌,进而不可避免地堕入犬儒化的境地,甚至会出现某种认同甚至维护这种强制状态的"斯德哥尔摩"效应。但是,电视知识分子将自己的学识化为电视节目的组成部分是一种文化劳动商品化的过程,仿佛是"独立"的知识分子与电视文化工业"一手交钱,一手交货"的彼此平等的交换,与浮士德与梅菲斯特所进行的博弈相类似。但是,以出卖灵魂面目出现的这种劳动商品化的背后所隐藏的是电视文化工业对知识分子文化劳动的无偿占有和随意处置,是文化资本与金融资本的交换。如果同报纸或杂志对知识分子文化劳动具有表面的尊重(至少会刊登一些像是完整言说的以知识分子个人名义发表的文章,尽管绝大多数情况下,发表什么、发表多少、以什么形式发表是报纸或杂志编辑部的权力),或者互联网的稀释了的个人文化自由对知识分子文化表达的微薄满足,都多少掩盖了报刊文化工业或互联网文化工业对知识分子文化劳动的无偿占有和随意处置的真相相比,电视文化工业表现得更为明显,甚至可以通过主持人对参与电视节目制作的知识分子言说的粗暴干涉(这甚至会成为主持人教科书中主持人工作技巧的一个重要组成部分,即所谓"控场"能力。本质上,是要告诉主持人或准主持人们如何将这种行为的粗暴性质降至最低,至少要让观众感觉不出来)、对接受电视媒体采访的知识分子的言说断章取义(虽然这是一切采访不可避免的终极命运,只是电视将这种断章取义掩藏得最深,因为借助影像,最能使电视采访看上去异常逼真)、对举办电视讲座的知识分子言说在固定时间掺入种种电视化的插图

---

① 马克思:《资本论》(第一卷),中共中央马克思恩格斯列宁斯大林著作编译局译,人民出版社,2004,第89~90页。
② 马克思:《资本论》(第三卷),中共中央马克思恩格斯列宁斯大林著作编译局译,人民出版社,2004,第196页。

以使节目更加弱智化，遑论参与电视节目策划的知识分子的幕僚角色了。总而言之，电视知识分子劳动的商品化充分体现了知识分子个体劳动与电视文化工业的交换关系，体现了经济场域对文化场域的渗透与控制，这种渗透与控制究竟在多大程度上会改变知识分子的精神气质，进而会改变整个文化场域的传统生态还难以预料。不过，就当下中国内地电视节目的发展水平来看，尚未产生大批量的布尔迪厄意义上的电视知识分子群体，而由一些纯粹知识分子的兼职状态来完成，与其说这种状态是中国内地的有限生产场域对规模化文化生产场域具有一定的抵制力量，倒不如说是中国内地电视工业发展水平仍处于初级阶段的表现。

这样，可以通过某位学者所制作的电视节目的"学术"水准，来判断该学者的学术水平。显然，这种做法既高估了电视展示学术的能力，同时，也低估了该学者所处的学术共同体的学术评价水平。作为个体的学者出现于某个电视节目的语境之中，对学术来说，与其说是一种原因，倒不如说是一种结果。这种现象是大众传播的"宿疾"，鲁迅先生就曾经写道："我们的知识很有限，谁都愿意听听名人的指点，但这时就来了一个问题：听博识家的话好，还是听专门家的话好呢？解答似乎很容易：都好。自然都好；但我听了两家的种种指点以后，却觉得必须有相当的警戒。因为是：博识家的话多浅，专门家的话多悖。博识家的话多浅，意义自明，惟专门家的话多悖的事，还得加一点申说。他们的悖，未必悖在讲述他们的专门，是悖在倚专家之名，来论他所专门以外的事。社会上崇敬名人，于是以为名人的话就是名言，却忘记了他之所以得名是那一种学问或事业。名人被崇奉所诱惑，也忘记了自己之所以得名是那一种学问或事业，渐以为一切无不胜人，无所不谈，于是乎就悖起来了。其实，专门家除了他的专长之外，许多见识是往往不及博识家或常识者的。"①

在这种情况下，学者所能够犯的最大的学术错误就是在其不应该出现的其他学术子场域发言，就某个原本属于其他学术子场域的某个学术论题向公众提供自己的理解，尽管在哪怕是课堂或讲座这样的场合，跨领域发言在最一般的情况下都是可以被接受的，因为面对的是学生或公众这样的"学术初级听众"，甚至在某些情况下，这种做法会被理解为一种学识渊博的表现，虽然在更专业的研究者那里，"外行"学者说的可能是"外行"

---

① 《鲁迅选集》（第四卷），人民文学出版社，1983，第205页。

话。之所以在这种情况下，更专业的研究者并不会追究"外行"学者滥用学术发言权的行为，更可以归结这种"僭越"的影响力实在太小了，还不足以影响这些专业研究者在社会公众心目中的形象。但是，某位学者一旦走上电视，就非自身研究领域发言时，这种行为本身就会多少被认为是对这一领域研究者的某种"冒犯"，这位学者会以缺乏发言权却贸然在电视上发言而被"内行"学者认为这种举动有些自轻，因为这触犯了学术共同体的"学科意识"："你是做什么研究的，你的学科背景是什么，那是你的阵地，你只能具有与之相应的知识系统。"①

像朱维铮先生与电视接触的基本限度就是比较合宜的："忝居人文学科从业者，我向来以为青灯默照，甘于寂寥，乃我辈宿命，偶尔难却友朋好意，被迫'上电视'，也不敢哗众取宠，只讲自以为是的历史话题，并以能讲的真话为限度。"② 或者如陈平原先生所言："当客卿而不是雇员，保持若即若离的态度，我以为是学者介入大众传媒时宜采取的姿态。"③ 王鲁湘先生则对他的"电视生存"这样描述："我现在要做的，就是做一个平平常常的文化人，谈论一些自己有能力谈、乐于谈的东西，并且有些话题还可以引起一些人的关注和共同兴趣。"

然而，毕竟还有一些"专门家"要在电视上对其所治学科之外的公共问题发言，笔者认为，对这种现象也不必责之过苛。其实，正如我们不应该将本质上从属于经济系统的电视场域的游戏规则拓展至本质上从属于文化系统的学术场域一样，同样，我们也不应将学术场域的游戏规则扩展至电视场域。陈寅恪先生曾言："自来文人作品，其最能为他人所欣赏，最能于世间流波者，未必即是本身所最得意、最自负自夸者。"④ 如果我们考虑到在这种场合下，学者只是电视节目创作集体的一个发言人，那么，这种"发言"就只是电视节目内容而已，本质上并非代表某个专业领域的研究者向公众发言，这只是电视节目创作集体为节目抹上的一层学术油彩给公众带来的错觉而已。

---

① 陈平原：《关于现代中国的"述学文体"——"现代性与20世纪中国美术转型"国际学术研讨会上的发言》，《学者的人间情怀——跨世纪的文化选择》，生活·读书·新知三联书店，2007，第90页。
② 朱维铮：《关于马一浮的"国学"——答〈大师〉编导王韧先生》（附记），《走出中世纪二集》，复旦大学出版社，2008，第316页。
③ 陈平原：《大众传媒与现代学术》，《社会科学论坛》2002年第5期。
④ 陈寅恪：《元白诗笺证稿》，生活·读书·新知三联书店，2009，第1页。

法国学者巴勃罗·延森等人的研究介绍:"在法国,法国国家科研中心的领导者开始考虑'科学文化大众化'对评价研究者的重要性:'有人坚持科研工作和关于科学文化大众化、传播具有同等重要的意义:参与开放日活动,或杂志及其他大众化书籍的出版,参与为非定向观众组织的活动、为报纸撰文及参与电视报道等'(2005年的致法国国家科研中心科学家们的信)。那应该是法国国家科研中心的长期政策('跨年度行动计划'),而法国国家科研中心宣布:'如果通行的评价行为能够满足评价学术研究的目的,那么,对跨学科活动和科学研究的其他方面:传播科学知识、教学和大众化,不能将其与学术研究同等看待。因此,选择从事这些活动的法国国家科研中心的研究者的成果(这种成果对法国国家科研中心来说非常必要)不会被予以充分考虑,因而研究者很难在这个方向上获得晋升。'"① 巴勃罗·延森等人的研究认为:"传播知识信息的活动对科学家的职业生涯并无坏处。这种活动也不是很好:效果通常很微弱,但却是积极的,并不太明显。"② 美国学者波斯纳的研究也表明"学术职业对于媒体提及的负效应"③,正所谓"公共越多,智识越少"④。

以上种种研究充分表明,有限生产场域与规模化文化生产场域在很大程度上是两类性质不同的事情,是知识分子的本职工作和公共关怀之间的关系。那种一再力图将二者相混淆的努力,特别是,知识分子力图将其有限生产场域的游戏规则拓展至规模化文化生产领域的努力是有其深刻的社会心理根源的。法国学者涂尔干在论及原始人的"泛灵论"时的看法也可以用于分析将有限生产场域的游戏规则应用于规模化文化生产场域乃至电视场域所引起的混乱,涂尔干写道:"泛灵论认为原始人所具有的拟人本能,无法解释他们的错误混淆所表露出来的精神状态。实际上,混淆并不是由于人们过分扩展了人类的范围,包容了其他的事物,而是由于他们把

---

① Pablo Jensen, Jean-Baptiste Rouquier, Pablo Kreimer and Yves Croissant, "Scientists who engage with society perform better academically", *Science and Public Policy*, Vol. 35, No. 7 (August 2008), p. 536.
② Pablo Jensen, Jean-Baptiste Rouquier, Pablo Kreimer and Yves Croissant, "Scientists who engage with society perform better academically", *Science and Public Policy*, Vol. 35, No. 7 (August 2008), p. 536.
③ 〔美〕波斯纳:《公共知识分子:衰落之研究》,徐昕译,中国政法大学出版社,2002,第235页。
④ 〔美〕波斯纳:《公共知识分子:衰落之研究》,徐昕译,中国政法大学出版社,2002,第208页。

相去甚远的事物混为一谈。他们一方面用自己的形象去构想世界，另一方面又用世界的形象来构想他们自身，两方面双管齐下，同时进行。"① 具体到知识分子文化那里，这种混淆则体现为一种断裂和紧张。许纪霖先生写道："知识分子按照本性来说，是以创造和传播抽象的价值符号为自我特征的。乡村知识分子的抽象知识（所谓精英阶级的'大传统'）与他每天所身处的世俗知识（所谓民俗意义上的'小传统'）有着同构的互生关系。精英符号离日常人伦不远；而都市生活充满了符号性和象征性，因而，都市知识分子常常沉溺在意识形态抽象世界而浑然不觉。意识形态常常营造出一种虚幻的体验意识和空间感受，知识分子所创造和传播的价值文化符号与日常生活仅仅存在着一种象征或隐喻的关系，正如卡尔·曼海姆所尖锐指出的那样：'学者是在图书馆内了解思想而不是在实际环境中。书本向研究者展现了他无法直接接触的环境，因此书本就创造了一种错误的参与感，这是一种分享了他人生活却无须知晓其甘苦的幻觉。'知识分子的符号世界源于现实世界，前者并不能等同于后者，但作为符号世界的造物主，知识分子在意识中常常将符号世界幻想为现实世界。两个世界之间的巨大落差使得他们在二者之间的生存状态发生了断裂和紧张。"② 这种符号世界与现实世界的断裂和紧张在当下社会情况下又直接影响到知识分子对生活质量的切身感受。美国学者艾尔文·古德纳认为："随着公立学校的普及，读写能力也普及了；人文知识分子丧失了其排他性与市场特权地位。而且，他们如今体味着一种地位上的不协调：即他们自视拥有的'高雅'文化层次，与他们获得的较低的尊重、名誉、收入和社会权利之间的不协调。人文知识分子的社会地位，尤其是在一个技术专家统治的工业社会里（楷体为原文所有——笔者注），变得比技术知识分子更加处于边缘地位，更加受到冷落。"③ 美国学者罗伯特·诺齐克的如下看法有助于我们祛除电视"虚假真实"所营造的"学术幻象"，认识这种幻象所引发的价值焦虑，进而看到这种焦虑的某种微妙的社会来源："当知识分子看到如果自己创作一部在他自己看来没有多大价值的作品却能有机会挣更多的钱的时候，就难免对市场怨气冲天。由于自己也难免受降低自己的标准以迎合大众喝彩、博

---

① 〔法〕爱弥尔·涂尔干：《宗教生活的基本形式》，上海人民出版社，1999，第 307 页。
② 许纪霖：《都市空间视野中的知识分子研究》，《天津社会科学》2004 年第 3 期。
③ 〔美〕艾尔文·古德纳：《知识分子的未来和新阶级的兴起》，顾晓辉、蔡嵘译，江苏人民出版社，2006，第 5 页。

取成功的诱惑——或者自己竟然这么做了——他就会怨恨这套体制,诱惑他形成了这种庸俗的动机和情绪(好莱坞作家是最典型的例子)。然而,我们又想问一下,为什么他不怪罪公众而怪罪市场制度?他难道不是在怨恨一种能指引他通过迎合大众的趣味而获得成功的制度?当然这些公众比起他来更愚钝、不可教养,趣味低俗,在知识上也劣于他本人(不过市场中的绝大多数生产商比绝大多数消费者也更了解其产品及其合适的标准)。那么,如果知识分子所渴望的就是市场成功的果实,他们为什么要对不得不满足于市场的需求如此怨天尤人?毕竟,他们完全可以坚守忠于他们自己的行业标准,宁愿只得到很少的外在的报酬。"① 在王鲁湘先生看来:"对上电视的知识分子的责难,很大程度上,我说直接点就是嫉妒。怎么偏偏就让他上电视啊,怎么偏偏就让他得名得利了啊,我比他差哪一点啊,为什么不来找我啊!没错,研究红楼、三国,肯定有比刘心武、易中天更牛的人,电视台不知道吗?肯定知道,为什么选择他们,是因为他们符合电视的特性。"② 陈丹青先生也持有类似的看法:"我倒是想,讨厌电视学者明星的恐怕自己也很想上电视吧?而中国民众未必不喜欢高深的内容,未必听不懂——人民还没被启蒙,但谁给他们深入浅出地讲呀!"③

在笔者看来,至少从目前来看,还没有哪个电视节目能够担当起发布学术成果的职能。充其量,电视只是将观众导向文化的一个桥梁,而并非安顿思想的家园。公众若通过电视来评价学者的学术能力在某种情况下是存在风险的,"内行"学者则更不应采取此种评价方式。"姑妄说之"和"姑妄听之"是电视知识分子与其受众之间的确切关系。

更需要担心的反倒是规模化文化生产场域的规则对有限生产场域的规则的影响。知识分子能力评价的电视标准之所以能够成立,可以从英国学者雷蒙德·威廉姆斯那里看到:"广播制度有很深的矛盾存在,讯息是由核心往外发送(中央化的传播),但接却是在家庭之内(个人化的接收)。经济上如何化解这个矛盾?收取执照费是方法之一;另外比较不直接的途径就是允许商业赞助,或是以广告支持。但问题依然存在,并不是这种经济手段所可以解决的;症结完全处在创建之初,人们先在心中画出了特定的

---

① 〔美〕罗伯特·诺齐克:《知识分子为何拒斥资本主义》,秋风译,秋风编《知识分子为什么反对市场》,吉林人民出版社,2003,第60页。
② 徐梅:《王鲁湘 导演最怕一根筋》,《南方人物周刊》2006年第19期。
③ 陈丹青:《也谈学者上电视》,《南方人物周刊》2006年第19期。

社会模式与科技条件，据此才又发展出来广播制度。蓝图既经钦定无可更改，瑕疵却又四处可见，则依此所建立的广播制度，其生产控制与财政的危机，也就无法完全驱除。如果只是把广播当成是传输讯息的科技，而把其主要功能局限在转播与评论现有的社会事件或活动，那么广播并不难在既有的经济条件与实际运作之间，取得均衡。但这个事实的存在，并不表示问题已经解决，相反，它点出了问题的根源：营收既然有限，提供的服务自然有限。但是，这种只求经济上收支相抵，只求以浮面的办法来解决问题，事实上是抹杀了电视可能发挥的创造性：如此一来，受到波及的，又岂止是节目制作人，又岂止是不同节目类型是否平衡分布的影响而已。我们应该谨记在心，投资在特定的社会传播形态的资金既然是如此高昂，就会相对出现复杂的机制，以各种金融组织，特定的文化期许，特定的技术走向，钳制此一社会传播形态的发展。尽管有人在乍看之下，会把这样的现象当作是科技所造成的结果；我们必须指出，新而且重要无比的广播制度，实在是复杂社会的结果。"① 由于作为一种技术资源、财政投入和人力成本高昂的中央化的传播媒体，电视相较于报纸、杂志、广播或网站运行成本巨大，其机构数量有限，竞争程度缺乏，故此，电视带给人们的刻板印象往往是一种精心组织的媒介，其传播内容必然代表着整个社会最高水平，其制作必然是精心而细致的，在各个类型的媒介机构之中总是出类拔萃的。这种稍加追问便不难推翻的误解，因其往往作用于人们的潜意识而极易被忽略便被不加省察地接受。对于文化产品的评价是通过对其自身的审视而达成的，而并非依据其生产者规模、购买者数量这样明显用于大众消费类物质产品的评价标准。如果放弃了对作品本身的评价，而诉诸那些间接却明显的外在标准，这种做法只能被理解为评判者本身缺乏识别能力，故而不得不乞灵于那些显而易见的东西。正如法国社会学家布尔迪厄所指出的那样："经济对人文和科学研究的控制在学科中变得很明显了。那些依附于大型文化机构（报纸、电台、电视等）的生产者，也越来越被迫接受和采用像工作节奏这样的规范，他们多多少少无意识地把这样的规范当作知识分子成就的普遍标准（比如，快速阅读、快速写作，这已越来越成为新闻生产和批评的规则）。文化分为两个市场（19 世纪中期以来形成

---

① 〔英〕雷蒙德·威廉姆斯：《电视：科技与文化形式》，冯建三译，远流出版事业股份有限公司，1992，第 44~45 页。

的,一方面是为其他文化生产者生产的生产者,另一方面是大规模生产或产业化的文学)的格局,现在也许会受到威胁。商业生产的逻辑越来越把前卫生产挤向边缘(特别是在文学领域,通过书籍销售的压力)。

但是,最严重的危险,还是剥夺知识分子用自己的标准评价自己和自己的生产的特权这样一种倾向。在最为自主的生产场域,最引人注目的是生产者建构了他们自己的市场,生产者只把自己的竞争者作为消费者(比如在数学或前卫诗歌、绘画领域)。然而,新闻记者的批评和随之而来的经济或政治约束,却越来越多地和同人判断展开竞争:知识分子场域越来越像一次政变(specific coups)或新闻事件(media events)的场景——目的在于操纵收视率的新闻调查,重大事件发生时报纸发布的名人榜,等等,特别是意欲成就或败坏作者、作品或学派名声的新闻大战。更一般地,新闻界和它对可读性、时事性、新颖性的世俗标准的追求,通过对编辑实践施加压力,在文化生产中的势力范围越来越大(电视中上镜成为对知识分子能力的评价标准)。

文化生产中越来越重要的部分,现在已经由出版日期、主题、书名、开本、部头、目录和版式来决定,以迎合新闻记者的期望,这些记者通过谈论它来创造它(如果它不仅仅是媒体中人——他们的签名仅仅由于媒体支持而成为抢手货——的产品)。权力——经纪人对流通手段的控制(这传递了一种合法化),并不从来都是这样广泛,这样深入;前卫作品和畅销书之间的边界,也从来没有像今天这么模糊。由于缺乏必要的眼力,记者式判断的特征之一就在于他们有意地将最自主的生产者和听命他人的生产者自始至终混为一谈,后者,就是那些所谓小品作家,柏拉图意义上的智巧之士(dexosophers),他们对于表面艺术(像广告代理人、民意调查员、新闻记者等所把玩的那类艺术)的精通,使得他们能够创造出科学的外表。"①

然而,就此否定包括电视知识分子在内的创新性也可能有武断的嫌疑。确切地说,正是由于电视知识分子所从属的规模化文化生产领域的制度安排决定了其创新的不同于从属于有限生产领域的那些知识分子。正如美国学者芭芭拉所指出的那样:"公共知识分子的权威性源于其角色的多面性,其中,创新和勇气是最重要的品质。概括地说,也可以争辩说是创新和勇气

---

① 〔法〕皮埃尔·布尔迪厄:《现代世界知识分子的角色》,赵晓力译,《天涯》2000年第4期。

赋予某个知识分子以评论公共事件的权力，就像这两者既决定了该知识分子在知识分子场域中的位置，也决定了他与知识分子场域之外的权力之间的关系。如此路径允许我们将公共知识分子定义为学者、作家、新闻记者和艺术家这样的高素质的专家，他们为促进社会和谐做出了不可替代的贡献。创新是一种手段：既使知识分子能够参与知识领域，又使知识分子超越专业性特质而具有批判的敏感，这一过程确保公共知识分子具有批判型专家的权威。通过强调创新作为知识分子角色主要特质之一，我们能够确保知识分子的创新性成果是其权威的源泉，而在同时避免将知识分子拘泥于专家形象。尽管与专家知识的背景相异，公共知识分子的创新性亦指从专业学者领域向公共论争领域的位移。作为向既有权力和公众坦陈净言的必要的前提条件，对于勇气的保证也是公共知识分子特殊权威性的重要组成部分。"[1] 电视知识分子作为公共知识分子的一种类型当然也具有此类潜能。而且，我们不应当轻视这种创新类型的重要性，至少这种创新类型与有限生产领域的创新性旗鼓相当。意大利思想家葛兰西指出："创造一种新文化，并不仅仅意味着个人的'原创性'发现。它同时——这一点尤为重要——意味着以一种批判的方式传播已经发现的真理，可以说是这些真理的'社会化'，甚至使它们成为重大活动的基础，成为一个共同使命、智力与道德秩序的要素。因为引导大众进行融贯一致的思想，并以同样融贯一致的方式去思考真实的当今世界，这远比作为某一位哲学天才的个人发现还是知识分子小集团的财富的真理要重要，也更具有'原创性'得多。"[2]

第二节　电视知识分子的结构性动因

一　文化和生意的"合二而一"

从属于文化逻辑的有限生产场域的知识分子是如何完成跳向从属于经济逻辑的规模化文化生产场域的令人目眩的一跃的呢？这就不能不注意到

---

[1] Barbara A. Misztal, *Intellectuals and the Public Good: Creativity and Civil Courage*, New York: Cambridge University Press, 2007, pp. 36–37.
[2] 〔意〕安东尼奥·葛兰西：《狱中札记》，曹雷雨、姜丽、张跣译，中国社会科学出版社，2000，第235页。

现代社会为知识分子身份变迁——文化的知识分子与电视知识分子的生意的"合二而一"预备下了基本的历史前提:**精神生产制度和物质生产制度的同质化,支配物质生产的原则也就是支配精神生产的原则**。但是,对这种同质化的理解,不能不建立在恩格斯如下看法的基础之上:"根据唯物史观,历史过程中的决定性因素**归根到底**(黑体为原文所有,下同——笔者注)是现实生活的生产和再生产。无论马克思或我都从来没有肯定过比这更多的东西。如果有人在这里加以歪曲,说经济因素是**唯一**决定性的因素,那么他就是把这个命题变成毫无内容的、抽象的、荒诞无稽的空话。经济状况是基础,但是对历史斗争的进程发生影响并且在许多情况下主要是决定着这一斗争的**形式**的,还有上层建筑的各种因素:阶级斗争的各种政治形式和这个斗争的成果——由胜利了的阶级在获胜以后建立的宪法等等,各种法权形式以及所有这些实际斗争在参加者头脑中的反映,政治的、法律的和哲学的理论,宗教的观点以及它们向教义体系的进一步发展。这里表现出这一切因素间的交互作用,而在这种交互作用中归根到底是经济运动作为必然的东西通过无穷无尽的偶然事件(即这样一些事物,它们的内部联系是如此疏远或者是如此难于确定,以致我们可以忘掉这种联系,认为这种联系并不存在)向前发展。否则把理论应用于任何历史时期,就会比解一个最简单的一次方程式更容易了。"①

对于文学市场的售卖活动同其他类型的市场在本质上是相同的这一论题,奥地利经济学家米塞斯写道:"文学——最广泛意义上的文学——现在是无数人每日消费的一种商品。人们阅读报纸、杂志和书籍,人们听广播,也拥入剧院。那些迎合了公众之所好的作家、制片人和演员获得了相当丰厚的收入。在社会的劳动分工体系中,已经形成了一个新的行业,也即文人阶层,即靠写作维生的人。这些作者在市场上出售他们的服务或他们的心血形成的产品,他们的活动跟其他方面的专业人士在市场上出售其服务或产品没有什么区别。靠着自己作为作家的天赋本身,他们融入到市场社会的协作体系中。"②

但是,这种天赋并不能加以过分的夸大,对于这一点,我们可以从亚

---

① 中共中央马克思恩格斯列宁斯大林著作编译局编《马克思恩格斯选集》(第四卷),人民出版社,1972,第477页。
② 〔奥〕路德维希·冯·米塞斯:《官僚体制·反资本主义的心态》,冯克利、姚中秋译,新星出版社,2007,第143~144页。

当·斯密对哲学家与挑夫的天资禀赋差异不大的观点中得到启发,归根到底,这只是社会分工所造成的。他指出:"人们天赋才能的差异,实际上并不像我们所感觉的那么大。人们壮年时在不同职业上表现出来的极不相同的才能,在多数场合,与其说是分工的原因,倒不如说是分工的结果。例如,两个性格极不相同的人,一个是哲学家,一个是街上的挑夫。他们间的差异,看来是起因于习惯、风俗与教育,而不是起因于天性。他们生下来,在七八岁以前,彼此的天性极相类似,他们的双亲和朋友,恐怕也不能在他们两者间看出任何显著的差别。大约在这个年龄,或者此后不久,他们就从事于极不相同的职业,于是他们才能的差异,渐渐可以看得出来,往后逐渐增大,结果,哲学家为虚荣心所驱使,简直不肯承认他们之间有一点类似的地方。然而,人类如果没有互通有无、物物交换和相互交易的倾向,各个人都须亲自生产自己生活上一切必需品和便利品,而一切人的任务和工作全无分别,那么工作差异所产生的才能的巨大差异,就不可能存在了。

使各种职业家的才能形成极显著的差异的,是交换的倾向;使这种差异成为有用的也是这个倾向。许多同种但不同属的动物,得自天性的天资上的差异,比人类在未受教育和未受习俗熏陶以前得自自然的资质上的差别大得多。就天赋资质说,哲学家与街上挑夫的差异,比猛犬与猎狗的差异,比猎狗与长耳狗的差异,比长耳狗与牧畜家犬的差异少得多。"①

美国社会学家默顿所援引的科学史学家查尔斯·C. 吉利斯皮的一段"很有创建的评论"(默顿语)也证明了亚当·斯密和马克思的论断在现代科学发展中仍有着重要的现实意义:"这种〔对优先权冲突的〕(括号为原文所有——笔者注)分析表明,在科学共同体中,动力来自于为荣誉而展开的竞争,这与古典经济共同体中动力来自于为利润而展开的竞争并无二致,而且,有关这类情况的相关陈述无论如何都不忌讳承认:竞争者从其性格上讲喜欢他们的工作,并且因此选择了它。"②

德国哲学家海德格尔也感受到企业活动对科学研究活动的形塑,他写道:"在科学的研究所特点的扩张和固定化中发生了什么呢?无非是保障了

---

① 〔英〕亚当·斯密:《国民财富的性质和原因的研究》(上卷),郭大力、王亚南译,商务印书馆,1972,第15页。
② 〔美〕R. K. 默顿:《科学社会学——理论与经验研究》(代中译本前言),鲁旭东、林聚任译,商务印书馆,2003,第 xxiii 页。

方法对于总是在研究中成为对象的存在者（自然和历史）的优先地位。根据它的企业活动特性，科学为自己创造了与它们相合的共属一体关系和统一性。因此，一种以研究所方式活动的历史学或考古学的研究，本质上比它自己的还处于单纯博学中的精神科学院系里的学科，更接近于相应地建立起来的物理学研究。所以，科学的现代的企业活动特性的决定性展开也造就了另一类人。学者消失了。他被不断从事研究活动的研究者取而代之了。是研究活动，而不是培养广博学识，给他的工作以新鲜空气。研究者家里不再需要图书馆。他反正不断在途中。他在会议上磋商和了解情况。他受制于出版商的订货。出版商现在也一道来决定人们必须写哪一些书。"
"出版事业的不断增长的重要性的根据不仅在于出版商（也许通过书业的途径）对于公众的需求有着更好的了解，或者，他们比作者们更能掌握行情，不如说，从出版商通过预订的有限的图书和著作的发行，如何必然把世界带入公众的图像之中并且把世界确定在公众状态中这个角度来看，他们特有的工作有着一种有计划的、自行设立的运行方式。文集、套书、著作系列和袖珍版的风行，已经是这种出版工作的一个结果：这种工作又是与研究者的意图相切合的，因为研究者通过丛书和文集不但能更容易、更快速地成就名声，而且即刻可以在更广大的公众那里获得轰动效果。"① 而这种经济机制延伸到电视知识分子那里时，就体现为文化围绕收视率起舞。

美国经济学家科斯虽然从政府加强对思想市场干预的角度讨论财货市场和思想市场同一性问题，不过从中我们也可以看到精神生产制度与物质生产制度的同质化的思想："我认为对财货市场和思想市场的区分是无效的。这两个市场并无根本区别，在虑及这两个市场的公共政策时，我们应一视同仁。在所有市场中，生产者总有一些要守信的原因，也有一些要撒谎的理由；消费者拥有一些信息，但总不会充分获得甚或充分领会他们所拥有的信息；管理者一般总要做好工作，尽管经常难以胜任并屈从于特殊利益的影响，但是，其行为由于其动机并不是最高尚的一群，就像我们一样。

当我提出应一视同仁之际，我并非意指在所有市场中公共政策应完全相同。每个市场的特殊性使同样因素有不同的地位，适当的社会安排应相应变化。用同样的法律安排来管理肥皂、房屋、汽车、石油和书籍的供给

---

① 〔德〕马丁·海德格尔：《林中路》，孙周兴译，译文出版社，2004，第86、100页。

是不明智的。我的意思是说，当制定社会政策时，我们应采取相同的*路径*（斜体为原文所有——笔者注）。实际上，如果我们这样做并将经济学家用于财货市场的路径同样用于思想市场，那么，一般来说，政府对思想市场的干涉要比对财货市场的干涉强烈得多。例如，当市场运转不灵时——就是说，当存在一般意义的旁观者效应或溢出效应，或用那个不恰当的词'外部性'时，经济学家通常会呼吁政府介入，可能包括直接政府管理。如果我们试着想象所依赖的产权系统和不得不被执行的交易，确保宣传某种改革的思想或建议的任何人既从中获益又对其结果的负面影响进行补偿，那么，很容易就会看到出现大量的'市场失灵'。在这种情况下，通常会使经济学家建议政府强力介入。

或者思考一下消费者无知这个问题，该问题一般会被用于说明政府干预的正当性。很难相信，同挑选不同种类的食物的能力相比，普罗大众更具有评价经济和社会政策不同观点的能力。但是，就有人支持在一个市场中实施调控而在另一个市场中不要这样。或者再想想预防诈骗的问题，通常政府干预会受到支持。"[1]

美国经济学家斯蒂格勒也认为，知识分子领域与市场领域的组织结构是相同的。他写道："企业制度是一种自愿契约制度。在市场体制的道德法典里，没有欺诈，也没有强迫。实际上，一个纯企业制度根本就不存在强迫的可能性，因为对手们的竞争给每一位购买者或出售者都提供了其他各种选择机会。实际存在的每一种经济制度都包含着一定程度的垄断，因而，特定的人享有某些强迫的权力；但是，这种垄断权力的数量和范围常常被过分夸大，在许多情况下，垄断不构成市场制度的一个不可分割的部分。

知识分子的圈子，我这里指的主要是，但不全是学术界，其实也是一个资源的体系。它的核心信条是，必须在充分披露证据的基础上，经过自由的讨论，才能形成各种意见。欺诈和强迫同样也是与学术不相容的。思想的自由，通过学者和观点的公开竞争得到维护。学术权威，相当于学术界的垄断力量，是自由开展科学研究的最大敌人。学术界的竞争，在某种程度上比企业竞争更加激烈：法律禁止或者限制学者们贬低竞争对手的作

---

[1] R. H. Coase, "The Market for Goods and the Market for Ideas," *America Economic Review*, Vol. 64, No. 2 (May 1974), pp. 389-390.

品，除非是在学术性刊物上发表的书评。"①

法国学者巴勃罗·延森等人认为包括电视在内的"学术大众化"活动与学术活动的游戏规则极为相似："我们已经反复指出在一种活动中积极主动，也会在其他活动中如此。这意味着，这种关联源于科学家身上所具有的某种内在个性，所谓'主动性'或学术能力的某种特点。例如，可能会有不同意见的是，大众化也是学术要求，正如很难用简单观点解释复杂的科学问题。因此，好的大众化要求对主题的深入理解，就像某人准备学术讲座一样。接着，这种学术能力就会产生更好的学术记录。同样的，一种广泛传播学术信息的个性可以比作既愿意也能够'售卖'她或他的作品，这些作品既'售卖'给新闻记者也'售卖'给了那些掌管评价论文并引证这些论文的学术同人。"②

美国学者卡尔霍恩认为这种同质化已经影响到了批判性思想本身："学术生活已经远非纯粹的精神生活，不仅如此，把文化客体（比如出版物）用做职业升迁的手段，也产生了一种扭曲甚至是转变性的效应。我并不是想指出这种新式的庸碌之气如何粗俗不堪，而是想指出它是如何暗中腐蚀着批判性思想。文化生产被重新塑造成鸡肋和某种学术职业资本的手段，就此而言，文化生产者会被鼓励去接受关于世界的常识理解。如果太过深层地挑战这些理解，就会导致自己疏离某些人，后者对于文化生产者产品的'购买力'会使他们有能力积累资本。"③

美国经济学家诺思从社会生物学角度将这种竞争的动力解释为最大化："在一个严格的社会生物学模型中，追求最大化存活显然是行为人的一个潜在动机。这种动机有时——但并不总是——与财富最大化行为是一致的。"④

美国学者拉塞尔·雅各比直接通过经济多元主义缺位的路径将文化多

---

① 〔美〕乔治·斯蒂格勒：《知识分子与市场》，何宝玉译，首都经济贸易大学出版社，2001，第137~138页。
② Pablo Jensen, Jean-Baptiste Rouquier, Pablo Kreimer and Yves Croissant, "Scientists who engage with society perform better academically", Science and Public Policy, Vol. 35, No. 7 (August 2008), p. 536.
③ 〔英〕布莱恩·特纳编《社会理论指南》（第二版），李康译，上海人民出版社，2003，第605页。
④ 〔美〕道格拉斯·C. 诺思：《制度、制度变迁与经济绩效》，杭行译，韦森审校，格致出版社、上海三联书店、上海人民出版社，2008，第34~35页。

元主义置于一种"虚假意识"的境地,从另一角度强调了多种文化面纱掩盖下的经济基础的统一性,以及建于其上的多种文化的同一性。他指出:"多元文化主义仅仅看到了文化,几乎不关注经济的律令(imperatives),然而,如果离开了劳动与财富的生产,文化又怎么能够继续存在呢?如果文化不能够继续存在,又怎么能在不考虑其与经济现实中的牵连情况下来理解文化呢?如果将文化的经济骨干摆放在桌子上,有关多样性的贫嘴或许就会停息;人们将会清楚地看到,多样的文化是建立在同样的基础之上的。如果两种不同的文化参与的是同样的经济活动,这意味着什么呢?如果同样的工作、房屋、学校、休息和爱的方式告诉我们的是'两种'文化,这又意味着什么?换句话说,在经济多元主义缺席的情况下,文化多元主义象征着什么呢?"①

德国社会学家曼海姆则为我们描述了自由竞争的原则是如何有力地支配了知识生产方式的:"从社会学的观点看,与中世纪的情况对照,现时代决定性的事实是,由教士特权等级把持的对于世界的牧师式的解释的垄断权已经被打破,取代一个严密地彻底地组织起来的知识分子阶层的是一个已经兴起的自由的知识界。它的主要特征是,它正越来越多地从不断变化的社会阶层和生活条件中补充人员,它的思想模式不再受一个类似等级组织的管理的支配。由于不存在他们自己的社会组织,知识分子允许表达各自的思维方式和经验方式,以在其他阶层的更广阔的世界中获得公开的彼此竞争。当人们进一步考虑到,随着现存的等级类型的垄断特权的废弃,自由竞争将开始支配知识生产的方式时,人们就会理解,为什么他们在竞争中达到这种程度时,知识分子可以以未曾有过的更明显的方式采用在社会中可以得到的种类繁多的思维方式和经验方式,并在它们之间挑起争论。他们这样做是因为他们不得不为了取得公众的支持而竞争,这种公众不同于教士的公众,没有知识分子自己的努力,他们不再是易于受其影响的。这种争取得到各种公众群体的支持的竞争之所以受到强调,是因为每一种独特的经验的和思维的方式都得到越来越多的公开表达和效力。

在这一过程中,那种只存在一种思维方式的知识分子的错觉消失了。知识分子不再像以前那样是一个特权阶级或等级的成员了,这些成员思想

---

① 〔美〕拉塞尔·雅各比:《乌托邦之死:冷漠时代的政治与文化》,姚建彬译,新星出版社,2007,第63页。

的经院方式对于他来说代表了用这种方式思考的思想。在这一相对简单的过程中,人们寻求对下述事实的解释:直到教士对于知识的垄断崩溃之后,现时代对思想的根本质疑才真正开始。曾经被人为地维持的几乎毫无异议地被人们接受的世界观崩溃之日,正是它的制造者的社会垄断地位瓦解之时。随着知识分子从教会的严格组织中解放出来,其他的解释世界的方式日益获得承认。"①

甚至,文化上的有限生产场域与规模化文化生产场域的划分也可以从物质生产那里找到根据,英国思想家伯兰特·罗素指出:"在工业革命之前的近代时期,农奴数量的减少以及手工业的发展增加了那些身为自己主宰的工人的数量,这些工人由此能够在他们生产的产品中享有某种自豪感。""两样东西导致了工艺上自豪感的衰落。较早一些的是货币的发明;而后则是大规模生产的出现。货币导致了以价格来评价一件物品,但价格并不是物品所固有的东西,而是和其他商品所共有的一种抽象物。物品如果并不是为了交换而生产,就可以根据它们是什么,而不是根据它们能换取什么来评价。乡村的村舍花园往往秀美怡人,而且可能花费了大量劳动,但是却并不打算带来任何金钱回报。除了取悦游客,乡村装束现在已经很难看到了,它们由穿用者的家庭制作,并没有定价。古希腊卫城神庙和中世纪大教堂并不是出于钱财的目的而修建的,也不能用于交换。慢慢地,货币经济取代了物品只是为了制作者的使用而生产的经济,这种变化使人们从有用,而不是使人愉悦的角度来看待商品。大规模生产又把这一进程推进到了一个新阶段。设想你是一个纽约纽扣制造商:不管你的纽扣多么精良,除了你自己使用的几个之外,你并不需要更多。其余的你都希望用来交换食品、住所、汽车和你孩子的教育等等。除了货币价值,这些东西和纽扣毫无共同之处。而且对你来说,重要的甚至不是纽扣的货币价值;重要的是**利润**(黑体为原文所有——笔者注),也就是出售价值高于生产成本的盈余部分,而这却可以通过降低纽扣的内在品质来增加。确实,当大规模生产取代了较原始的生产方式时,常常会造成内在品质的下降。"② 由货币和大规模生产对工艺自豪感的影响是否同样会在文化领域产生类似的变化,

---

① 〔德〕卡尔·曼海姆:《意识形态与乌托邦》,黎鸣、李书崇译,周纪荣、周琪校,商务印书馆,2000,第12~13页。
② 〔英〕伯兰特·罗素:《权威与个人》,储智勇译,商务印书馆,2010,第53~55页。

这个问题已经迫在眉睫了。因为为规模化文化生产服务的电视知识分子已经出现并在社会舆论中的影响力与日俱增。

然而需要指出的是，现代市场经济研究的开山人物英国经济学家亚当·斯密早就指出支配文化生产的原则也就是支配其他生产的原则。甚至同上述这些在他身后提出类似看法的学者相比，斯密的认识也要深刻得多。他写道："有些社会上等阶级人士的劳动，和家仆的劳动一样，不生产价值，既不固定或实现在耐久物品或可卖商品上，亦不能保藏起来供日后雇用等量劳动之用。例如，君主以及他的官吏和海陆军，都是不生产的劳动者。他们是公仆，其生计由他人劳动年产物的一部分来维持。他们的职务，无论是怎样高贵，怎样有用，怎样必要，但终究是随生随灭，不能保留起来供日后取得同量职务之用。他们治理国事，捍卫国家，功劳当然不小，但今年的治绩，买不到明年的治绩；今年的安全，买不到明年的安全。在这一类中，当然包含着各种职业，有些是很尊贵很重要的，有些却可说是最不重要的。前者如牧师、律师、医师、文人；后者如演员、歌手、舞蹈家。在这一类劳动中，即使是最低级的，亦有若干价值，支配这种劳动价值的原则，就是支配所有其他劳动价值的原则。但这一类劳动中，就连最尊贵的，亦不能生产什么东西供日后购买等量劳动之用。像演员的对白，雄辩家的演说，音乐家的歌唱，他们这一般人的工作，都是随生随灭的。"①

随着现代市场经济在世界舞台上的逐步发展，这种精神生产和物质生产的原则的可通约性益发明显。但是，笔者在这里仍然需要强调指出的是，人类精神生产和物质生产在现代市场经济条件下的同质化，只能是**本质意义上**的，换句话说，至少表面上，大学教授（以及电视知识分子）同纺织女工在劳动力运用方面的差异还是明显的。也就是亚当·斯密所指出的"不生产价值"的劳动同生产价值的劳动的区别。但是，这个区别是大学教授与纺织女工**最微不足道**的差异，在电视知识分子这里，这种区别体现为人类精神产品所具有的自身的特殊性，其部分劳动不会**直接**被统摄在现代市场经济生产之中而只能从属于文化生产场域。但是，这并不能改变电视知识分子是电视工业机构的雇员这一本质，这一本质同纺织女工是纺织工

---

① 〔英〕亚当·斯密：《国民财富的性质和原因的研究》（上卷），郭大力、王亚南译，商务印书馆，1972，第304页。

业资本的雇员是没有什么差别的。

马克思指出:"亚当·斯密当然把一切直接使用在物质生产上的知识劳动,包括在那种会固定在,或对象化在某种可卖品上的劳动内。不仅包括直接的手工劳动者或机械劳动者,且包括监工、技师、经理、代理人等等,简言之,包括在一定物质生产部门内为生产一定商品所必要的全部人员的劳动。"① "但无论这种'不生产劳动者'的人数是大是小,这总是很明白的,即使劳动成为'生产劳动'或'不生产劳动'的事情,不一定是劳动的特殊性,也不一定是劳动生产物的现象形态。这点已经由一个限制语承认了,即'他的劳务通常做了就完了'。同一种劳动,如果我是以资本家的资格,以生产者的资格购买它,想把它的价值增值,它就是生产的;如果我以消费者的资格,以所得支出者的资格,购买它,想消费它的使用价值,它就是不生产的,不管这个使用价值,是和劳动力的活动一同消灭,还是对象化在、固定在一个东西里面。旅店的女厨师,会替旅店主人(以资本家资格购买她的劳动的人)生产一种商品。羊排的消费者,会支付她的劳动;她也会对旅店主人(除开利润不说)代置他继续支付给她的基金。反之,如果我购买一个女厨师的劳动,叫她替我烹调肉类,不是为要把她的劳动,当做劳动一般来实行价值增值作用,却把它当做这种确定的具体的劳动来享受,来使用,她的劳动便是不生产的,虽然这种劳动也会固定在一个物质的生产物上,并且和旅店主人的场合一样,可以(在结果上)成为一个可卖的商品。"② 就像马克思所指出的那样:"比方说,一个戏子,甚至一个滑稽表演家,如果他是替一个资本家(企业家)做事,会把更多(比他在工资形态上从资本家手里得到的劳动更多)的劳动给回资本家,他就是一个生产劳动者;反之,一个缝纫业者,如果他到资本家家里去替他缝纫裤子,只替他创造一个使用价值,他便是不生产劳动者。……一个著作家所以是生产劳动者,不是因为他生产了观念,只是因为他叫发行的书商赚了钱,或者因为他是一个资本家的工资劳动者。"③

区别一种劳动的性质,归根结底,要考察这种劳动与资本的关系,对于电视知识分子而言,如果作为知识分子个体走进直播间,成为某个电视

---

① 马克思:《剩余价值学说史》(第一卷),郭大力译,上海三联书店,2009,第208页。
②. 马克思:《剩余价值学说史》(第一卷),郭大力译,上海三联书店,2009,第209~210页。
③ 马克思:《剩余价值学说史》(第一卷),郭大力译,上海三联书店,2009,第202页。

节目制作时的座上宾，那么，这个时候，知识分子就从属于资本的逻辑，也就是生产劳动者；如果作为知识分子的个体参加某个学术会议，直接与学术听众交流，那么，这个时候，知识分子就从属于文化的逻辑，也就是不生产劳动者。

马克思揭示了所谓"不生产劳动者"为资本创造价值的基本过程："戏院、音乐馆、妓院等等的企业者，对于戏子、乐师、妓女等等的劳动力，会购买其暂时的处分权——在实际上，这种购买，包含一个曲折，但那只有经济的形式的意味，结果的运动是一样的，他购买的这所谓'不生产劳动'，其'劳务是做完了就完了的'，决不会（在它自身以外）固定或实现在'一个耐久的或（特殊的）物品或可卖品上'，但这种劳务卖于公众时，却会有工资和利润回到他手里来。他所购的劳务，使他能够再购买它；那就是，这种劳务所凭以支付的基金，会自行更新。律师在事务所内所使用的书记的劳动，也是这样，不过这种劳动通例会体现在极广阔的'特殊对象物'上，体现在浩瀚的文书堆的形态上。不错，对于企业者，这种劳务是由于公众的所得支付的。但这是一样真确的，一切加入个人消费的生产物，都是如此。""所以，如果从一方面说，所谓不生产劳动的一部分，会体现为物质的使用价值，一样可以成为商品（vendible commodities），同时，从另一方面说，没有任何客观姿态（不能当作物品而与劳务实行者分离存在，也不能当作价值成分加在一个商品内）的劳务的一部分，也会被资本（劳动的直接购买者的资本）购买，从而代置它自己的工资，并且带回一个利润来。"[①]

电视知识分子在向电视节目创作集体提供自己的影像的时候，当然首先体现为要向这个文化工业资本的化身提供足够有用的信息，这种产品的效用集中体现为使其参与的节目的收视率至少维持在近期平均水平，如果能够高出一些，自然谢天谢地。这样，电视知识分子就能够出色地完成其电视工业的工资劳动者的天职：赚取利润。

而这一系列的变革是以现代市场经济为主轴展开的，将人的劳动力（这本就是与人合二而一的）商品化，使这种力量成为异于人的力量，这种首先发生在物质生产领域的制度变迁迟早会影响到精神生产领域，这样，知识分子沦为现代电视工业的雇员也就不足为奇了。

---

① 马克思：《剩余价值学说史》（第一卷），郭大力译，上海三联书店，2009，第210、211页。

这样，正是这种精神生产制度和物质生产制度的同质化才构成了知识分子在从属于学术规则的有限生产场域和从属于市场规则的包括电视在内的规模化文化生产场域之间游走从容的基本前提。美国学者萨义德指出：学术"都受限于当代的社会、政治、经济的——也就是脉络的——实际情况。没有一位学者会觉得自己的研究工作足够广为人知，而且我们每一位几乎都相信，公共品味以及那些公共品味能轻易接触到的，都忽略了一个特定知识领域的重要性。抽象的知识是不存在的：一切都被安置在特定的位置，涉及其他的学术、分配与流通的现实、社会制度、修辞传统、这一行的方法论程序，也涉及政治利益和在特定时代的特定社会中权力和宰制的事实"。① 就像法国社会学家布尔迪厄所指出的那样："商业的考虑、寻求最大值的**短期**（黑体为原文所有——笔者注）效益以及由此而来的'审美'，越来越广泛地强加于整个文化生产。"②

　　文化生产场域的游戏规则的嬗变迟早会在文化人的心态那里产生回应，鲁迅先生指出："因为并非艺术家，所以并不以为艺术特别崇高，正如自己不买膏药，便不来打拳赞药一样。我以为这不过是一种社会现象，是时代的人生记录，人类如果进步，则无论他所写的是外表，是内心，总要陈旧，以至灭亡的。不过近来的批评家，似乎很怕这两个字，只想在文学上成仙。"③

　　陈平原先生则用下面的话描述了自己的心路历程："十年前我们会因为费希特的《论学者的使命》、格拉宁的《奇特的一生》而激动得浑身发抖，而今则只会付之一笑。还不只是年龄增长缺乏激情的缘故。最根本的是对学术的崇高感表示怀疑，不大愿意再做祭坛上光荣的牺牲。做学问辛苦这谁都知道，问题是这辛苦的劳动是否有意义，总不能为了一个虚无缥缈的'学术进步'而贡献毕生精力吧？也许，对终极意义的追寻，本身就没有意义。""我以为，作为一名学者，大可不必执著于如何提高学问的地位，而是把学问从生活的目的降为'手段'。不是为了学问而活着，而是为了更好地活着而做学问。这当然不够崇高，可我想对大多数人来说，这更实在些。

---

① 〔美〕薇斯纳瓦珊编《权力、政治与文化——萨义德访谈录》，单德兴译，生活·读书·新知三联书店，2006，第392页。
② 〔法〕皮埃尔·布尔迪厄：《文化处于危险中》，见《遏制野火》，河清译，广西师范大学出版社，2007，第175页。
③ 《鲁迅选集》（第二卷），人民文学出版社，1983，第466页。

既然一个人的气质、志趣都更适合于当学者而不适合于经商、从政，那么就当学者好了。至于学者之所以千方百计读书做学问，就好像经商的千方百计赚大钱，从政的千方百计当大官干大事（至于当大官是否真的就能干大事，那是另一回事）。如果学者有幸提出一个新理论或出版一部学术著作，那不过像木匠打了一个好书柜、医生治好了一个重病号一样，当然会很高兴，可说不上特别崇高。不同之处只是，医生不好意思在他治愈的病号身上盖印，学者却在著作上署了名。

不再在学问与人生之间画等号，而只把做学问作为一种职业工作，这样可以解决很多人内心深处学问与人生的矛盾。人生的意义和乐趣不只体现在这些学术论文上；追求的是成为有学问有情趣的'人'，而不是只会做学问的'机器'。这样一来，学问以外的兴趣，不只是一种调节精神的休息，而且是人生中同样很有意义的部分。

既然做学问也只是一种职业工作，那么一旦兴趣转移或干不下去，调个工作，从政去或者经商去，没有什么可指责的，谈不上什么'堕落'或者'不贞'。'清高'云云可以休矣。学界中不乏本不宜于治学而又苦苦支撑者，要是他们肯脱下长衫，到别的领域去闯闯，也许更有出息。"①

美国学者薛涌也写道："我在教书之外，就一直公开说自己卖文为生。我甚至说，我就像个卖米的老农，希望卖出好价钱。只要诚信无欺，就没有道德问题，而且为社会提供了必要的服务。教授们不要把自己的架子抬得太高，别觉得自己比小商小贩高贵。否则，社会给教授抬上道德的高轿，用不食人间烟火的圣徒标准衡量教授，教授也只能自找苦吃。"②

这些学人的自白充分说明知识分子"人类导师"的宏图伟愿已经开始渐归平复，从天上回到大地是一个回归庸常而又需心态转型的"祛魅"过程。德国思想家韦伯对作为祛魅的理智化过程写道："**只要人们想知道**（黑体为原文所有，下同——笔者注），他任何时候都能够知道；从原则上说，再也没有什么**神秘莫测、无法计算的力量在起作用**，人们可以通过**计算掌握一切**。而这就意味着为世界除魅。人们不必再像相信这种神秘力量存在的野蛮人那样，为了控制或祈求神灵而求助于魔法。技术和计算在发挥着

---

① 陈平原：《学术随感录》，《学者的人间情怀——跨世纪的文化选择》，生活·读书·新知三联书店，2007，第15~16页。
② 《回应北大教授工资单事件：美国教授的工资单》，网络来源：http://theory.people.com.cn/GB/49157/49166/4877904.html，下载日期：2009年12月27日。

这样的功效,而这比任何其他事情更明确地意味着理智化。"① 这种理智化过程,在电视知识分子问题上,便体现为收视率导向对知识分子的电视言说的选取、计算和淘汰,并借此表明电视知识分子的言说质量。当这种理智化过程面对自身时,便走向其反面——非理智化,化身为经济力量对文化场域的粗暴干涉。如果考虑到,这种理智化进程恰恰与知识分子的成长相伴随,这就好像马克思和恩格斯所做的那个著名比喻:"像一个巫师那样不能再支配自己用符咒呼唤出来的魔鬼了。"② 电视知识分子的选择机制就决定了他必须顺从人们的利益。

二 再论收视率导向的虚妄性

统摄电视知识分子游戏规则的是收视率,由于笔者已经在另一本专著《收视率导向研究》③ 中对收视率导向问题进行了比较充分的探讨,在这里,就不再展开讨论了。但是,笔者还想就收视率的方法论基础再说上几句,因为只有认识到收视率方法论的局限性,才能从根本上理解收视率导向的虚妄性,也才能从根本上认识到用收视率导向形塑电视知识分子游戏规则的反文化性。

英国文学家狄更斯在《艰难时世》中,曾经塑造了汤玛士·葛擂硬这个艺术形象,他的"名言"就是:"告诉你吧,我要求的是:事实。除了事实,其他什么都不要教给这些男孩子和女孩子。只有事实才是生活中最需要的。除此之外,什么都不要培植,一切都该连根拔掉。要训练有理性的动物的头脑,就得用事实:任何别的东西对他们都全无用处。"这位先生深信,"二加二等于四,不等于更多,而且任凭怎么来说服我,我也不相信等于更多"。他的口袋里"经常装着尺子、天平和乘法表,随时准备称一称、量一量人性的任何部分,而且可以告诉你那准确的分量和数量。这只是一个数字问题,一个简单的算术问题"。④ 对这种"奉事实为圭臬,用数

---

① 〔德〕马克斯·韦伯:《学术与政治》,冯克利译,生活·读书·新知三联书店,2005,第29页。
② 中共中央马克思恩格斯列宁斯大林著作编译局编《马克思恩格斯选集》(第一卷),人民出版社,1972,第256页。
③ 时统宇等:《收视率导向研究》,四川人民出版社,2007。
④ 〔英〕狄更斯:《艰难时世》,全增嘏、胡文淑译,上海译文出版社,2008,第3、5页。

字丈量人性"的法则,我们不妨称之为"葛擂硬法则"。

在收视率导向下,评价电视知识分子言说的根本尺度就是"葛擂硬法则"。从表面上看,收视率所调查收集而来的种种数据的背后无疑是形形色色的人性的记录,然而,这种观察和记录本身的"客观性"就不是无疑的,对这种"客观性"的贸然接受实际上是拒绝对观察记录着的主体与被观察记录着的客体之间复杂关系的把握。正如德国社会学家卡尔·曼海姆所指出的那样:"哲学家们很久以来所从事的是他们自己的思维,当他们写下有关思维的问题时,他们心目中首先就有了他们自己的历史,哲学的历史,或者诸如数学、物理学之类相当专门领域的知识的历史。这种类型的思维只有在十分特殊的环境中才是可适用的,而通过分析它即可学会的东西并不能直接转移到生活的其他方面。即使这种思维是可以应用的,它也只是涉及存在的特定范围,而对于想要理解并塑造其世界的活着的人类来说却是不够的。"①

美国政治学家乔治·萨拜因指出:"我们习惯于根据这样一种判断去思考问题,即理论家与他进行理论阐述的自然现象之间存在着一种完全'客观的'关系。因此,物理学家或化学家被不切实际地认为是在对那些与他完全不相干的元素、原子或分子做完全精准的陈述——或者是在对它们做一种完全精准的描述。根据这种说法,伽利略(Galileo)只是观察了圆球从斜面上滚下来的现象,而他的在场则对这个圆球、对球的滚动或对斜面都毫无任何影响。对于这种把理论家与自然现象之间的关系的描述视作'超然观察者'(detached observer)的纯粹客观努力的观点,许多研究科学的哲学家和科学家本人都倾向于持怀疑态度。他们认为,除非通过人类的术语、工具和概念,否则任何人都不可能了解自然,因而任何人都不只是(楷体为原文所有——笔者注)在观察。"②

对这一点,美国学者汉娜·阿伦特写道:"自然科学的兴起,被视为人类知识和权力的一次确凿无疑的迅猛增长,但在现代之前不久,欧洲人的知识还赶不上公元前3世纪的阿基米德,而20世纪前50年所见证的发明,就比历史上以往时代的总和还要多。可是我们同样有理由让自然科学为人

---

① 〔德〕卡尔·曼海姆:《意识形态与乌托邦》,黎鸣、李书崇译,周纪荣、周琪校,商务印书馆,2000,第1页。
② 〔美〕乔治·萨拜因:《政治学说史》(第四版),〔美〕托马斯·索尔森修订,邓正来译,上海人民出版社,2008,第14页。

类绝望和现代特定的虚无主义的确然上升负责,现代虚无主义已经弥漫到了更大数目的人群当中,其最显著的表现就是自然科学家也未能幸免。而在19世纪,他们还以坚定的乐观主义来反抗当时思想家和诗人同样有道理的悲观主义。伽利略开创的现代天体物理学世界观,以及它对感官揭示实在的充分性的否定,给我们留下了这样一个宇宙——我们对其性质的了解仅限于这些性质影响我们的测量工具的方式,用爱丁顿(Eddington)的话说:'前者与后者的相似程度,就好比一个电话号码与电话用户的相似程度。'换言之,我们发现的是工具,而不是客观性质,更不是自然或宇宙,用海森堡(Heisenberg)的话说——人遭遇的只是他自己。"[①]

用收视率作为知识分子的电视呈现的指挥棒是极大地夸大了工具理性的效度,也就是在同时取消了衡量文化产品普遍标尺——对人类精神的创新性贡献程度。这种偷换的结果,就是解决卖什么、怎么卖、卖出去多少,这类文化掮客迫切需要解决的问题,如果有人对这种行径稍有指责,收视率导向的辩护士们马上就会祭起"理性"的大旗。不是吗?要数据有数据,要分析有分析,一切都是可感知的。那种存乎一心、冷暖自知的文化评价方式岂不是很"前现代"吗?不过,在我们审视理性化身为买卖经的时候,不妨再听听英国社会学家吉登斯的告诫:"如果理性的范围完全是不受约束的,就没有任何知识能够建立在毫无疑义的基础之上,因为即使是那些基础最为牢固的观念,也只能被看成是'原则上'有效的,或者说,'直到进一步的发展'出来以前,它们是有效的。否则,它们将倒退为原来的教义,并且又恰恰与理性本身(正是由它去裁定什么是最为有效的)相分离。尽管大多数人都把我们所能感受到的证据看成是我们能够得到的最可靠信息,然而即使是早期的启蒙思想家,也曾清楚地意识到这样的'证据'从原则上说就是很值得怀疑的。感知的数据永远不可能为知识提供确实可靠的基础。"[②]

德国哲学家胡塞尔写道:"据说,一切科学只研究可经验的、实在的现实。凡非属现实的就是想象;而以想象为基础的科学就是一门被想象的科学。人们自然将想象物看做心理事实,后者属于心理学。但我们……企图说明的是,借助于以想象物为基础的所谓本质看,从该想象物中产生了新

---

① 〔美〕汉娜·阿伦特:《人的境况》,王寅丽译,上海人民出版社,2009,第209页。
② 〔英〕安东尼·吉登斯:《现代性的后果》,田禾译,黄平校,译林出版社,2000,第43页。

的所与物,'本质的'所与物,即非实在的对象。于是经验主义者将断言,这正是'观念学的夸张','返回经院哲学'或返回19世纪前半叶的那种'先天思辨虚构',正由于此,远离自然科学的唯心主义如此严重地阻碍了真正的科学。

然而经验主义者在这个问题上所说的一切都是基于误解和偏见的,不管最初引导他的动机用意有多好。经验主义论证的基本缺点是,把对返回'事物本身'的基本要求与一切通过经验(着重号为原文所有,下同——笔者注)获得的知识论证的要求相等同或混为一谈。经验主义者通过他用来约束可认识的'事物'范围的可以理解的自然主义限制,干脆把经验当作呈现着事情本身的唯一行为。但是事物并不只是自然事实,通常意义的现实也不就是一般现实(wirklichkeit überhaupt),而我们称作经验的那种原初给予行为又只与自然现实相关。在此把二者等同并将其当作假定的自明之理,就是盲目地抛弃在最明晰洞见中被给予的区别。因此问题在于:哪一方面是有偏见的?真正摆脱偏见并不就是要求否定'与经验相异的判断',除非判断的严格意义要求经验根据。单纯断言一切判断都承认并甚至要求经验的根据,而不预先着眼于它们根本不同的种类来研究判断的本质,而且不同时考虑这一断言最终是否可能是悖谬的:这正是一种'先天思辨虚构',它并不因为适巧来自经验主义方面就好一些。"①

胡塞尔在这里所批评的经验主义者坚持的"经验根据"的做法,其背后所隐藏的是一种机械论哲学,而这种哲学就是收视率导向的理论基础,对这种机械论哲学,美国学者 D. 玻姆指出:"迄今为止在物理学中所发展起来的机械论哲学的最一般形式的本质特征如下:世界上所发现到的(日常经验中的和科学研究中的)各种事物的极其多样性**统统**(黑体为原文所有——笔者注)能够完全地、理想地而且无条件地(即不带近似地并且在每一可能的领域中)归结为不外乎某些确定的而且有限的一般定律构架的产物。虽然这些定律的细节可以随着未来得到的新实验结果而发生变化,但是作为该构架基础的一般特性则被认为是绝对的和最后的。这意味着,被假定存在的基本实体、定义这些实体的存在方式的各种属性以及用以表达各基本定律的各种普遍关系,都适合于某一固定的和有限的物理和数学

---

① 〔德〕胡塞尔:《纯粹现象学通论:纯粹现象学和现象学哲学的观念》(第一卷),李幼蒸译,商务印书馆,1992,第75~76页。

方案，这个方案原则上可以得到一个完全而且穷尽的表述形式，即使现在还没有这样地表达出来。归根结底，在这个方案中唯一可能发生的变化，只是确定系统状态的参量和函数的量变（精确到系统的本性所允许的确定该状态的程度），而基本实体的存在方式以及基本定律的表述形式要发生根本性的质变则是不可能的。因此，机械论立场的实质在于它的关于基本属性不变这一假设，这就是说各种定律本身最后将归结为纯粹的定量关系。"①

D. 玻姆回顾了以下对机械论哲学所能作的几点最重要的批判：首先，物理学发展史并没有证实过这种哲学的基本假设，反而不断地与它们相矛盾。其次，机械论的这个假设，即我们理论的某些特征是绝对和最后的这一假设从来就不是必然的。因为总是存在有这样的可能性：理论的一种特征的有效性只是相对的和有限的，其有效的界限会在将来发现。再次，我们的理论在有任何特征是绝对的和最后的这一假设与科学方法本身的基本精神相矛盾，后者要求**每一**（黑体为原文所有——笔者注）特征都应不断受到探查和检验，每当我们进入一个新领域或在原来已知领域内进行比以前更精密的研究时，这些探查和检验总会揭露出一些矛盾来。实际上，迄今为止，每一科学研究领域的正常发展图像毫无例外地都正是不断地出现这类矛盾，每个矛盾都导致一个能够更好地、更深刻地理解所考虑的现象的新理论。因此，只有在我们不假设任何理论的任何特征是绝对的和最后的，因而不接受机械论哲学时，上述科学方法的完全和一贯的应用才具有意义。

D. 玻姆接着写道："当然，以上理由并不证明机械论哲学肯定就错了。因为总可以这样设想：迄今为止的症结所在只是我们尚未发现真正绝对和最后的理论，这个理论可以超出当前科学研究的水平线之上。但是，既然直到现在为止，历史都证明了这种哲学是不合适的；既然它的基本假设不可能得到证明；并且既然这些基本假设与科学方法的整个精神不一致；所有这些都提示我们，非常值得考虑超出机械论哲学限制的各种观点。"②

我们需要进一步指出的是为什么这种机械论哲学以收视率的面目得以

---

① 〔美〕D. 玻姆：《现代物理学中的因果性与机遇》，秦克诚、洪定国译，商务印书馆，1965，第151~152页。
② 〔美〕D. 玻姆：《现代物理学中的因果性与机遇》，秦克诚、洪定国译，商务印书馆，1965，第152~154页。

在电视节目评价领域大行其道。其最突出的原因就是收视率的有用性——可以充分把握多少人在看某个电视节目，进而可以确定附着于该电视节目的电视广告的收视人群，这样，就可以最有效地说服潜在的广告投放者。在这种情况下，文化只能以商品的面目出现，种种不堪之词都可以施加于此时的人类精神产品之上。借着马克思的引用而经常被用来描述资本的性质的那段名言不是已经指明："资本害怕没有利润或利润太少，就像自然界害怕真空一样。一旦有适当的利润，资本就胆大起来。如果有10%的利润，它就保证到处被使用；有20%的利润，它就活跃起来；有50%的利润，它就铤而走险；为了100%的利润，它就敢践踏一切人间的法律；有300%的利润，它就敢犯任何罪行，甚至冒绞首的危险。"[①] 如此看来，在追求利润的前提下，资本为追求利润而糟践文化岂不也是必然的吗？

第三节　求利毕竟是书生

一　知识分子精神的经济密码

知识分子首先是一个人及其背后的家庭，这意味着对人类社会无论多么重要的文化创新，都要建立在知识分子个体及其家庭成员的生物学意义上的生产和再生产以及更高级的社会身份的生产和再生产的基础之上。维持起码的体面生活是知识分子区别于升斗小民之家和钟鸣鼎食之族的社会生存的根本标志。这也是电视知识分子逐步产生、发展和壮大的最根本的动因。鲁迅先生在其名文《娜拉走后怎样》中曾经写道："梦是好的；否则，钱是要紧的。钱这个字很难听，或者要被高尚的君子们所非笑，但我总觉得人们的议论是不但昨天和今天，即使饭前和饭后，也往往有些差别。凡承认饭需钱买，而以说钱为卑鄙者，倘能按一按他的胃，那里面怕总还有鱼肉没有消化完，须得饿他一天之后，再来听他发议论。所以为娜拉计，钱，——高雅的说罢，就是经济，是最要紧的了。自由固不是钱所能买到的，但能够为钱而卖掉。人类有一个大缺点，就是常常要饥饿。为补救这

[①] 马克思：《资本论》（第一卷），中共中央马克思恩格斯列宁斯大林著作编译局译，人民出版社，2004，第871页。

缺点起见，为准备不做傀儡起见，在目下的社会里，经济权就见得最要紧了。""人不能饿着静候理想世界的到来，至少也得留一点残喘，正如涸辙之鲋，急谋升斗之水一样，就要这较为切近的经济权，一面再想别的法。"① 虽然，在这里，鲁迅先生所谈的是男女平等的问题，但这种痛彻的议论何尝不对知识分子的经济独立有重要的意义。

古希腊思想家亚里士多德在论及"幸福就在于某种沉思"时曾经指出："但是，人的幸福还需要外在的东西。因为，我们的本性对于沉思是不够自足的。我们还需要有健康的身体、得到食物和其他的照料。但尽管幸福也需要外在的东西，我们不应当认为幸福需要很多或大量的东西。因为，自足与实践不存在于最为丰富的外在善和过度之中。做高尚〔高贵〕的事无须一定要成为大地或海洋的主宰。只要有中等的财产就可以做合乎德性的事（人人都看得到，普通人做的公道的事并不比那些有权势的人少，甚至还更多）。有中等的财产就足够了。"②

法国思想家卢梭也曾经写道："人性的首要法则，是要维护自身的生存，人性的首要关怀，是对于其自身所应有的关怀；而且，一个人一旦达到有理智的年龄，可以自行判断维护自己生存的适当方法时，他就从这时候起成为自己的主人。"③

应该承认，现代市场经济为知识分子阶层提供了超越前代的劳动报酬。英国经济学家亚当·斯密告诉我们："印刷术发明以前，文人靠其才能获取报酬的唯一职业，就是充当公私教师，换言之，把自己学得的奥妙而有用的知识，授与他人。这种职业，比印刷术发明以后，为书贾执笔卖文的职业，确是更有名誉，更有效用，而且一般地说，甚至是更可获利的职业。要做一个出色教师，所需要的时间与研究，所需要的天资、知识和勤勉，至少必与著名律师和医师所需要的相同。然而，出色教师的普通报酬，却比不上律师和医师所得的报酬，因为前者的职业挤满了靠公费受教育的穷苦的人，而后者的职业，则由以自费受教育的少数人充任。不过，公私教师的通常报酬，现今虽然很少，但若那些为面包而执笔卖文的更贫苦文人，不赶出市场，而加入竞争，那么这些教师的报酬，无疑比现今还要微薄。

---

① 《鲁迅选集》（第二卷），人民文学出版社，1983，第 31~32、34 页。
② 〔古希腊〕亚里士多德：《尼各马可伦理学》，廖申白译，商务印书馆，2008，第 310 页。
③ 〔法〕让-雅克·卢梭：《社会契约论》，何兆武译，红旗出版社，1997，第 13 页。

在印刷术发明以前，学者和乞丐，似乎是非常接近的同义语。当时各大学校长，似乎常给他们的学生发乞食证。"①

奥地利经济学家米塞斯也表达了类似的看法："在资本主义形成之前的社会中，写作是一门得不到什么报酬的手艺。铁匠和鞋匠都可以靠自己的手艺维持生活，而作家却无法靠写作维持生活。写作是一种挣不到钱的技艺，是一种业余爱好，而非一门职业。它是有钱人、国王、大公和政治家、资助人和绅士的一种高尚追求，他们都不靠这个维生。它是主角和修士、大学教师和将军们空闲时间玩的一种技艺。那些一文不名但却禁不住写作冲动的人在写作之前，首先得找到某些稳定的收入来源。斯宾诺莎给人打磨透镜。密尔父子都在东印度公司伦敦办事处就职。而大多数贫穷的作者都靠喜欢艺术和科学的有钱人的慷慨捐助生活。国王和君主们争相资助诗人和作家。宫廷是文学的庇护所。

这套资助制度给了文人学者以充分的表达自由，这是一个历史事实。资助人一般都不会坚持将自己的哲学和自己的趣味、伦理标准强加于被保护人。他们也热心地保护这些文学艺术家免受教会当局的迫害。最起码在这个宫廷被禁止的文人学者，是有可能在与之对立的宫廷中找到庇护的。

尽管如此，哲学家、历史学家和诗人们如果混迹于廷臣中间，依靠专制君主来养活和保护，他们就无法承担启蒙的责任。于是，老一代自由主义者为文学产品市场的发展而欢呼，因为这是把文人学者从国王和贵族的保护和影响中解放了出来的历史过程的关键。"②

德国哲学家黑格尔指出："亚里士多德曾经说过：'首先要生活上的需要得到了满足，人们才开始有哲学思想。'因为哲学既是自由的与私人利益无关的工作，所以首先必须俟欲求的逼迫消散了，精神的壮健、提高和坚定出现了，欲望驱走了，意识也高度地前进了，我们才能思维那些普遍性的对象。因此我们可以把哲学叫做一种奢侈品，如果奢侈品是指那不属于外在必需品的享受或事业而言。就这点看来无疑地哲学不是必需的。但这又要看'必需'是什么意义。从精神方面来说，我们正可以把哲学当作是

---

① 〔英〕亚当·斯密：《国民财富的性质和原因的研究》（上卷），郭大力、王亚南译，商务印书馆，1972，第126页。
② 〔奥〕路德维希·冯·米塞斯：《官僚体制·反资本主义的心态》，冯克利、姚中秋译，新星出版社，2007，第144页。

最必需的东西。"① 所谓"闲暇出真知",黑格尔的这种看法绝不仅仅局限于哲学领域,而可扩展至所有知识分子那里。例如,英国学者伯特兰·罗素就曾经告诉我们:"牛顿自从当上了三一学院的校务委员时起,物质享受就有了保证,然而正是在这个时候,他才撰写《自然哲学的数学原理》。"②

马克思曾经指出:"劳动者在经济上受劳动资料即生活源泉的垄断者的支配,是一切形式的奴役即一切社会贫困、精神屈辱和政治依附的基础。"③ "劳动力的价值是由一定量的生活资料的价值决定的。随着劳动生产力的变化而变化的,是这些生活资料的价值,而不是它们的量。"④ 而恩格斯在马克思墓前概括其一生的伟大发现时,对人类精神生产对物质生产的依赖总结为:"正像达尔文发现有机界的发展规律一样,马克思发现了人类历史的发展规律,即历来为繁茂芜杂的意识形态所掩盖着的一个简单事实:人们首先必须吃、喝、住、穿,然后才能从事政治、科学、艺术、宗教等等;所以,直接的物质的生产资料的生产,因而一个民族或一个时代的一定的经济发展阶段,便构成为基础,人们的国家制度、法的观点、艺术以至宗教观念,就是从这个基础上发展起来的,因而,也必须由这个基础来解释,而不是像过去那样做得相反。"⑤

对报酬制度的设计,直接决定了整个符号商品市场的运作逻辑,报酬是文化场域的磁力线。德国哲学家康德曾经指出:"艺术(着重号为原文所有,下同——笔者注)甚至也和手艺不同;前者叫做自由的艺术,后者也可以叫做雇用的艺术。我们把前者看做好像它只能作为游戏,即一种本身就使人快适的事情而得出合乎目的的结果(做成功);而后者却是这样,即它能够作为劳动,即一种本身并不快适(很辛苦)而只是通过它的结果(如报酬)吸引人的事情,因而强制性地加之与人。""但在一切自由的艺术中却都要求有某种强制性的东西,或如人们所说,要求有某种机械作用,没有它,在艺术中必须是自由的并且唯一地给作品以生命的那个精神就会

---

① 〔德〕黑格尔:《哲学史讲演录》(第一卷),贺麟、王太庆译,商务印书馆,1959,第53页。
② 〔英〕伯特兰·罗素:《权力论:新社会分析》,吴友三译,商务印书馆,1991,第53页。
③ 《马克思恩格斯选集》(第二卷),中共中央马克思恩格斯列宁斯大林著作编译局译,人民出版社,1972,第136页。
④ 马克思:《资本论》(第一卷),中共中央马克思恩格斯列宁斯大林著作编译局译,人民出版社,2004,第597页。
⑤ 《马克思恩格斯选集》(第三卷),中共中央马克思恩格斯列宁斯大林著作编译局译,人民出版社,1972,第574页。

根本不具形体并完全枯萎，这是不能不提醒人们注意的（例如在诗艺中语言的正确和语汇的丰富，以及韵律学和节奏），因为有些新派教育家相信如果让艺术摆脱它的一切强制而从劳动转化为单纯的游戏，就会最好地促进自由的艺术。"①

美国学者戴安娜·克莱恩用"多样性"和"持续性"来描述报酬系统影响创新性质的因素。戴安娜·克莱恩写道："'多样性'意指创新类型或风格的差异，这种类型或风格在同一报酬系统中，能够被大量为创新所设置的各种认知和技术标准所体现出的意图所接受。'持续性'意指在同一套认知和技术标准中，创新能够相继出现的程度。"②

英国经济学家亚当·斯密这样描述他所处时代的体力劳动者与脑力劳动者各自的报酬构成，而这种构成直接决定了鞋匠同医生、律师、诗人或哲学家职业性质的分野："各个学习职业的人能否胜任所学的职业，此可能性的大小，因职业不同而大不相同。就大部分机械职业说，成功几乎都是有把握的，但就自由职业说，却是很没有把握的。例如，送子学做鞋匠，无疑他能学会制鞋的技术；但若送子学法律，那么精通法律并能靠法律吃饭的可能性至少是二十对一。就完全公平的彩票说，中彩者应得到落彩者所失的全部。就成功者一人而不成功者二十人的职业说，这成功的一人，应享有不成功二十人应得而不能得的全部。所以，大概要到将近40岁时才能从职业取得一些收益的律师，其所得报酬应不仅足以补偿他自己为受教育所花的那么多时间和那么大费用，而且足以补偿那些全无所得的二十多人的教育时间与费用。尽管律师所收的费用有时显得过高，但他的真正报酬必不止此。计算一下，某一地方的鞋匠或织工这类普通工人一年间可能收入的总额和他们一年间可能支出的总额，你就会知道，他们的收入一般多于支出。如果你用同样的方法，总计各律师及法学协会见习律师的支出与收入，你就会知道，即使你尽量提高他们年收入的估计，并尽量减低他们年支出的估计，他们的年收入，也只等于年支出的极小部分。所以，法律业这个彩票，绝不是完全公平的彩票。法律业与其他许多自由职业和荣誉职业，所得金钱报酬显然都是很不充分的。

---

① 〔德〕康德：《判断力批判》，邓晓芒译，杨祖陶校，人民出版社，2002，第147页。
② Diana Crane, "The reward system in art, science, and religion," in Richard Peterson (eds), *The Production of Culture*, Beverly Hills: Sage Publications, 1976, p.63.

但这些职业能与其他职业并驾齐驱。其出路虽令人气短，但所有豁达磊落的人都争先恐后地向这方面挤来。这是由于有两个鼓舞他们的原因：第一，希望做这些行业的状元的名誉心；第二，对于自己的才能甚至幸运，一切人或多或少地都有天生的自信心。

一个人如果在一种做到平凡地步也不容易的职业里特别显露头角，那就最明确地表示他具有所谓天才或卓越的才干。由这卓越才干所博得的人们的赞赏是他的报酬的一部分。这部分报酬是大还是小，要看赞赏的程度是大还是小。对医生来说，这占全部报酬的大部分；对律师来说，所占的部分更大；对诗人或哲学家来说，几乎占了全部。"①

具体到中国知识分子，陈寅恪先生在20世纪20年代初在给其妹的信中写道："我前见中国报纸告白，商务印书馆重印日本刻大藏经出售，其预约券价约四五百元。他日恐不易得，即有，恐价亦更贵。不知何处能代我筹借一笔款，为购此书。因我现必需之书甚多。总价约万金。最要者即西藏文正续藏两部，及日本印中文正续大藏，其他零星字典及西洋类书百种而已。若不得之，则不能求学，我之久在外国，一半因外国图书馆藏有此项书籍，一归中国，非但不能再研究，并将初着手之学亦弃之矣。"②

鲁迅先生则指出："有人说：'文学是穷苦的时候做的'，其实未必，穷苦的时候必定没有文学作品的；我在北京时，一穷，就到处借钱，不写一个字，到薪俸发放时，才坐下来写文章。忙的时候也必定没有文学作品，挑担的人必要把担子放下，才能做文章；拉车的人也必要把车子放下，才能做文章。"③

陈平原先生在近一个世纪之后所做的评论则是对这些思想进行了在当前状态下的回应："人们常说，'愤怒出诗人'、'诗穷而后工'。可从来没有听说过'愤怒出学者'、'学穷而后工'。也许问题就出在这'愤怒'与'穷'上，这两者对于20世纪的中国学者来说，实在过于'丰富'。治学不比创作，需要相对优裕的生活环境，相对稳定的工作情绪，还有相对丰

---

① 〔英〕亚当·斯密：《国民财富的性质和原因的研究》（上卷），郭大力、王亚南译，商务印书馆，1972，第97~98页。
② 陈寅恪：《书信集》，生活·读书·新知三联书店，2009，第1页。
③ 《鲁迅选集》（第二卷），人民文学出版社，1983，第337页。

富的图书资料、仪器设备等等。"①

相对优渥的薪水和相对优越的物质环境是知识分子得以安身立命、赓续文化薪火的前提。无法跻身知识分子场域的孔乙己之类所信奉的那种"君子固穷"信条,只是鲁迅先生痛极而讽的写法。正如德国思想家韦伯所指出的那样:"纯粹的超凡魅力尤其不适于进行经济考虑。只要它一出现,就会构成一种最强烈意义上的'天职',一种'使命',或者一种'内在的义务'。就纯粹类型而言,它鄙视并拒绝把恩宠作为一种收益来源,当然,这更多的是一种理想而非现实。就像某些情况下的先知及其信徒一样,超凡魅力也并不总是弃绝财产,甚至并不弃绝获利。英雄般的武士及其追随者会四处寻找战利品;选举产生的统治者或者超凡魅力政党领袖也需要物质的权利手段。前者还需要让自己的权威具有辉煌的表现以支持他的声望。只要真正的超凡魅力类型仍然得到拥护,遭到鄙视的就只是那些传统的或者理性的日常经济活动,以及通过持续的经济活动获得常规收益。它的供给或者是依靠馈赠——大量的捐物、捐款、受贿或酬金,或者是依靠施舍,它们构成了自愿的供给类型。另一方面,'掳掠'或敲诈则是超凡魅力供给需求的典型方式,不管那是使用暴力还是其他手段。""耶稣会士被禁止担任教会职务,就是在理性地运用这一信仰原则。显而易见,所有的禁欲主义者、托钵僧以及献身于某种信念的斗士,无不属于这一范畴。几乎所有的先知都以接受自愿馈赠为生。圣保罗那句众所周知的名言'不劳动者不得食',乃是直接针对那些寄生虫般的超凡魅力传教士们而发,显然不是对经济活动本身做出的正面评价,仅仅是阐明每个人都有义务设法自食其力。因为他知道,对野地里的百合这一纯粹超凡魅力的寓言不可能寄望于字面上的用法,而是最好'不为明天发愁',这才有可能指望得上。"②

在陈寅恪先生看来,薪水与学术事业的关系极大,甚至为了薪水问题不惜与有关方面"锱铢必较"。表面上,陈寅恪先生似以世家子弟之尊而耐不住穷困;实际上,陈寅恪先生是将薪水视为学术进行之必需和学者尊严之底线,实为当为应为之举。陈寅恪先生在1932年11月14日给罗香林先

---

① 陈平原:《学术随感录》,《学者的人间情怀——跨世纪的文化选择》,生活·读书·新知三联书店,2007,第8页。
② 〔德〕马克斯·韦伯:《经济与社会》(第一卷),阎克文译,上海人民出版社,2010,第355页。

生的信中写道:"惟中央研究院近日经费至窘,每月经费约十万,战事起后,久已未领到。上月全院仅领到五千元,似此,薪水已不能发,今日在南京召集各所长会议,即大约为此。照此情势,学术事业必难进行……"①陈寅恪先生在 1945 年 1 月 26 日给傅斯年先生的信中写道:"寅恪自前年(三十二年)暑假后离开广西大学,来燕大授课,除领教育部所签发正薪外(每月薪水六百元,研究费四百元,每六个月一寄,一次寄六千元),至如其他教授应得之种种生活津贴、食米及薪水加倍等等(如其他部聘教授每月之所应得者),分文未领过。换言之,以往一年半以来(除领正薪及少数研究费外),已替国家(即教育部行政院)省下将近二十万元矣,此点望能使当局明了及注意(着重号为原文所有,下同——笔者注)。""寅恪虽在私立燕京大学授课,希望能如其他之部聘教授分发于国立大学者同样待遇。除正薪外,尚有薪水加倍,生活津贴及食米等等,由教部拨与燕大转发。盖此数在国家虽省下来为数极细微,而在个人则可帮助不少。且寅恪既有部聘教授之名义,更愿名实相符,则寅恪在燕大,可处于客座之地位……"②

除了薪水之外,作文润笔也是学者收入的一项必要来源。我们不妨再看看陈寅恪先生在 1944 年 10 月 4 日给傅斯年先生的信中写道:"袁守和兄屡嘱弟为北平图书馆刊作文,实难再却。然弟除史语所外,作文须酬金,现在润格以一篇一万元为平均之价目(已通告朋友,兹以藉省麻烦),而守和兄只复以三百字一千为酬(本为千字一百五十元破格加倍),弟实不敢应命,因近日补治牙齿(不能请补助费),甚须费钱,且不能贱卖以坏信用,如守和尚在渝,希为弟解释,免生误会。弟演讲亦须万元一次,四川大学之贱买,亦不能承命,因弟只能演讲学术问题,须预备稿子,仍与作文无异也。"③

在这里,我们不妨就此简单列举一下中国文人收取"润笔"的传统,这种传统充分揭示了文化资本同金融资本的直接交换及其所面临的问题在古代便已存在其对应形式。

宋人王楙《野客丛书》尝言:陈皇后失宠于武帝,以黄金百斤奉司马

---

① 陈寅恪:《书信集》,生活·读书·新知三联书店,2009,第 146 页。
② 陈寅恪:《书信集》,生活·读书·新知三联书店,2009,第 105~106 页。
③ 陈寅恪:《书信集》,生活·读书·新知三联书店,2009,第 99 页。

相如，作《长门赋》以悟主。这是见于记载的最早的文人接受"润笔"行为。据《北史》记载，袁聿修为信州刺史，有善政，既去官，州人郑播宗等七百人敛缣帛数百匹，托中书侍郎李德林为文，以记功德。诏许之。隋郑译拜爵沛国公，位上柱国。高颎为制，戏曰："笔干。"答曰："出典方岳，杖策言归，不得一文，何以润笔？"清人赵翼认为，这是"润笔"二字的由来。①

宋人洪迈写道："作文受谢，自晋、宋以来有之，至唐始盛。《李邕传》：'邕尤长碑颂，中朝衣冠及天下寺观，多赍持金帛，往求其文。前后所制，凡数百首，受纳馈遗，亦至巨万。时议以为自古鬻文获财，未有如邕者。'故杜诗云：'干谒满其门，碑版照四裔。丰屋珊瑚钩，麒麟织成罽。紫骝随剑几，义取无虚岁。'又有《送斛斯六官诗》云：'故人南郡去，去索作碑钱。本卖文为活，翻令室倒悬。'盖笑之也。刘义持（韩）愈金数斤去，曰：'此谀墓中人得耳，不若与刘君为寿。'愈不能止。刘禹锡祭愈文云：'公鼎侯碑，志隧表阡。一字之价，辇金如山。'皇甫湜为裴度作《福先寺碑》，度赠以车马缯彩甚厚。湜大怒，曰：'碑三千字，字三缣，何遇我薄邪！'度笑，酬以绢九千匹。文宗时，长安中争为碑志，若市买然。大官卒，其门如市，至有喧竞争致，不由丧家。白居易《修香山寺记》曰：'予与元微之定交于生死之间，微之将薨，以墓志文见托，既而元氏之老，状其臧获、舆马、绫帛洎银鞍、玉带之物，价当六七十万，为谢文之赘。予念平生分，赀不当纳，往返再三，讫不得已，回施兹寺。凡此利益功德，应归微之。'柳玭善书，自御史大夫贬泸州刺史，东川节度使顾彦晖请书德政碑，玭曰：'若以润笔为赠，即不敢从命。'本朝此风犹存，唯苏坡公于天下未尝铭墓，独铭五人，皆盛德故，谓富韩公、司马温公、赵清献公、范蜀公、张文定公也。此外赵康靖公、滕元发二铭，乃代文定所为者。在翰林日，诏撰同知枢密院赵瞻神道碑，亦辞不做。曾子开与彭器质为执友，彭之亡，曾公做铭，彭之子以金带缣帛为谢。却之至再，曰：'此文本以尽朋友之义，若以货见投，非足下所以事父执之道也。'彭子皇惧而止。此帖今藏其家。"②

---

① （清）赵翼：《陔余丛考》（二），中华书局，1963，第663页。
② （宋）洪迈：《容斋随笔》（上册），孔凡礼点校，中华书局，2005，第286~287页。

清人赵翼于《陔余丛考》"润笔"条对此亦有补充①："《唐书》：李华不甚著书，惟应人墓版传记及州县碑颂，时获金帛。柳公权善书，公卿贶遗巨万。主藏奴盗其所藏杯盂一箧，滕识如故。奴妄言叵测。公权笑曰：'银杯羽化矣。'不复诘，惟笔砚自镕秘之。《玉壶清话》：李翰为和凝门生，同为学士。会凝作相，翰草制罢，悉取凝旧阁图书器玩而去，留一诗于榻云：'座主登庸归凤阙，门生批诏立鳌头。玉堂旧阁多珍玩，可作西斋润笔不？'欧阳公请蔡端明书《集古录序》，以鼠须栗尾笔、铜丝笔格、大小龙团茶、惠泉等物为赠。君谟笑其清而不俗。后闻欧得清泉香饼，惜其来迟：'使我润笔少此种物！'王禹玉作《庞颖公神道碑》，其家送金帛外，参以古法书名画三十种，杜荀鹤及第试卷其一也。张孝祥书多景楼扁，公库送银三百星，孝祥却之，但需红罗百匹。于是合诸妓宴会，以红罗遍赏之。张端义《贵耳录》：席大光葬母，乞吴传朋书，预供六千缗为润笔。人言传朋之贫可脱矣，一夕而光死。此又可见宋时士大夫风尚。盖作文受谢，宋时并著为令甲。沈括《笔谈》记太宗立润笔钱，数降诏刻石于金人院，每朝谢日，移文督之。杨大年作寇莱公拜相麻词，有'能断大事，不拘小节'，莱公以为正得我胸中事，例外赠金百两。曰'例外'，则有常例可知也。蔡忠惠与欧阳公书曰：'勋德之家，干请朝廷出敕，令襄作书。襄谓近世书写碑志，则有资利，若朝廷之命，则有司存焉，待诏其职也。今与待诏争利，可乎？'亦见待诏书碑受馈之有例也。《祖无择传》：词臣作诰命，许受润笔物。无择与王安石同知制诰，安石辞一家所馈不获，乃置诸院梁上。安石忧去，无择用为公费，安石闻之不悦。翰林学士王寓《谢赐笔札记》云：宣和七年八月二十一日，一夕草四制，翼日有中使赍赐上所常御笔砚等十三事，紫青石研一，方琴光漆螺甸匣一，宣和殿墨二，斑竹笔一，金华笔格一，涂金镇纸天禄二，涂金研滴虾蟆一，贮粘麦涂金方奁一，镇纸象人二，荐研紫柏床一。周益公《玉堂杂记》：汤思退草刘婉仪进位贵妃制，高宗赐润笔钱几及万缗。赐砚尤奇。以宫禁中事命之草制，尚有如许恩赐，则臣下例有馈赠，更不待言。唐时虽未必有定制，然韩昌黎撰《平淮西碑》，宪宗以石本赐韩宏。宏寄绢五百匹，昌黎未敢私受，特奏取旨。

---

① 同洪迈《容斋随笔》"文字润笔"条相校，赵翼《陔余丛考》"润笔"条与之有少量重复，除"韩昌黎撰《平淮西碑》及《王用碑》"事、"唐穆宗诏萧俛撰《成德王士真碑》"事，"裴均之子持万缣诣韦贯之求铭"事，赵翼所论较洪迈为全面深刻而外，凡赵翼文中单纯重复引用洪迈已引事例者，笔者已悉数删去。

又作《王用碑》,用男寄鞍马并白玉带,亦特奏取旨。杜牧撰《韦丹江西遗爱碑》,江西观察使许于泉寄彩绢三百匹,亦特奏闻。穆宗诏萧俛撰《成德王士真碑》,俛辞曰:'王承宗事无可书。又撰进后,例得赆遗,若黾勉受之,则非平生之志。'帝从其请。以区区文字馈遗,而辞与受俱奏请,则已为朝野通行之例亦可知也。其有不肯卖文,及虽受馈而仍他施者,裴均之子持万缣诣韦贯之求铭其父,贯之曰:'吾宁饿死,岂忍为此哉!'《司空图传》:图隐居山中,王重荣父子雅重之,尝因作碑赠绢数千。图置虞乡市,听人取之,一日而尽。《东坡集》亦有得润笔钱送与王子立葬亲之事。又元时胡汲仲贫甚,赵子昂为介罗司徒,请作其父墓铭,以钞百锭为润笔。汲仲怒曰:'我岂为宦官作墓铭耶!'是日无米,其子以情告,汲仲却愈坚。尝诵其送人诗'薄糜不继袄不暖,饥肠犹作钟球鸣'之句,谓人曰:'此吾秘密藏中休粮方也。'《明史·李东阳传》:东阳谢事后,颇清窘,有求碑志者,东阳欲却之。其子曰:'今日宴客,可使食无鲑菜耶?'东阳乃勉为之。亦可见其清节矣。然利之所在,习俗渐趋于陋。唐文宗时,长安中争为碑志,若市买然。大官卒,其门如市,至有喧竞争致不由丧家者。《侯鲭录》记王仲舒为郎中,谓马逢曰:'贫不可堪,何不寻碑志相救?'逢笑曰:'适见人家走马呼医,可立待也。'又明唐子畏有巨册一帙,自录所作文,簿面题曰'利市',事见《戒庵漫笔》。此皆急于售文之陋也。又欧公《归田录》记馆阁撰文例有润笔,及其后也,遂有不依时送而遣人督索者。此又乞文吝馈者之陋也。"①

然而,对这种古已有之的以文化资本兑换金融资本的做法不能一概否定,例如,陈寅恪先生在论及唐代文人谀墓之风时,亦不简单目之为斯文扫地,认为其中尚有文化甦生的意义:"是昌黎河东集中碑志传记之文所以多创造之杰作,而谀墓之金为应得之报酬也。夫当时叙写人生之文衰弊至极,欲事改进,一应革去不适描写人生之已腐化之骈文,二当改用便于创造之非公式化之古文,则其初必须尝试为之。"②

在中国传统思想资源中,知识分子求利好货传统亦有其一席之地,并非全为不堪。例如,"子曰:'富而可求也,虽执鞭之士,吾亦为之。如不

---

① (清)赵翼:《陔余丛考》(二),中华书局,1963,第664~666页。
② 陈寅恪:《元白诗笺证稿》,生活·读书·新知三联书店,2009,第3~4页。

可求，从吾所好。'"①

两宋理学虽盛，功利思想亦不绝如缕。"譬如北宋李觏就重视'利'与'欲'，而说'利可言乎？曰，人非利不生，曷为不可言！欲可言乎？曰，人之情，曷为不可言！'（《盱江文集·原文》）南宋陈亮曰：'好货，人心之所同，而达之于民无冻馁，则强勉行道以达其同心，而好货必不至于陷，而非道之害也。'（《龙川文集·勉强行道大有功论》）叶适批评董仲舒所云'仁人正谊不谋利，明道不计功'，而曰：'此语初看极好，细看全疏阔。古人以利与人而不自居其功，故道义光明。后重出世儒，行仲舒之论，既无功利，则道义者乃无用之虚语。'（《习学记言》卷二十三）"②

至元儒，则有"学者治生最为先务"的主张。"元儒重镇——许衡曾云：'学者治生最为先务，苟生理不足，则于为学之道有所妨；彼旁求妄进，乃作官谋利者，殆亦窘于生理所致。士君子当以务农为生，商贾虽逐末，果虑之不失义理，或以故济一时，一无不可。'（《宋元学案·鲁斋学案·附录》）元儒将治生范围由务农扩大到商贾，可见容许利润导向的经济行为。清儒沈垚在这方面曾予阐释：'宋儒先生口不言利，而许鲁斋乃有治生之论，盖宋时可不言治生，元时不可不言治生，论不同而意同。所谓治生者，人己皆给之谓，非瘠人肥己之谓也。'（《落帆楼文集》卷九《与许海樵书》）至于为什么'宋时不言治生，元时不可不言治生'？沈垚在另一封《与许海樵书》中说：'衣食足而后责以礼节，先王之教也；先办一饿死地以立志，宋儒之教也。饿死二字如何可以责人？岂非宋儒之教高于先王而不本于人情乎？宋有祠禄可食，则有此过高之言；元无祠禄可食，则许鲁斋先生有治生为急之训。'（《落帆楼文集》卷九《与许海樵书》）其实，沈氏于此，意犹未尽，蕴蓄未发，即元儒除'无祠禄可食'外，还有其他理由以'治生为急'，清初明遗民陈确在这方面，略有补充，他于'学者以治生为本论'中说：'岂有学为圣贤之人而父母妻子之弗能养，而

---

① 《论语·述而》。这段话的意思可以理解为，财富如果可以求得的话，就是做市场的守门卒我也干。如果求不到它，还是我干我的罢。见杨伯峻《论语译注》，中华书局，1980，第69页。对所谓"执鞭之士"，杨伯峻先生认为："根据《周礼》，有两种人拿着皮鞭，一种是古代天子以及诸侯出入之时，有二至八人拿着皮鞭使行路之人让道。一种是市场的守门人，手执皮鞭来维持秩序。这里讲的是求财，市场是财富所聚集之处，因此译为'市场守门卒'。"

② 侯家驹：《中国经济史》（下），新星出版社，2008，第503页。

待养于人者哉！鲁斋之言专为学者而发.'（《陈确集·文集》卷五）"①

侯家驹先生指出："这种世俗化的趋向，至明代尤为明显，王阳明虽然指出，'若以治生为首务，使学者汲汲营利，断不可也！'但亦认为'果能于此处调停得心体无累，虽终日作买卖，不害其为圣为贤，何妨于学？学何贰于治生？'（《传习录·拾遗》）而且还于《节庵方公墓表》一文中说，'古者四民异业而同道，其尽心焉，一也'（《阳明全书》卷二十五）。事实上，方节庵就是由士入商，这是当时的趋势，明人曾于《家规》中告诫子孙说：'男子要以治生为急，农工商贾之间，务执一业.'其中尤以由士而商者多，归有光于《白奄程翁八十寿序》云：'古者四民异业，至于后世而士与农商常相混……（程氏）子孙繁衍……并以读书为业，君岂非所谓士而商者欤？'（《震川先生集》卷十三）。出身于新安商人家庭的汪道昆，于《诏赠奉直大夫户部员外郎程公暨赠宜人闵氏合葬墓志铭》中说：'大江以南，新都以文物著，其俗不儒则贾，相代若践更，要之良贾何负闳儒'（《太函集》卷五十五）。"②

而清儒中亦有亦商亦官者。"例如康熙年间，高士奇与其'亲家陈元帅伙计陈季芳开张缎号，寄顿各处贿银资本，约至四十余万'，又与王鸿绪等'合伙生理，又不下百余万'；徐'乾学发本银十万两，交盐商项景元于扬州贸易，每月三分起利。……又本商陈天石新领干学银十万两，开张当铺'（均见《东华录》）。"③

以上种种说明，哪怕就是在传统的中国儒家文化思想资源那里，求利也并非大逆不道之事。若初为知识分子，因种种因缘际会，转而为商人，唯利是求，自为商贾立身行事的应有之义。至于以知识求利益亦应具体分析，实不必一并苛责其放弃知识分子的操守。老子所谓"是以圣人后其身而身先；外其身而身存。非以其无私邪？故能成其私。"④ 何尝不是从反面论证了个人利益的正当性。就像英国经济学家亚当·斯密所指出的那样："对我们自己个人幸福和利益的关系，在许多场合也表现为一种非常值得称赞的行为原则。节俭、勤劳、专心致志和思想集中的习惯，通常被认为是根据自私自利的动机养成的，同时也被认为是一种非常值得赞扬的品质，

---

① 侯家驹：《中国经济史》（下），新星出版社，2008，第623页。
② 侯家驹：《中国经济史》（下），新星出版社，2008，第624页。
③ 侯家驹：《中国经济史》（下），新星出版社，2008，第722~723页。
④ 陈鼓应：《老子注释及评介》，中华书局，1984，第87页。

应该得到每个人的尊敬和赞同。确实,混有自私自利的动机,似乎常常会损害本当产生于某种仁慈感情的那些行为的美感。然而,发生这种情况的原因,并不在于自爱之情从来不是某种具有美德的行为动机,而是仁慈的原则在这种特殊的场合显得缺乏它应有的强烈程度,而且同它的对象完全不称。"①

二 电视知识分子背后的经济动因

进入现代社会,面对那种知识分子应当"视金钱如粪土"、追求纯而又纯的完美理想的看法,美国学者爱德华·W. 萨义德指出:"20 世纪愈来愈多的人士属于所谓知识分子或知识阶层的团体(经理、教授、新闻从业人员、电脑或政府专家、游说者、权威人士、多家报刊同时刊载的专栏作家、以提供意见受薪的顾问),不由得使人怀疑作为独立声音的个体知识分子根本不存在。这是一个极重要的问题,必须以兼顾现实与理想的方式,而非犬儒的方式来探究。王尔德说,犬儒者知道每件事的价钱,却连一件事的价值都不知道。仅仅因为知识分子在大学或为报纸工作谋生,就指控他们全都是出卖者,这种指控是粗糙、终致无意义的。'世界太腐败了,每个人到头来都屈服于金钱',这种说法是不分青红皂白的犬儒式说法。另一方面,把个体知识分子当成完美的理想,像是身穿闪亮盔甲的武士,纯洁、高贵得不容怀疑会受到任何物质利益的诱惑,这种想法也同样草率。"② 对于中国的学者来说,学者陆小娅和彭泗清的研究表明:"在市场经济条件下,报酬高低对学者来说是否是一个影响其和媒体交往的重要因素?就这次调查的情况看,大多数学者仍然不很在乎报酬,但也有近 1/4 学者认为报酬高低'比较重要'、'很重要'。在对开放式问题进行分析时发现,报酬是一些学者对媒体不满的重要因素。一些学者还提出,不仅稿件应该付酬,而且采访也应该付酬。"③ 问题在于,像电视知识分子这样的以自身学问技艺从事着带有求利因素行为的知识分子,其何处是其行动的边界?陈

---

① 〔英〕亚当·斯密:《道德情操论》,蒋自强、钦北愚、朱钟棣、沈凯璋译,胡企林校,商务印书馆,1997,第 400~401 页。
② 〔美〕爱德华·W. 萨义德:《知识分子论》,单德兴译,陆建德校,生活·读书·新知三联书店,2002,第 61~62 页。
③ 陆小娅、彭泗清:《学者与媒体关系调查》,《中国记者》2002 年第 10 期。

寅恪先生曾经以"默念平生固未尝侮食自矜，曲学阿世，似可告慰友朋。"① 自期，电视知识分子与"电视帮闲分子"的区别似亦应在此。美国学者爱德华·W. 萨义德的态度更为明确："每个知识分子都有阅听大众和诉求对象。问题在于是否要去满足那阅听大众，使它像客户般高兴；还是去挑战它，因而激起直接的对立，或动员它更民主地参与社会。但这两个情况都无法回避权威和权力，也无法回避知识分子与权威、权力的关系。知识分子如何向权威发言：是作为专业性的恳求者，还是作为不受奖励的、业余的良心？"② 讨好大众与得到大众的认可之间当然存在着微妙的关系，但二者的区别在于对大众既有经验的态度。避免冒犯大众既有经验是讨好大众的前提，只是换一种知识化的方式取悦大众的陈旧经验罢了。这种方式并不能向大众提供任何审视既有秩序的新视角或新知识，恰恰相反，采取此种策略的知识分子是在小心翼翼地强化弥漫于大众之间的那种陈腐教条，强化既有文化状态的合法性。而希望得到大众的认可的知识分子所依赖的路径是不断提醒大众，生活本来的面目并非是他们惯常所理解的那样，这背后还存在着托身于日常生活所呈现的平庸帷幕背后的实存，那种关乎大众个体利益、不应忽略的种种机制及其相互关系。显然，这种做法突破了大众既有的经验范围。如果这种劳动是正当的，那么获取相应的报酬也是正当的，这种报酬用以维护持续产生这种劳动的必需条件：知识分子个体及其家庭。

美国学者芭芭拉认为："那种将无依无靠、边缘化、无根状态和放逐同普遍真理及创造力相联系的知识分子创新能力的观点，可以被归入无法揭示知识生产真相的那类迷思。依赖围绕边缘化的身份构建，不仅反映了知识分子创新能力的真正枯竭，而且也加剧了知识分子作品同公众联系的疏离。这样，质疑边缘化前提的意义使我们注意到了知识分子在知识生产网络中位置的问题，也注意到了公共知识分子与公众之间枢纽的问题。既然旨在促进社会幸福康宁的知识分子需要公众，源于一种'被认可的接受'状态的知识分子与其受众之间的关系应该是任何知识分子公共行为研究的焦点。"③

---

① 陈寅恪：《赠蒋秉南序》，《寒柳堂集》，生活·读书·新知三联书店，2009，第182页。
② 〔美〕爱德华·W. 萨义德：《知识分子论》，单德兴译，陆建德校，生活·读书·新知三联书店，2002，第71~72页。
③ Barbara A. Misztal, *Intellectuals and the Public Good: Creativity and Civil Courage*, New York: Cambridge University Press, 2007, p. 94.

记者在记录从知识分子场域转型至电视场域的学者王鲁湘的心路历程时写道:"介入电视是迫于生计,走上前台则纯属偶然。20世纪80年代末90年代初,他和妻子都没了工作,带5岁的孩子到处打游击,活得很艰难。走过那样的日子,知识分子的优越和骄傲早就被扔到一边去了。'我首先要解决的是一家人的生活,要给家人生活的尊严。'总有人以俯视、审视的姿态追问他,追问一个知识分子当如何自处,他甩出这句话,眼睛冒出股狠气。"王鲁湘坚称文化人不该挨饿,"知识分子挨饿,这个社会会充满戾气,一个充满戾气的社会,你说它健康吗?文化人至少要有自己的尊严。如果这个时代非要把某几个天才弄得像凡·高、曹雪芹那样,那是不可抗拒的命运,绝非个人选择,也不应该是一个常态。"①

我们不妨再看看阿忆先生在回应网友对其到电视台兼职是不务正业的质疑时所列的生活收支账。按照"家庭总收入=工资总收入+其他总收入"公式,阿忆写道:"俺是副教授,总工薪要扣除各种税费,包括杯水车薪的住房公积金,等等等等,剩余是1918元进入工资卡。

感谢国家,副教授还有一笔津贴,虽然寒假暑假不发,但教学月扣掉税,还能剩下1368元进工资卡。但全年只9个月,平摊到12个里,每月不到1368元。既然国家对咱们这么慷慨,咱就算它12个月都发吧,而且好算账,还算每个月是1368元,至于寒暑假开课却无津贴,就自己补助自己。

要感谢学院和系,当然也要谢谢自己在求学治教问题上一直没松懈,这样可以被安排出去,1学年有机会讲授1个研修班大课,但全要利用每周周末休息日,就别想和家人搞什么耳鬓厮磨了。这笔收入税前是1万元,这学期开学刚刚通知,扣税再次提高,也就是拿不到1万元。但为了知恩图报,咱就假装自己是免税的,就算1万元!

这样,除了研修班教学这一项收入1万元,再加上法定节日时有时无的临时补助,每年大概有6000元,总平均一下,等于每月又多了1333元收入。

还有,每年暑假前夕,硕士论文要答辩,俺做上10篇论文的评议人和10场答辩委员会的主席或委员,虽然头晕眼花,但有2000元补助,平摊到12个月,每月167元。

---

① 徐梅:《王鲁湘 导演最怕一根筋》,《南方人物周刊》2006年第19期。

算一下月薪总账——

1918 ＋ 1368 ＋ 1333 ＋ 167 ＝ 4786 元"

虽然阿忆承认这种收入水平相较农民、矿工和小学老师来说多了许多，不过，阿忆告诉我们："但是接下来，咱们还得算一算一名中年男性副教授，他每个月有多少'必花钱'要支出去，非必花者不算在内（此处请注意，俺从 1996 年开始，忙得无可分身，便动员太太辞职在家，帮俺处理那些必须延伸到家里来完成的繁重公务，同时承担亲族中 5 个家庭的各种杂事，请听清，俺太太为俺分担工作却无任何收入，俺的工资总收入就是俺们全家的工资总收入）。

好啦，为了一目了然，俺直接用减式算法——

4786

－1400　儿子高三借读费和上下学路费，还有餐费学费杂费

（每天上学往返 50 公里，放学太晚吃住在同学家）

3386

－680　女儿幼儿园费，俺初婚，太太离异带子，合法再生一女

（北大幼儿园，注意，是每月 680 元，非半年或 1 年）

2706

－1000　汽油费，北大资产管理部修改政策，屡次拒绝校区暂租房申请

（京城极其庞大，俺家离校区极远，无班车也无车补）

1706

－280　每月交纳的高速路费，为避免迟到，减少堵车耗费宝贵时间

1426

－30　校园停车费，车体因学校自行车剐蹭受损，甘愿自理，不计

1396

－20　本校教师在办公室的上网费，自己在家的上网费用不计

1376

－450　餐费，10 元盒饭，午和晚，为工作自费请其他师生用餐不计

926

－425　商品房月供，调北大前购买，无法使用工资中的住房公积金???"①

---

① 阿忆：《没脑人，请你给俺指条出路，让俺们都照着去走》（2006 年 9 月 15 日）网络来源：http：//blog.sina.com.cn/s/blog_ 48dcce8e0100061k.html，下载日期：2009 年 12 月 23 日。

随后，孔庆东先生在其博客中写道："别说北大清华，堂堂的部级单位——中国社会科学院，比北大清华穷多了。"① 当记者就这一说法求证于包括笔者在内的几位供职于中国社科院的研究人员时，我们便不难发现，发生在阿忆先生身上的情况并非个案："社科院的赵天阳研究员称，孔庆东说的确实是实情，而且 2500 元应该是教授级别的津贴，实际上还有更低的，赵研究员称自己每个月发到工资单上的包括津贴在内的所有的钱也不到 4000 元。社科院另外一名著名学者徐友渔告诉记者，他每个月的工资总额是 3000 元出头，稿费收入微乎其微，自己的生活完全靠这些工资来支撑，但自己的花销很少，这些钱也足够了。而社科院新闻研究所时统宇研究员对记者说，他自己是正高级职称，工龄 32 年，每个月从会计手里领到的所有的钱不到 3000 元。他说社科院给他的最重要的是自由，这是多少钱都换不来的。"②

但是，这种情况绝非"中国特色"，即便经济发达与学术昌明的美国，教授的经济收入也比较相似，例如，薛涌先生告诉我们，在美国，"教授的寒酸也可窥一斑：5 万美元不到的年薪，扣去税和社安保险等，每个月拿到的工资单也就 3000 美元。四口之家，在纽约租个便宜的房子，怎么也要 1500 美元。再加上水电煤气、电视、汽车开销、公交费用等，2000 美元就没了。剩下 1000 美元，就管衣食之需了。"③

在这里，笔者还想举一个比较极端的例子。2009 年 9 月 17 日凌晨 2 点，在留下了 6 页遗书后，留美归国的浙江大学建筑工程学院教师涂序新博士走上了他所居住的浙大综合楼顶楼，纵身跃下。这一巨大不幸的背后，当然蕴涵着复杂的社会因素，但是，引起笔者注意的是有关报道中的如下段落："综合楼的每层都有一条长长的走廊，并排着的是给年轻教师做过渡安置用的住房。建筑面积 50~60 平方米，套内面积在 40 平方米左右，就像三个排放着的火柴盒，从外到内分别是厨房、客厅、卧室。浙大人事处工作人员告诉记者，综合楼住房月租 2000 元左右，略低于市场价，从工资里扣除。他们说，涂博士曾经在别的地方住过，对比后，还是搬到了

---

① 孔庆东：《更苦的是社科院》（2006 年 9 月 20 日），网络来源：http://blog.sina.com.cn/s/blog_476da361010005mh.html，下载日期：2010 年 10 月 20 日。
② 2006 年 9 月 22 日《华夏时报》。
③ 《回应北大教授工资单事件：美国教授的工资单》，网络来源：http://theory.people.com.cn/GB/49157/49166/4877904.html，下载日期：2009 年 12 月 27 日。

这里。"

"浙江大学分管人事的朱晓芸副处长告诉记者,涂博士的待遇按讲师发放。并且给他提供4万元的房贴,支持他在杭州购房、安家。这是浙大专门针对引进人才提供的特殊待遇。除此之外,涂博士还享受学校给所有教职工提供的待遇,包括在进入浙大的10年内,拿到每个月1500元的房贴,如果涂博士将来评上教授,这个数字会翻倍。收入里还包括每个月1000元的年轻教师津贴、国家规定工资、学院补贴。每个月的收入,应该足够他在学校安心教书治学。

然而,这也许只是一个理想状态,涂博士的女儿不久就要上幼儿园了,现在国内大城市的幼儿园收费不菲,比小学还贵。涂博士的妻子何晶也不顺利,她没能在杭州留下,只好一边住在老家带孩子,一边找工作。实际情况是,涂博士有一个家庭需要支撑。

夫妻二人虽然都是留学生,在美国有全额奖学金,但有小孩子要养,仍然不能在异国他乡存下一笔数目可观的钱,足以让他们在刚归国时作为缓冲。

而在号称人间天堂的杭州,房价毫不逊色于上海。浙江大学紫金新校区虽然位于并不那么被看好的西区板块,每平方米价格仍然要直逼2万元。

记者咨询了建工学院和涂博士同样职称的一位老师,他的待遇也是按照讲师发放,在扣除房租、所得税之后,每个月到手的有2000多元钱。这位老师和涂博士年龄相仿,国内某知名高校博士生毕业。以这位老师的收入计算,他若要贷款买下紫金校区附近一套90平方米左右的住宅,以三成首付计算,独立支付要不吃不喝将近20年。他没有掩饰失落的情绪。他的同龄人若早早参加工作,已赶在中国房产价格狂飙突进的21世纪初期,安居乐业。"①

"以三成首付计算,独立支付要不吃不喝将近20年",这就是许多知识分子面临的现实得有些残酷的生存状态。

然而,涂序新博士的收入水平并非个案。华中科技大学校长李培根院士就曾表示:"虽然大学教授的实际收入还得体,但是那要通过类似于创收的活动来取得,仅工资收入并不高。大学一级教师(即院士级别)的工资收入——院士,每个月是2800元。这就使得老师需要更多地去考虑怎样增

---

① 杨传敏:《海归之死》,载2009年10月21日《南方都市报》,AT06版。

加津贴和奖金,肯定会减少关注学生的程度。"①

　　据报道,"在目前的中国,一个工人想要凭借自己的劳动在城市体面生活,究竟需要多少工资?长期研究中国劳工问题的香港理工大学副教授潘毅,给记者提供了一个计算公式:在深圳,以每月食品消费约 613 元、恩格尔系数为 0.5(即每人以月收入一半购买食物)、赡养系数 1.87(每一就业人口供养 1.87 人)来计算,每人每月最低生活工资标准应为 2293.7 元。另一份按照更低标准计算的数据,来自于世界银行的普查报告:考虑每人每天的营养摄入量及养育孩子的需要,在中国维持基本生活水平的费用是每人每月 1684 元,每周工作 40 个小时。"② 如果照此计算,在当下中国,院士、研究员、教授、博士们的收入与深圳工人在理论上维持其体面生活的标准大体相当,而略高于世界银行计算的每人每月在中国维持基本生活水平费用的标准。这样,在回答记者"国内的大学教授课后都忙于什么?"的问题时,李培根的如下回答就不难理解了:"忙于一些功利的事情。当然,这也不能完全责怪教职工。如果教师的收入完全只依靠工资的话,教师早就都跑掉了。"③

　　当然,也不应该忽视对中国当下知识分子薪酬状态的另外一种看法,杨卫平就曾经指出:"今天,美国一流大学教授的平均年薪大约在 15 万美元左右,按汇率换算成人民币当然十分可观,但其绝对购买力也远低于汇率换算的结果。中国一流高校和科研院所的资深正教授们的实际购买力已经达到或接近美国教授的水平。而'千人计划'入选者,按相关政策据有关测算可以在 40 万~80 万元之间甚至更高。其实际购买力水平已经远超美国教授。如果考虑税收等因素,则国内的优势将更加明显。事实上,最优秀精英级学者们(不是一般的学者)更重视的是其学术生命的发展和延续。也正是这种对科学的无限热爱,才能造就尖端的人才。记得一位商界名家曾经说过:如果你想改变世界,你可能取得成功;如果你仅以赚钱为目标,你成就有限。科学家更加如此。因此可以认为,薪酬待遇标准已经不是我

---

① 朱柳笛:《"和学生们在一起,就不怕 OUT"》,载 2010 年 6 月 28 日《新京报》,A16 - A17 版。
② 兰方:《薪资博弈》,载 2010 年 6 月 14 日《新世纪》周刊,网络来源:http://magazine.caing.com/2010 - 06 - 12/100152120.html,下载日期:2010 年 6 月 14 日。
③ 朱柳笛:《"和学生们在一起,就不怕 OUT"》,载 2010 年 6 月 28 日《新京报》,A16 - A17 版。

们人才战略的'短板'。"① 但是，一些初入学界的后来者，许多人的生存状态是正在苦苦支撑，以实现在未来达到摆脱物质生活压迫的"最优秀精英级"的某种可能。

对于低薪对创造性劳动的不可行，德国社会学家马克斯·韦伯写道："即使纯粹从商业的角度考虑，低薪作为现代资本主义发展的一根支柱，在所有以下这些场合都要失败：所生产的商品需要任何一种熟练劳动，或者使用昂贵而易于损坏的机器，或者一般而言需要高度专注于首创精神。在这些场合，低薪被证明在经济上不可行，其效果与初衷适得其反。这是出于简单的理由：高度的责任心是绝对必不可少的。此外，还必须有一种思想框架将工人从以下经常存在的问题上解放出来，至少在工作日是这样：如何在最轻松舒适、出力最小的情况下，仍然能继续维持已经习惯了的工资？这种思想框架力图将工人从上述关注里拔出来，它就使劳动者产生了这样的动机：好像劳动就是一种绝对的自在目的，或者一项'天职'。但这样一种思想框架不是物种天然的内禀产物。它也不是单凭高薪或低薪直接刺激起来。相反，它是长年累月的教育与社会上的结果。"②

德国思想家哈贝马斯在论述艺术问题时曾经指出："在为艺术而艺术（l'art pour l'art）的口号下，艺术的自律性被推到了极端，这样就使人真实地看到，在市民社会里，艺术所表达的不是资产阶级理性化所提供的希望，而是由此造成的不可弥补的牺牲；不是一直存在而仅仅被推迟的奖赏的外在满足，而是完全无法忍受的体验。"③ 这一点何尝不可以进行扩展以用于整个知识分子文化呢？

但是，知识分子的这种以消费的面目呈现于世的物质生活基础还需进一步追问：即何者是生活所必需的强制性消费？而何者又多少体现为消费意识形态所支配的非强制性消费或者说是炫耀性消费？法国思想家鲍德里亚告诉我们："生存的最低限度从来都不是由底层来决定的，而往往是由高层来决定的。""迫于生产中的剩余，生存才必须落在最低的限度之下，而

---

① 杨卫平：《梧桐长成材 方得凤凰来——从美国的科研环境看中国的人才政策》，2009年12月23日《科学时报》，A3版。
② 〔德〕马克斯·韦伯：《新教伦理与资本主义精神（罗克斯伯里第三版）》，〔美〕斯蒂芬·卡尔伯格英译，苏国勋、覃方明、赵立玮、秦明瑞译，社会科学文献出版社，2010，第35页。
③ 〔德〕尤尔根·哈贝马斯：《合法化危机》，刘北成、曹卫东译，世纪出版集团、上海人民出版社，2009，第91页。

强制性消费（consommation obligée）（楷体为原文所有，下同——笔者注）却存在于严格的必需之上，总是作为生产剩余价值（plus - value）的一种功能：这正是我们社会的现实，在我们的社会中，没有人能够自由地依靠野生的树根或者新鲜的水而生活。随之而来的是一个荒唐的概念：'可自由支配的收入'（revenu discretionnaire）（它成为了'最低限度'这一概念的补充），它的内涵被解释为：'个人收入中可以随意花费的那一部分。'通过什么方式能够显现出我在实际购买衣服或者汽车的时候要比我购买食物的时候更自由（这本身就很复杂）？我是怎样自由地不去选择的？当购买汽车或者衣服在潜意识里成为了对某类住宅不现实的渴望的一种替代的时候，这种购买如何成为'随意的'？今天的最低限度，是一整套标准，是最低限度的强制性消费。在这些标准之外，你将成为无所依靠的人。失去了地位，成为了一种社会的非存在者，难道不比饥饿更令人难以忍受吗？实际上，可自由支配的收入不过是被那些企业家和市场分析者们按照自己的意图将收入做理性的划分之后的一种观念。它不过是将他们对'次级需要'的掌握合理化了，而这些次级需要并不触及必要需要。"①

通过鲍德里亚的分析，我们不难发现，在知识分子经济生活中，物质生产和身份生产同样是必要的，这从属于整个社会的生产力发展水平和消费制度安排，而与单纯的生物学意义上的延续生命有着本质的区别。德国社会学家马克斯·韦伯指出："人们并非'天生'就希望多多地挣钱，相反，他们只是希望生活，还是像他们已经习惯的那样生活，并且挣到为此所必需的那么多钱。"②

正如马克思所指出的那样，消费也就是生产，生产也就是消费。他写道："生产不仅直接是消费，消费也不仅直接是生产；而且生产不仅是消费的手段，消费不仅是生产的目的——就是说，每一方都为对方提供对象，生产为消费提供外在的对象，消费为生产提供想象的对象；两者的每一方不仅直接就是对方，不仅媒介着对方，而且，两者的每一方当自己实现时也就创造对方，把自己当作对方创造出来。消费完成生产行为，只是在消费使产品最后完成其为产品的时候，在消费把它消灭，把它的独立的物体

---

① 〔法〕让·鲍德里亚：《符号政治经济学批判》，夏莹译，南京大学出版社，2009，第65、66页。
② 〔德〕马克斯·韦伯：《新教伦理与资本主义精神（罗克斯伯里第三版）》，〔美〕斯蒂芬·卡尔伯格英译，苏国勋、覃方明、赵立玮、秦明瑞译，社会科学文献出版社，2010，第34页。

形式毁掉的时候；在消费使得在最初生产行为中发展起来的素质通过反复的需要达到完美的程度的时候；所以，消费不仅是使产品成为产品的最后行为，而且也是使生产者成为生产者的最后行为。另一方面，生产生产出消费，是在生产创造出消费的一定方式的时候，然后是在生产把消费的动力、消费能力本身当做需要创造出来的时候。"[①] 所以，同知识分子的文化传统所生发出来的文化使命感相比，知识分子如何获取消费的支撑物——劳动报酬不能不成为支撑知识分子文化生产的首要因素。美国学者戴安娜·克莱恩认为："创新在一个广泛的社会语境中被创造、展示、传播、批评和消费，但薪酬系统可以分为四种类型：（1）*独立报酬系统*（斜体为原文所有，下同——笔者注），在其中，创新为同侪群体服务。创新者自己制定认知和技术标准，并分配符号和物质报酬。这种报酬系统的例子可以在基础科学和技术中找到。（2）*半独立报酬系统*，在其中，创新者制定创新工作标准并分配符号报酬，但是物质报酬为消费者、企业主或官僚分配。此类报酬系统的例子是前卫艺术：创新者提供标准、与创新者过从甚密的评论家分配符号报酬、消费者分配物质报酬。在某些基础科学领域，物质报酬分配权正日益沦落至政府机构中的官僚手中。（3）*亚文化报酬系统*，在其中，文化创新是为了代表某种亚文化的观众而创造的。第一种类型是道德亚文化，其基于某种社会性格使这种亚文化永久、持续而致密。亚文化报酬系统的第二种类型是其成员分享一套意义，这套意义是存在于某一时点的解释。这些亚文化出现于支持对某类态度、价值和社会矛盾的表达，并随后消失。第三种类型是代际亚文化。这些亚文化通常出现于年轻的社会成员当中，并随着这些成员年龄的增长，这类文化被吸纳于其他亚文化之中。创新者在亚文化报酬标准之中制定标准，但消费者分配符号和物质报酬。这种类型的报酬系统的一些例子如城市黑人音乐（爵士乐）、宗教派别和激进科学。（4）*异质文化报酬系统*，在其中，文化创新是为由各种亚文化成员所组成的各色受众服务的。这意味着这样一种状态：企业主或官僚制定创新工作的标准、消费者分配符号报酬、企业主或官僚分配物质报酬。大众传媒艺术生产、所谓公民信仰以及技术都可归入此类。此类文化形式是寄生性的，如果这类文化形式的把关人认为一些创新将有益于广大受众，那么便会伸手拿来，为己所用。创新的风格经常在其他类型的报酬

[①]《马克思恩格斯选集》（第二卷），人民出版社，1972，第96页。

系统中所生产,如果成功,会被异质文化系统中的企业主拿来使用。"① 戴安娜·克莱恩写道:"异质文化报酬系统的典型包括那些为大众传媒所生产的产品。""特别是,这种报酬系统在出版、唱片和电影产业中最具商业性和企业性的那一部分运作。……异质文化报酬系统的典型状态是经济报酬的至高无上性凌驾于符号报酬之上,并且事实上创新者本身变得是相对次要的和无力的。创新者很容易就被其鲜有联系或交流的其他创新者所替代。在这里,创新者共同体实际上是不存在的。逐利组织控制着生产、展示和传播创新的资源。在这种报酬系统中,企业家在一系列逐利组织中(电影公司、出版社和唱片公司)选择面向大众消费者的创新。尽管有一系列大众媒介批评家假模假式地扮演着把关人的角色,但他们往往为企业家所收买。企业家以模糊的方式来评价创新:一项创新是否被接受全靠运气。消费者的角色是排列预先安排好的项目。赫希说:'从消费者而来的反馈提供了关于哪些实验应该仿效,而哪些实验应该放弃。'"②

创新权和奖励权这两种权力构成了人类精神生产链条的核心要素。创新权是拓展人类精神认知面向的权力。从单纯抽象的意义上来讲,同展示权和奖励权不同,创新权可以说是所有人的"天然"权力。这就好比初学算术的儿童也拥有研究"哥德巴赫猜想"的权力一样,尽管从最抽象的意义上来说是成立的,不过,显然这种抽象是脱离了数学研究场域现实的一种近乎空想的东西。事实上,这种权力总是依附于不同的社会关系,并在不同的场域中有不同的表现。在有限生产领域,这种权力掌握于由少数专业人士所构成的群体之中,要加入这个圈子并得以行使创新权就必须受到严格的专业训练、把握该场域的前沿问题并得到这个圈子内其他成员的认可。这种权力在某种意义上是垄断的,其客观意义在于最大程度地节省只是生产者的时间与精力,在最大程度上避免重复建设。而在大规模生产场域,例如,在电视场域,这种权力掌握在各级把关人的手中,尽管各种关于节目的奇思妙想不断涌现,可是,电视节目的最终面目、电视知识分子表达的内容与方式都取决于这些把关人的想法,在这里,"制片人就是上帝"是并不夸张的描述。而展示权所体现的是知识实现其公共性的权力。

---

① Diana Crane, "The reward system in art, science, and religion," in Richard Peterson (eds), *The Production of Culture*, Beverly Hills: Sage Publications, 1976, pp. 59–60.
② Diana Crane, "The reward system in art, science, and religion," in Richard Peterson (eds), *The Production of Culture*, Beverly Hills: Sage Publications, 1976, pp. 60–61.

美国社会学家默顿就认为:"科学是公众的知识而不是私人的知识;虽然'他人'的观念并没有明白地用在科学之中,但它总是不言而喻地涉及了。"① 至于奖励权,也就是获得报酬的权利,对于知识分子来说,也就是对财富和声望的分配。

当知识分子个体在单纯依靠有限生产领域无法完成自身及其家庭乃至附着于知识分子个体的那部分文化的再生产时,一些知识分子借助自身文化资本投身异质文化系统,换取物质报酬也具有经济上的必然性。如果以为"掌握了一个人的生计便控制了他的生活"便沾沾自喜的话,就走入了一种极端短视的歧途之中,这种歧途将扼杀社会的创新能力。在客观上,研究活动将处于一种次要地位,而包括充当电视知识分子在内的业余活动将在时间上成为学者的主业,这样,学术就沦落至这样一种"副业"状态:"当某一个人依某一种职业谋生,而那种职业并不占有他的大部分时间时,他往往就愿意在间暇期间从事另一种职业,而他由此所得的工资,虽低于按照那工作性质所应当有的工资,他也愿意接受。"② 除了物质压迫,社会更需要的是唤起个体发自内心的尊崇,而这种尊崇来源于道德权威,正如法国社会学家涂尔干所指出的那样:"如果社会唯有通过物质的压制,才能从我们这里获得让步与牺牲,那么它在我们的心灵中,就只能形成我们不得不屈服的物质力量的观念,而不是宗教崇拜那样的道德力量的观念。事实上,社会对意识所拥有的绝对权力,主要不是由于它在物质上所特有的无上地位,而是由于它所赋有的道德权威。如果我们服从于社会的指令,那不仅是因为强大的社会足以战胜我们的反抗,而首先是因为社会是受到尊崇的对象。"③

然而,社会之所以对有限生产场域的知识分子采取低薪策略,多少源于英国学者托尼·比彻和保罗·特罗勒尔所描述的社会心理:"学者时常自豪地指出学术研究是为了学问本身而进行的,但却被世人描绘成不具有任何广泛社会的合理性,因此,在需要公众资助时也无任何理由。这是可以

---

① 〔美〕罗伯特·金·默顿:《十七世纪英格兰的科学、技术与社会》,范岱年等译,商务印书馆,2000,第 272 页。
② 〔英〕亚当·斯密:《国民财富的性质和原因的研究》(上卷),郭大力、王亚南译,商务印书馆,1972,第 109 页。
③ 〔法〕爱弥尔·涂尔干:《宗教生活的基本形式》,渠东、汲喆译,上海人民出版社,1999,第 277 页。

理解的。这种研究似乎过于个人化、特定化，而不值得大量的投资。并且这种研究所需极为廉价，通常只需要一个人，至多两个人，而不是一个紧密合作的研究团队；此外，仅需要一些原始材料，用于购书的少量资金和少量差旅费。由于不需要重大的资金募集，所以有关的专攻并不迫切需要加强公共关系。"① 笔者认为，有限生产场域的逻辑预设了身处其中的知识分子的生计模式只能是依赖社会的资助，对于社会而言，似乎并不公平，因为它所资助的大部分知识分子的文化成果已经和必将被历史证明对增进人类知识效果不彰，当我们仰望人类精神的浩瀚天穹时，熠熠闪烁的思想恒星总是极少数，这是人类知识探索进程中的遗憾，但却是真实的图景。毕竟牛顿、爱因斯坦或者莎士比亚、曹雪芹是以千百年计才可能出现的人物，而且这类人物并非天纵英才、遽然而现的神道妖精之类，在这类人物出现之前，需要他们所处的社会的物质和精神的若干世代的积累。

就像德国社会学家曼海姆所指出的那样："事实上，假定具有或多或少固定的、绝对的能力的人与世界对抗，并且在寻求真理中用他的经验数据来构造一种世界观，是很不恰当的。我们也不能认为，他然后又把他的世界观同其他人以类似的独立方式获得的世界观相比较，以及在某种讨论中正确的世界观被显示出来，并被其他人所接受。与此相反，更正确得多的说法是，知识从一开始就是群体生活的协作过程，在此过程中每一个人都在共同命运、共同活动和克服共同困难的框架之内表达自己的知识（然而，每个人在其中有着不同的份额）。因此，认识过程的产生至少已经部分地有所不同，因为并不是世界的每一个所能及的方面都进入群体成员的视界之内，而对于该群体来说只有其中那些困难的问题才引起注意。而且，甚至这个共同的世界（不是任何外部群体以同样的方式共有的）对于在更大的群体中的各从属群体来说也显得不同。之所以如此，是因为在一个存在功能差别的社会中，各从属群体和阶层在研究它们的世界客体的共同内涵时，具有不同的经验方法。在用智力来驾驭生活问题时，每个人都按照他的不同的生活兴趣而被分给不同的部分来加以处理。关于知识问题的个人主义概念对于集体认知的错误描述，其程度相当于把一个拥有2000名工人的内

---

① 〔英〕托尼·比彻、保罗·特罗勒尔：《学术部落及其领地：知识探索与学科文化》，北京大学出版社，2008，第188~189页。

部高度专业化的工厂的技术、工作模式和生产率看成是，仿佛其中的每一个工人都在一个隔离的小间中工作，在同一时间内进行对它来说同样的操作，自始至终由他本人生产出每一件个人产品。当然，实际上，工人们并不用相同的方式做同样的事，而是通过职能分工，集体地生产整个产品。"① 或者像恩格斯在论及但丁时所指出的那样："他是中世纪的最后一位诗人，同时又是新时代的最初一位诗人。"② 前述这些人物同样的也都是各自时代最后一位相应领域的知识分子集团所创造的精神财富的总结者，同时也是随后时代相应领域的知识分子集团所创造的精神财富的最初开拓者。而且这类人物于何时、何地、以何种面目出现都难以预料。不过，如果因为这一点就拒绝资助无法独立生存的有限生产场域的知识分子，那么，就等于断绝人类社会创新的根基，可是，一旦社会企图通过自己的力量及借助部分熟悉生产者场域情形的合作者对生产型知识分子加以遴选，而将剩下的看上去并没有崭露头角的知识分子排除在外，以使划拨的资金更有效率，那么，这种做法就像英国思想家卡尔·波普尔所指出的那样："我们不能用合理的或科学的方法来预告我们科学知识的未来增长""**没有任何一个科学的预言者**（黑体为原文所有，下同——笔者注）——不管是一个活人科学家，还是一架计算机——**可能用科学的方法预告其自身的未来结果**。企图这样做，就只能是在事后才得到它们的结果，这时对预告来说就太迟了；它们只能是在预告已经变成了后告时，才得到它们的结果。"③ 或者如英国经济学家哈耶克曾指出的那样："在我们最无知的地方——亦即现有知识之边界，换言之，在没有人能够预言迈出下一步的结果为何的地方——自由亦就最为重要。"④ 但是，正如美国社会学家默顿所言，这种人为的遴选却已经对人类文化的发展起到了巨大的影响："经济发展所提出的工业技术要求对于科学活动的方向具有虽不是唯一的，也是强有力的影响。这种影响可能是通过特别为此目的而建立的社会机构而直接施加的。由工业、政府和私人基金资助的现代工业研究实验室和科学研究基金，现已成为在

---

① 〔德〕卡尔·曼海姆：《意识形态与乌托邦》，黎鸣、李书崇译，周纪荣、周琪校，商务印书馆，2000，第 30~31 页。
② 《马克思恩格斯选集》（第一卷），人民出版社，1972，第 249 页。
③ 〔英〕卡尔·波普尔：《历史主义贫困论》（序），何林、赵平译，中国社会科学出版社，1998，第 2、3 页。
④ 〔英〕弗里德里希·冯·哈耶克：《自由秩序原理》（下），邓正来译，生活·读书·新知三联书店，1998，第 182 页。

相当程度上决定着科学兴趣焦点的最重要因素。但这只反映出一种长期以来已经很明显的正规的影响体制。即使是那些未受这类机构直接资助的纯粹科学家也在某种程度上受到它的影响,因为他们的兴趣容易被吸引到自己同事从事研究的领域中去。"① 既然事实应经证明,对于人类的物质生产而言,依靠理性的计划是低效的;那么,我们又有什么理由在人类精神生产领域来采取这种方式呢?如此看来,必然涉及以知识成果预测为目的对知识分子的遴选行为只能是一种虚妄的自我安慰,毕竟一位伟大文学家的第一声啼哭还不能是一篇鸿篇佳作,或者一位杰出的物理学家在独立工作的最初几年便一定可以提出惊天洞见。这样,使身处有限生产场域的知识分子(及其家庭)免于冻馁,在生活上给予这部分知识分子以起码的尊严,是人类社会经过反复试验而得出的"最不坏"的制度。社会将从事人类知识探索的知识分子定位为何种类型的人物至关重要,这直接决定了社会将从知识分子那里获得何种程度的帮助:是将知识分子设定为自觉追求人类知识进步而不断努力的具有起码道德水准的个体,还是将知识分子定义为斤斤计较个人收入的经济人。这将决定整个社会创新的程度和水平。这样英国学者约翰·凯里对英国艺术批评家克莱夫·贝尔有关观点的如下概括也就不难理解了:"如果社会想要文明化,就必须创建有利于保护少数天才的条件。不能指望纯形式的鉴赏家自己谋生,因为'几乎所有赚钱的行当都对更微妙更紧张的艺术欣赏所需要的心智状态有害'。因此,有眼光和有品位的人应该得到公共基金的支持。他们将单独受到全面的教育,政府将为他们的一生提供定期的足够的津贴,如果他们有孩子的话,政府还将负责照顾他们的孩子。"② 只有这样,才能彰显出富于创造性的知识分子的特性,正如美国学者汉娜·阿伦特所指出的那样:"在创造性天才那里,人比作品高贵的状况颠倒了,以至于他发现他自己,一个活生生的创造者还要和自己的创造物竞争,虽然他比它们生得早,但最终它们比他存在得更长久,这与其说是天才的光荣,不如说是天才的困境。因为所有真正伟大的天赋都保有的荣耀是,具有天赋的人总是比他自己完成的产品更高贵,至少他是创造力的活的源泉;这个源泉来自于他是'谁',并始终独立于实际

---

① 〔美〕罗伯特·金·默顿:《十七世纪英格兰的科学、技术与社会》,范岱年等译,商务印书馆,2000,第206页。
② 〔英〕约翰·凯里:《知识分子与大众:文学知识界的傲慢与偏见,1880~1939》,吴庆宏译,译林出版社,2008,第91页。

的工作过程和他所成就的事物。"①

当有限生产场域的知识分子无法完全获得经济上的自主的时候,规模化文化生产场域就会对有限生产场域产生一定的冲击,例如,电视对知识分子评价体系的冲击就是显而易见的。在中国,这种冲击的本质是人们所熟悉的新闻场对文化场的影响与控制,这种影响与控制也并非新事。陈平原先生曾写道:"如果研究新时期十年的学术思潮,无论如何不能忽略新闻界推波助澜的作用。而且这种新闻'介入'(或曰'干涉')学术研究的趋势,似乎与日俱增。在这其中,各类文摘报刊起了十分重要的作用。学术文摘(社会新闻文摘不论)对于解决信息时代日益尖锐的生有涯而知无涯的矛盾,对于扩大一般读者的知识面,对于普及学术研究的最新成果,甚至对于提高学术知名度,都是很有益处的。惟其如此,它才能得到上下左右的热烈欢迎,数年间神速发展,且有方兴未艾之势。""文摘受制于读者,从属于新闻,代表公众愿望对原作进行'剪辑',不免更多考虑新闻效果,考虑读者需求,而不是作者原意。""文摘的最直接影响,也许该算学界的风气。一时间,新闻俨然成了学术研究的总裁判。好多大学甚至规定上《新华文摘》计多少分,上一般文摘报刊计多少分,评职称时就看这个。这里不说觅缝钻营之事,就算全都秉公行事,文摘家的眼光显然不同于学者,是否上文摘报刊怎能作为评判学术论文的标准?"②

这种做法的种种浅薄之处倒是显而易见的,笔者服膺美国学者布鲁姆的如下看法:"诚实迫使我们承认,我们正在经历一个文字文化的显著衰退期。我觉得这种发展难以逆转。媒体大学(或许可以这么说)的兴起,既是我们衰落的征候,也是我们进一步衰落的缘由。"③ 但是,在感佩之余,美国人类学家露丝·本尼迪克特对维持传统风俗的那些主张的评论,总是令人不能轻易忽略:"这些主张通常都基于这样一种看法,即认为没有这些特殊的传统形式人就不可能有什么作为……每种文化,每个时代,都只利用了诸多可能性中的少许几个。变革很可能是动荡不安的,甚至要付出巨大的代价,但这只能归咎于变革本身的艰难,而不能归咎于我们的时代,

---

① 〔美〕汉娜·阿伦特:《人的境况》,王寅丽译,上海人民出版社,2009,第166页。
② 陈平原:《学术随感录》,《学者的人间情怀——跨世纪的文化选择》,生活·读书·新知三联书店,2007,第5~6页。
③ 〔美〕哈罗德·布鲁姆:《西方正典》(中文版序言),江宁康译,译林出版社,2005,第3页。

我们的国家恰巧碰上了那一种可以引导人类生活的可能的动力。应当记住,变革及其所有艰难困苦都是在所难免的。如果我们对习俗中那些甚至很细微的变易都忧心忡忡,那就实在是与此情此理相左了。文明本身所能够产生的变化可能远比人类任何权威所希冀或想象的对文明的变革都要更彻底、更激烈,而且仍是完全切实可行的。今日如此横遭责难的那些细小变化,诸如离婚率上升,城市中日甚一日的世俗化,贴面舞会的盛行,以及诸如此类不胜枚举的事情,也许弹指之间就成了一种稍有差别的文化模式。一旦成了惯例,它们也就具有了老模式在以前那些年代时所具有的同样丰富的内容,同样的重要性,同样的价值。"① 这种思想在不经意间呼应了恩格斯的如下看法:"在黑格尔那里,恶是历史发展的动力借以表现出来的形式。这里有双重的意思,一方面,每一种新的进步都必然表现为对某一神圣事物的亵渎,表现为对陈旧的、日渐衰亡的,但为习惯所崇奉的秩序的叛逆,另一方面,自从阶级对立产生以来,正是人的恶劣的情欲——贪欲和权势欲成了历史发展的杠杆,关于这方面,例如封建制度的和资产阶级的历史就是一个独一无二的持续不断的证明。"② 历史上消亡的文明实在太多了,每逢因缘际会后世的人们从历史的封尘中重新开掘出其遗迹的时候,总不免为之惊叹,可也总不免为之消亡而扼腕。电视只是人类社会巨大变迁的一个技术缩影,面对其背后的文化转型,这一切可能刚刚开始,曾经是前市场经济遗存的知识分子文化制度能否与时偕行实在是一个不能回避的问题。

然而,知识分子的无力感却使干预电视工业制度的正面企图都难以实现。其根源似乎在于现代大学(研究院)制度的市场化,从知识的生产者来看,最主要的生产者知识分子已经完成了从苏格拉底式的"闲暇出真知"变成了科层制的被动因子,唯一与别的职业不同的是,晋升的门径主要依靠学力;从知识的消费者来看,最主要的消费者学生的规模已经较以往任何一个时代都有过之而无不及,而获得某种职业的从业资格日益取代习得某种学科的研究能力而成为主流求学目的。这样,现代大学(研究院)制度的市场化从积极的意义上来说,无疑促进了知识的传播,并提高了劳动

---

① 〔美〕露丝·本尼迪克特:《文化模式》,王炜等译,生活·读书·新知三联书店,1988,第38~39页。
② 中共中央马克思恩格斯列宁斯大林著作编译局编《马克思恩格斯选集》(第四卷),人民出版社,1972,第233页。

者的素质和眼界；从消极的意义上说，这种制度本身也消解了知识分子的精神优势，知识分子只是一种生活方式，一个学养深厚的教授并不比一个官运亨通的政府工作人员或一个财源滚滚的商人更具有令人尊敬的社会地位，而这也在更广泛的意义上，消解了人们对于知识本身的尊重，遑论敬畏了。知识日益沦为一种商品，而知识分子对社会文化的意见也往往在社会公众眼里沦为充满学究气的隔世之论，这种境遇往往在人文知识分子之中显得更为明显："决策者往往确信，他们对人文科学知识分子所掌握的资料和要应付的难题相当在行。他们丝毫认识不到专家们处理这些问题的能力比他们技高一筹。因此，常常只有在处理微不足道的小事上，社会科学家才真正对自己建议的有效性有确实把握。而在处理重大的问题时，他们的知识可能不如决策者从多年直接经验中所获得的那么多，这或许是社会科学知识分子处于不令人羡慕的炼狱苦境的原因之一吧。他们永远不十分清楚自己的前程是升入天堂还是被打入地狱。工作中他得随叫随到，唯命是从，却又很少被认为是不可缺少的。如果他的建议不符合'实干者'的观点，就可能被打回自己的个人炼狱；如果对供选择的政策的后果估计得非常不明确，他的建议就会被轻易地束之高阁。"[①]

在现代大学（研究院）制度的市场化过程中，知识分子已经逐渐形成了学术人格与市场人格的双重人格，前者对应的是生产环节（当然，这种对应愈显乏力），而后者对应的消费环节也正向作为生产环节的上游回溯，影响，甚至直接支配着知识分子的学术人格。

而更令人震惊的是，知识分子的双重人格不但没有随着社会对学术研究和思想表达渐趋宽松而有所纾解，相反，迎合公众对文化的消费已经成为一种必须遵行的制度，而许多知识分子在这种制度下正在实践着德国学者汉娜·阿伦特所谓的"平庸的邪恶"，唯一的区别就是，比照着那些只知道按照上级意图按时开关毒气阀门的人来说，在消费制度下喘息的知识分子的这种"邪恶"不是源于无知，而是源于无力反抗，是"明知其不可为而为之"的。于是，知识本身的作用在面对强大的消费制度时给知识分子带来的却是更为巨大的精神痛苦。在充满无力感的知识分子那里，古希腊西西弗斯的神话难道不是一个很合适的隐喻

[①]〔美〕罗伯特·K. 默顿：《社会理论和社会结构》，唐少杰、齐心等译，译林出版社，2006，第366页。

吗？无力改变渗透到整个社会肌体每个毛孔的消费制度，无力改变社会公众对文化的偏见，无力改变在电视传播领域的收视率导向，那么，电视知识分子现象本身仅仅是这一切的结果罢了。而更为可怕的是知识分子所能做的要么为着自己的生计与消费制度形成"共谋"关系，要么去做在短期内难以看到结果的无望悲鸣，而更多的似乎只剩下"独善其身"的等待与忍耐了。

第三章 电视知识分子与公共领域

——以电视谈话节目为例

尽管电视对于公共领域的作用颇为暧昧不明,但是,随着电视谈话节目的逐步兴起,电视知识分子的参与,似乎又使电视的民主潜能得以发挥:甚至有学者认为电视谈话节目是在各种节目样态中最可取代直接民主的城镇会议的公共论坛①。然而,在德国学者哈贝马斯看来,由于这种讨论本身具有了"消费形式",与以往的意见交锋已经有了质的不同。如此看来,同电视一样,电视知识分子在公共领域方面的作用亦存在着某种争议,需待厘清。

自 1978 年改革开放以来,中国内地社会发生了巨大的变化,各种价值观在彼此碰撞中迅猛发展,以市民社会为依托的有中国特色的公共领域正在浮现。而通过媒介内容把握社会现实也不失为一种有效的途径,透过电视谈话节目,我们也可以看到以电视知识分子为代表的各种不同意见的表达,尽管是经过了精心筛选的,但是,这毕竟也体现出中国人的文化心理结构和社会认识方式的某种变化。

第一节 哈贝马斯公共领域理论与电视谈话节目

一 "公共领域"思想的观念史

可以肯定,从词源学的角度来说,尽管汉娜·阿伦特提出的极权主义

---

① Shattuc, J. M. (1997), *The talking cure*, New York: Routledge. 转引自杨意菁《民意与公共性:批判解读台湾电视谈话节目》,《新闻学研究》第 79 期。

概念对批判国家社会主义毁灭政治公共领域的行径起到了十分重要的作用,① 但正如冯友兰先生曾经指出的那样:"无论怎样聪明的哲学家,都不能毫无根据,凭空杜撰一种崭新的哲学。任何一个哲学家的新哲学,都是由他用'接钢法'(Aufgeheben)修改他以前的旧哲学加以新发现而得来。"② 德国学者哈贝马斯所提出的公共领域理论也不例外。

古希腊政治家伯里克利在阵亡将士国葬典礼上的讲话中指出:"在我们这里,每一个人所关心的,不仅是他自己的事务,而且也关心国家的事务:就是那些最忙于他们自己的事务的人,对于一般政治也是很熟悉的——这是我们的特点:一个不关心政治的人,我们不说他是一个注意自己事务的人,而说他根本没有事务。我们雅典人自己决定我们的政策,或者把决议提交适当的讨论;因为我们认为言论和行动间是没有矛盾的;最坏的是没有适当地讨论其后果,就冒失开始行动。这一点又是我们和其他人民不同的地方。"③ 就笔者视野所及,这是在公共领域理论思想资源中最早的表达。

在柏拉图那里,我们就可以看到公共生活与私人生活的判然分野:"你们会发现我这一生无论是履行公务,还是处理私事,都是始终如一的。"④ 在这里,笔者希望强调的是古希腊与古罗马思想传统是互为补充的,虽然古罗马思想是作为古希腊思想的继承者的面目而出现的,但是,古希腊思想中公私思想的萌芽却是必须由古罗马思想的有关方面加以补充和修正的⑤,这种思想传统的延续性我们也可以从古罗马公共领域思想传统在法国大革命的复活中加以体会,本雅明曾言:"……对于罗伯斯皮尔(Robespierre)来说,古代罗马是充满现在的过去,是在历史连续性中毁灭了现在的

---

① 〔德〕哈贝马斯:《公共领域的结构转型》(1990年版序言),曹卫东、王晓珏、刘北城、宋伟杰译,学林出版社,1999,第30页。
② 冯友兰:《怎样研究中国哲学史?》,《中国哲学小史》(附录),中国人民大学出版社,2005,第139页。
③ 〔古希腊〕修昔底德:《伯罗奔尼撒战争史》(下册),谢德风译,商务印书馆,1960,第149~150页。
④ 〔古希腊〕柏拉图:《柏拉图全集》(第一卷),王晓朝译,人民出版社,2002,第22页。
⑤ 在这里可以参考台湾学者王文彝先生的观点:"然而希腊人的自由和民治的观念只是在小而同性质的单位里才能发生作用;它在本质上往往是独占的,而且是贵族的。在近代民治的'民族国家'尚未发达以前,罗马的工作的确是必要的。罗马亡后,这些思想仍然遗留下来,被文艺复兴给予了它们一些新的刺激;在大革命时代,它们竟被采入新的政治制度之中了。"王文彝译著《罗马兴亡史》,中华书局,1984,第202~203页。

时间。"①

而现代意义上的"公共领域"一词则盖滥觞于法国人文学者蒙田。据德国传播学者伊丽莎白·诺尔－诺曼综合他人研究成果指出:"经由他的生活中公共生活阶段和私人生活阶段的交替,蒙田在他的写作中成了公共范畴的发现者。""他创造出'公共的'一词,除新概念'舆论'之外,他还谈到了'公共意见'、'公开赞同'、'公开证明'。"②

18世纪,"法国最后的一位哲学家"孔多塞在评价印刷术的历史意义时就曾指出:"这些大大增多了的印本就以更大的速度在传播着,不仅使各种事实和发现获得了更广泛的公开性,而且它们还是以更大的敏捷性而获得的。"③

考察"公共领域"的观念史我们可以知道,公共舆论范畴可以作为我们探讨资产阶级公共领域观念的"导论",哈贝马斯写道:"康德的权利学说对资产阶级公共领域有着经典的表述,此后,黑格尔和马克思经过论证,认为资产阶级公共领域当中充满疑问;大约到了19世纪中叶,在自由主义政治理论中,资产阶级公共领域不得不承认其观念和意识形态之间存在着矛盾。"④ 在这个观念的谱系当中,康德、黑格尔和马克思是公共领域思想源流的中流砥柱,其中,康德更占据了核心地位。⑤

迟至19世纪中叶,德国学者维尔克就已经对公共领域进行了系统的定义:"所谓成熟的公共领域在于,把一切国家事务看做是为整个国家和全体公民所共有,进而尽可能让公众观察和听取到这些事务,使得公众舆论能够公开和自由地进出所有机关。"⑥

进入20世纪,关于公共领域的讨论在某种程度上可以看做是在与海德

---

① 转引自〔美〕詹明信:《晚期资本主义的文化逻辑:詹明信批评理论文选》,张旭东编,陈清侨等译,生活·读书·新知三联书店、牛津大学出版社,1997,第173页。
② 〔德〕伊丽莎白·诺尔－诺曼:《沉默的螺旋:舆论——我们社会的皮肤》,转引自张国良主编《20世纪传播学经典文本》,复旦大学出版社,2003,第545页。
③ 〔法〕孔多塞:《人类精神进步史纲要》,何兆武、何冰译,生活·读书·新知三联书店,1998,第101~102页。
④ 〔德〕哈贝马斯:《公共领域的结构转型》,曹卫东、王晓珏、刘北城、宋伟杰译,学林出版社,1999,第107页。
⑤ Craig, C. (1992), "Introduction: Habermas and the Public Sphere", in Craig, C. (ed.), *Habermas and the Public Sphere*, MIT, p.5.
⑥ 〔德〕哈贝马斯:《公共领域的结构转型》,曹卫东、王晓珏、刘北城、宋伟杰译,学林出版社,1999,第167页注146。

格尔的对话中进行的①。与奥格登、里查兹、李普曼和杜威形成鲜明的对立,海德格尔对公共领域的鄙视是显而易见的:"同他的纳粹同党施密特一样,海德格尔认为政治是分清敌友,而不是妥协或讨论。依靠公众舆论管束的政治,是依靠群体纷纭意见统治的处方。"这种由语言而揭示存在的想法影响了众多学人巨匠,他的这些继承人有:萨特、列维斯纳、阿伦特、马尔库塞、利奥·斯特劳斯、德里达、福柯等。

彼德·达格伦论述公共领域的学术源流时曾经指出:"尽管在最近的政治思想中,与民主进程有关的'公共'思想已经在许多学者的著作中进行了雄心勃勃的论述;其中最为杰出的就是杜威、阿伦特和哈贝马斯。在这三位作者中,这一概念无疑是同一的;而他们从不同的传统和相异的路径加以申论。例如,大众传媒的功能和问题明显是杜威和哈贝马斯的中心议题,但在阿伦特那里则不是。在他们的政治学、社会学和历史学视野中存在着异同,除了许多严重的问题不论,哈贝马斯的视角是最富于成果的。"②

就像黑格尔与德国古典哲学之间的关系一样,西方民主理论中的"公共领域"思想发展可谓源远流长,而以哈贝马斯为其重要代表。哈贝马斯对公共领域问题的关注很大程度上是对海德格尔在"二战"后依然坚持其顽固的立场进行反思的结果。通过《公共领域的结构转型》这篇论文,"他试图解释,宪法现实与形成文字的宪法或宪法理想为何总是存在着如此巨大的反差。"③ 这本著作进行着与20世纪其他关键著作的有益而重要的对话,其中,最为有名的便是前面所提到的汉娜·阿伦特。

哈贝马斯试图确立公共范畴在资本主义社会的意义并思考在几个世纪以来公共领域的变化演进。哈贝马斯要重建法兰克福学派批判理论的基础,以祛除霍克海默和阿多诺在战后所带来的悲观情绪。哈贝马斯所努力的核心就是为无产阶级所创立的社会转型和人类解放的观点提供新的理论基础。在经历了法西斯主义、文化工业的崛起和"机械复制内容"在社会中的横行肆虐以后,对批判者来说,这一切似乎意味着不能把希望寄托于衰落的

---

① 关于20世纪以来的公共领域思想的讨论,笔者在这里主要参考了美国学者彼德斯的著作《交流的无奈:传播思想史》。具体出处为:〔美〕彼德斯(John Durham Peters):《交流的无奈:传播思想史》,何道宽译,华夏出版社,2003,第14页。

② Peter Dahlgren (1995), *Television and the Public Sphere*: *Citizenship, Democracy and the Media*, Sage, p. 7.

③ 〔德〕得特勒夫·霍尔斯廷:《哈贝马斯传》,章国锋译,东方出版中心,2000,第12页。

资本主义。大公司的崛起、伴随着生产能力大幅攀升而出现的消费问题、社会福利国家的发展和大众民主都改变了经典马克思主义观点所形成的社会历史条件和资本主义自身。如此看来,《公共领域的结构转型》在很大程度上就是以霍克海默和阿多诺为代表的第一代法兰克福学派分析自由资本主义向以哈贝马斯为领军人物的第二代法兰克福学派分析"组织化"资本主义的转型。①

在哈贝马斯那里,"公共领域"的概念可以作如下理解:② 所谓"公共领域"意指在我们的社会生活中介于国家和社会之间的一个领域。该领域原则上向所有公民开放,作为私人的人们来到一起,形成了公众。在公众处理普遍利益问题时,作为公共意见这样的事物能够形成。当公众达到较大规模时,这种交往需要一定的传播和影响手段;今天,报纸和期刊、广播和电视,(无疑)就是这种公共领域的媒介。当公共讨论涉及与国家活动相关的问题时,我们称之为政治的公共领域(以之区别于例如文学的公共领域)。而作为传播媒介的"报纸和期刊、广播和电视"之所以成为"这种公共领域的媒介",其原因就在于传播媒介"原则上是向所有接受者开放的;传媒出于公共目的论述公共问题——尤其是论述预计可以形成民意的问题;传媒要为其活动,而对更大的社会负责〔责任性(accountability),经由国家和社会的法律、规章和压力而产生〕"③。

二 公共领域与电视谈话节目

关于电视谈话节目与公共领域之间关系的研究,就笔者视野所及,可以根据研究者对电视谈话节目民主潜能的基本立场大体分为三类:持乐观态度的、持悲观态度的和相对较为中立的。

尽管对电视谈话主持人的研究数量较多,但盛永生先生独辟蹊径,运用伯明翰学派的话语分析模式,把电视谈话节目文本看成是在电视节目主

---

① Craig, C. (1992), "Introduction: Habermas and the Public Sphere", in Craig, C. (ed.), *Habermas and the Public Sphere*, MIT, pp. 5-6.
② 笔者根据〔德〕哈贝马斯著《公共领域》(秦晖译)一文编辑而成,转引自秦晖、陈燕谷主编《文化与公共性》,生活·读书·新知三联书店,1998,第125页。
③ 〔荷〕丹尼斯·麦奎尔(Denis McQuail):《大众传播理论(第三版)》(*Mass Communication Theory: An Introduction, Third Edition*),潘邦顺译,彭怀恩校审,风云论坛出版社有限公司,2000,第17页。

持人主导下完成的口语语篇。① 尽管主持人是否为整个节目的主导因素尚可商榷，作为一种研究电视谈话节目主持人的视角，这种分析方式颇有启发意义。

研究者王芳和逄格玮看到了现场观众参与节目制作后构建文本和塑造谈话格局的重要意义："严格说来，现场观众不是纯意义上的电视观众。因为现场观众也介入并参与了电视谈话节目的创作过程。现场观众是谈话节目电视文本中的一个必不可少的组成部分。"②

笔者在检索了一些对电视谈话节目、特别是对中国内地的电视谈话节目的研究和评论后认为："在电视节目的制作过程中，是否考虑让更多的声音介入，实现制作者和受众的合理沟通，让电视真正成为大众表达的手段，显然谈话节目可以更直接地承载这一功能。电视谈话节目是将人际传播与大众传播相结合而产生的最接近原生态的节目样式，在宽松和开放的聊天气氛中，一个崭新的公共话语空间也初步形成。"③ 笔者也注意到，电视谈话节目也存在着某些不足，甚至有沦为"聊天风"的倾向。④ 无疑，在"聊天风"的倾向中存在着将电视谈话节目对公共领域的积极作用加以瓦解的危险。

这样，一些学者对电视谈话节目表现出某种悲观情绪也就不足为奇了。对一些评论者而言，电视谈话节目是典型的伪公共领域。

杜永利则从电视谈话节目人际传播的特性出发，指出："传播者往往只片面地偏重于电视的大众传播特性的发挥，而未深刻认识和忽略了作为谈话节目的最主要特性的人际传播规律的运用。"⑤

台湾学者杨意菁结合具体节目力图回答电视谈话节目能否反映民意的问题，并在此基础上得出结论："一、谈话论述无法扩大心胸，交互参照，各执己见；二、谈话过程忽视'公共理性'及'重叠共识'在论证中的重要性；三、沟通停留在'断言'与'反对'的论述层面；四、谈话论述缺乏深度理性的讨论与批判。"⑥

利文斯通（Livingstone）和朗特（Lunt）的主要贡献在于他们在对分析

---

① 盛永生：《电视谈话节目主持话语的基本话目分析》，《暨南大学学报》，2004年第4期。
② 王芳、逄格玮：《现场观众：被欣赏的欣赏者》，《中国广播电视学刊》，2003年第2期。
③ 时统宇：《电视批评理论研究》，中国广播电视出版社，2003，第234页。
④ 时统宇：《电视批评理论研究》，中国广播电视出版社，2003，第239页。
⑤ 杜永利：《电视谈话节目中人际传播特性的扭曲》，《中国广播电视学刊》，2003年第7期。
⑥ 杨意菁：《民意与公共性：批判解读台湾电视谈话节目》，载《新闻学研究》第79期。

节目材料和进行受众访谈以后，得出了一套更为复杂的结论。① 他们认为："所有力图清晰地解释电视谈话节目风格的社会政治功能的尝试都注定失败。"② 例如，他们指出，电视谈话节目为各种社会团体提供了一个前所未有的平台。同时，他们也意识到这个事实本身并不必然带来权力关系的转变，而只会简单地带来参与的"幻象"。

尽管电视节目为观众各种各样的目的服务，利文斯通和朗特视电视谈话节目为一种特殊类型的社会空间。在这个空间中，公共领域从日常生活和既有权力之间产生。这些节目同哈贝马斯的理性对话和意见形式相去甚远。而且公共话语本身的对话理性也与既有权力的操纵存在着千丝万缕的联系。但是，利文斯通和朗特仍然认为电视谈话节目也提供了大众参与的重要机遇。

我们把上述研究者的众多论述加以整理的话，或许对电视谈话节目以及电视知识分子在公共领域中所处的方位会有所把握。在这里，我们不妨引入两种维度来勾勒这一问题的大致面目。第一个维度是经典公共领域——电视公共领域或者以电视为媒介的公共领域；第二个维度是电视的其他节目——电视谈话节目。

就第一个维度而言，一旦在经典公共领域当中引入了包括电视在内的媒介作为公共舆论的平台的话，媒介对于舆论的操纵也就不可避免。正如尼克拉斯·甘海姆所指出的那样："一旦在传播过程中施以媒介，整齐划一的平等性就无法得到保证。甚至人们很早就认识到哪怕是在面对面的传播情境中，学习了修辞术这样的操纵性技术，也影响到了民主辩论的结果。"③ 而电视的这种操纵性就更为强烈了，在电视连续播出的"串播"（雷蒙德·威廉姆斯语）的幻象下，潜藏着断裂的本性。"电视实际上就是一系列不连贯和零碎的片段组合而已。这种零碎的特性是电视固有的特征，并表现在许多不同层面上。"④ 正是在这种断裂的语境中，为各种既存权力操纵电视的内容预留下了广阔的空间。所以，电视公共领域或者以电视为媒

---

① 参见 Livingstone, S. and Lunt, P. (1994), *Talk on Television*, London: Routledge.
② Livingstone, S. and Lunt, P. (1994), *Talk on Television*, London: Routledge, p. 174.
③ Nicholas, G. (1992), "The Media and the Public Sphere", in Craig, C. (ed.), *Habermas and the Public Sphere*, MIT, pp. 365–366.
④ 〔英〕尼古拉斯·阿伯克龙比：《电视与社会》，张永喜、鲍贵、陈光明译，刘仪华校，南京大学出版社，2002，第16页。

介的公共领域是最令人感到悲观的一种媒介公共领域：它既不如传统的报纸、杂志、书籍等富于批判的深度，也不如新兴的网络富于个性化的表达。除了上述将"现实转化为影像，时间割裂为一连串永恒的当下"① 的赤裸裸的技术性操纵以外，电视谈话节目更通过它自身所营造的谈话"场"和附着于其上的"游戏规则"，隐秘地操纵着谈话的内容和形式，让媒介特性拟人化。

就第二个维度而言，相对于其他电视节目，电视谈话节目以及电视知识分子的出现无疑是革命性的，其中蕴涵着巨大的解放潜能。这种解放的潜能首先来自于包括电视谈话节目在内的电视节目作为大众文化文本本身所具有的特性："要成为大众的，一个大众的文本必须能够在各式各样的社会语境中，对于各式各样的读者具有相关点。因此，它本身必须具有多元的意义，任何一种解读方式必须是有条件的，因为它必须被它解读的社会条件所决定。相关性要求意义的多元化与相对性，拒绝封闭性、绝对性和普遍性。"② 其次是基于电视的媒介特性："人只要打开电视就能在家里感知和接受世界，它所制造出来的'超现实'，比现实本身显得更真实。"③ 这种与现实同步接触的感知事件的方式（这里当然也存在着操纵）确实创造了以往大众传播媒介所无法实现的平等性，尽管哈贝马斯对电视的民主潜能心存疑虑："改变了的知觉方式创造了另外一种现实"④，但是，他仍然认为："与19世纪和20世纪早期不同，电视使得游行民众在场转变成无所不在的在场，因此，他们展现出了革命力量。"⑤ 最后，电视谈话节目中电视知识分子把大众文化文本从包括电视上其他节目的传统大众媒介文本在接受层次上的开放性扩展到了创作层次上，正如利文斯通和朗特所概括的：尽管对话由主持人和创作团队来设计，但是对参与者的选择和指定也依赖于讨论的进程和演播室观众的参与⑥。观众既是生产者也是消费者，电视谈话节目的文本既是特定实践的叙事也是先在结构的叙事。而电视谈话

---

① 〔美〕詹明信著，张旭东编《晚期资本主义的文化逻辑：詹明信批评理论文选》，陈清侨等译，生活·读书·新知三联书店、牛津大学出版社，1997，第419页。
② 〔美〕约翰·费斯克：《理解大众文化》，王晓珏、宋伟杰译，中央编译出版社，2001，第167页。
③ 陆扬、王毅：《大众文化与传媒》，上海三联书店，2000，第33页。
④ 〔德〕尤尔根·哈贝马斯、米夏埃尔·哈勒：《作为未来的过去——与著名哲学家哈贝马斯对话》，章国锋译，浙江人民出版社，2001，第7页。
⑤ 〔德〕尤尔根·哈贝马斯：《公共领域的结构转型》（1990年版序言），曹卫东、王晓珏、刘北城、宋伟杰译，学林出版社，1999，第32页。
⑥ Livingstone, S. and Lunt, P. (1994), *Talk on Television*, London: Routledge, p. 39.

节目中所具有的"图像和文本的多义性本质"、"多重编码和解码的可能性"① 则远较其他类型的电视节目为多。而前述诸多研究者关于电视谈话节目态度的分歧也就来源于采取何种维度作为自己的基本立场而产生的对立。

第二节 电视知识分子在公共领域中的行动潜能

一 "公共领域"概念在中国内地语境中的适用性

用西方理论阐述中国问题从来都存在着巨大的理论风险,在理论的跨语境移植过程中,由于研究者自身的立场、观点和方法与西方语境的差异,不可避免地存在着某种误读。所以,当我们力图用哈贝马斯公共领域理论解释和分析中国传播问题的时候,对中国语境中的适用性的探讨是不可避免的。颇为吊诡的是,哈贝马斯似乎已经预见到他的关于资产阶级公共领域的思想可能存在的移植问题,在初版序言中便开宗明义地指出:"我们认为,'资产阶级公共领域'是一个具有划时代意义的范畴,不能把它和源自欧洲中世纪的'市民社会'的独特发展历史隔离开来,使之成为一种理想类型,随意应用到具有相似形态的历史语境当中。"②

英国学者尼克拉斯·甘海姆(Nicholas Garnham)在对哈贝马斯公共领域理论的得失做一评论的基础上,结合全球化和欧美传播体制巨变的大背景,强调指出在社会和传播关系之中需要借助媒介特别是大众传播媒介的"巨型社会"中,哈贝马斯公共领域理论的适用性问题③。进而,甘海姆提

---

① 〔美〕道格拉斯·凯尔纳:《媒体文化——介于现代与后现代之间的文化研究、认同性与政治》,丁宁译,商务印书馆,2004,第404页。
② 〔德〕尤尔根·哈贝马斯:《公共领域的结构转型》(1990年版序言),曹卫东、王晓珏、刘北城、宋伟杰译,学林出版社,1999。
③ 即"这种媒介关系引发了不同的问题。第一,关于传播媒介本身,最初的理论和后继的意识形态都是基于一个单一的物理空间中的面对面的传播。""第二,媒介传播引发了意识形态复制侵入了人们的日常生活,我们的日常生活关系、个人社会身份都在一种复杂的媒介过程中被建构了。""第三,在我们的民主政治的理论和实践与我们的传播理论和实践之间存在着一种错位。政治通过政党、代议制民主和全日制官僚机构的表现形式部分地适应了'巨型社会',而媒介传播却从未真正面对这个问题。"参见 Nicholas, G. (1992), "The Media and the Public Sphere", in Craig, C. (ed.), *Habermas and the Public Sphere*, MIT, pp. 365 - 366。

出民主政治与文化相对主义的内在矛盾,认为公共领域的跨文化或跨语境是可行的。

许纪霖先生指出:"那么,中国究竟有没有哈贝马斯意义上的公共领域呢?这十年来,关于这一问题,国内外中国研究学界产生了尖锐的分歧和争论。在美国,以罗威廉和兰金为代表的一部分学者,通过对武汉和浙江地区晚清社会和城市的研究,认为近代中国存在着一种非哈贝马斯意义上的公共领域,即不具有批判性、仅仅涉及地方公共事务管理的地方士绅公共领域。而另一批美国学者魏斐德、黄宗智等对此表示质疑,黄宗智提出了一个'第三领域'的概念,以此区别哈贝马斯具有很强欧洲历史色彩的公共领域概念。"①

一些学者已经注意到哈贝马斯公共领域理论在中国内地语境中的应用问题,刘伟先生受到哈贝马斯公共领域的启发,通过对我国公共领域六个特征的分析后认为,在中国社会中严格的公共领域尚未出现。② 李怀先生也认为中国目前仍然没有形成"公共领域","这主要与中国社会的历史传统和市场经济的发育水平不高有关"③。梁治平先生在表达了类似忧虑的同时还强调了公共领域之于中国社会的意义,即"从中国社会生活的内部业已产生出一种深刻的需要,它要求在行使公共权力的国家与作为私人领域的社会之间做出某种适当的制度性界分,它还要求根据这一界分调整国家职能和重组社会"。而这一问题又"涉及一个自由民主秩序的组织原则,涉

---

① 许纪霖:《都市空间视野中的知识分子研究》,《天津社会科学》2004 年第 3 期。
② 刘伟先生通过对我国公共领域的六个特征(即公域与私域的界限日渐明朗化,二者之间分开的可能性增强;公共权力结构进一步分化重组;公共权力的活动受到了更多的制度化规约;舆论力量在现代传媒的推动下对公共权力的监督和影响空前明显;主流意识形态领域受社会世俗化影响日深,受多元化社会思潮冲击的程度加剧;全球化对我国公共领域产生了一定影响,我国公共领域的国际性关注度提高)加以阐述,认为这些因素构成了我国未来公共领域发展的趋势。但是,刘伟先生又强调,在中国社会中还存在着历史的惰性因素,使公共领域在中国的发展具有很强的滞后性:公域与私域的分化还是形式上的;公共权力入侵经济领域、社会自治(如居民自治和村民自治)领域和公民私人生活领域的现象一直严重存在;社会舆论中非理性化(如简单的二元化思维方式、情绪化等)特征,特别是泛道德化的倾向依然严重,阻碍着一个理性健康的社会舆论的形成;社会发展还不平衡。刘伟:《当前我国公共领域特征分析》,网络来源:http://www.frchina.net/data/personArticle.php? id = 8921,下载日期 2010 年 10 月 20 日。
③ 李怀:《哈贝马斯的公共领域及其现代启示》,《西北师大学报(社会科学版)》2002 年第 6 期。

一种新的'社会团结'形式"①。

但是，如果我们从公共领域的概念入手，就可以袪除这种担忧。确切地说，"资产阶级公共领域"和"公共领域"是两个虽有联系却又完全不同的概念。② 在我们充分认识到哈贝马斯公共领域理论在中国内地语境中所遇到的问题时，也应当注意到公共领域是否如自由、民主、平等等从西方语境中产生却又具有普世意义的价值呢？美国学者尼克拉斯的看法值得考虑："如果我们维护文化相对主义的体制，我们必须同时设想一种普遍多元而彼此隔离的政治。在我看来，那状况已经一去不复返了。"③

1998年8月，哈贝马斯在回答中国学者有关其公共领域理论在中国的适用性时也谈到了类似的认识："由于你们国家中经济和国家的关系不同，我完全能想象将西方模式直接'应用'到中国的任何一种尝试所遇到的困难。不过我确实认为，经济的进一步自由化和政治体制的进一步民主化，将最终促进而且也需要民主形式的舆论必须根植于其中的、我们称之为政治公共领域和联系网络的某种等价物。任何一种更广泛、更知情和更主动的参与为目标（我们在西方仍在为之努力的目标）的改革，均依赖于某种健全的公共交往，它可以发挥某种敏感过滤器的功能，用于体察和解释'人们的需要'。"④ 所以，有学者提出："如果我们抽去'资产阶级'的限定语，那么公共领域作为一个有待实现的目标，在大力发展社会主义民主和法制，推进市场经济发展的中国的情境下，也是很有研究和借鉴意义的。"⑤ 这样的说法未必不符合实际。

"公共领域"概念虽然产生于西方语境的社会经验和知识系统，却具有超越地域、跨越文化的普世价值，能够为我所用，也应该为我所用。当然，这种移植必须是在充分考虑中国国情基础之上的援用，或者说，必然打上了"中国特色"的特殊价值的烙印。许纪霖先生通过对近代上海市民社会的发展和舆论环境的嬗变的研究，认为哈贝马斯的公共领域理论，可以作

---

① 梁治平：《市场·国家·公共领域》，《读书》1996年第2期。
② 王兆良：《哈贝马斯的"公共领域"概念》，《安徽农业大学学报（社会科学版）》2002年第11期。
③ Nicholas, G. (1992), "The Media and the Public Sphere", in Craig, C. (ed.), *Habermas and the Public Sphere*, MIT, p. 369.
④ 〔德〕尤尔根·哈贝马斯：《关于公共领域问题的答问》，景天魁译，《社会学研究》1999年第3期。
⑤ 展江：《哈贝马斯的"公共领域"理论与传媒》，《中国青年政治学院学报》2002年第3期。

跨文化的应用，用以读解近代中国出现的公共领域和公共舆论①。他在随后的研究中又写道："我对晚清以来上海公共领域的研究表明，这种批判性的公共领域从1896年梁启超在上海主持《时务报》开始，随着各种具有时论功能的报纸、杂志以及知识分子社团、沙龙的涌现，20世纪上半叶的中国有过一个类似欧洲那样的生产公共舆论的与地方士绅为主体的管理型公共领域不同，它在中国的历史中自有其渊源可循，即来自儒家的民本主义思想、古代士大夫反抗性的清议传统，这些传统因素在清末公共领域最初的形成和合法性方面扮演了重要角色。批判性公共领域的主体不是那些地方性士绅，而是具有现代意识和救世关怀的全国性士大夫或知识分子，他们通过公共媒体、政治集会和全国通电形成了颇为壮观的公共舆论，对当时的国内政治产生了相当的影响。尽管如此，以上海为中心的现代中国公共领域依然与哈贝马斯所说的以欧洲经验为历史底色的公共领域有众多的不同：其在发生形态上基本与市民社会无涉，而主要与民族国家的建构、社会的变革这些政治主题相关。因而，中国的公共领域从一开始就不是以资产阶级个人为主体，而是以士大夫或知识分子群体为核心，跳过欧洲曾经有过的文学公共领域的过渡阶段，直接以政治内容作为建构的起点，公共空间的场景不是咖啡馆、酒吧、沙龙，而是报纸、学会和学校；在风格上缺乏文学式的优雅，带有政论式的急峻。"②

在中国的语境中，公共领域理论移植的不可回避因素就是是否能与马克思主义的意识形态传统相适应。虽然有学者指出："马克思把公共领域当作堕落的太虚幻境，公共领域像战争用其他手段把自己的地位掩盖起来，这是一切人反对一切人的战争。"③ 但是，不能否认哪怕就是在马克思所规划的社会主义模式里，也存在着"公共领域"的一席之地："马克思从资产阶级公共领域的内在辩证法当中归纳出了其社会主义的对应模式。在社会主义模式的公共领域当中，公与私的经典关系彻底颠倒了过来。对公共领域的批判和控制扩展到了社会必要劳动领域。根据这种新型的公共领域模式，自律的基础不再是私有财产；自律再也无法建立在私人领域当中，

---

① 许纪霖：《近代中国的公共领域：形态、功能与自我理解——以上海为例》，《史林》2003年第2期。
② 许纪霖：《都市空间视野中的知识分子研究》，《天津社会科学》2004年第3期。
③ 〔美〕彼德斯（John Durham Peters）：《交流的无奈：传播思想史》，何道宽译，华夏出版社，2003，第124页。

它必须建立在公共领域自身当中。"① 那么,处于社会主义初级阶段的中国内地社会在理论上也存在一个既不同于资产阶级公共领域,又以马克思的社会主义公共领域模式为方向的有中国特色的公共领域模式。

20 世纪 90 年代以来,中国市民社会、公共领域问题的讨论方兴未艾。研究者胡涤非指出:"在西方社会中历来存在市民社会的传统,从中世纪开始,社会作为与国家相分离的领域便具有了对政治权力的批判精神,而这种批判精神正是哈贝马斯公共领域的精神实质所在。因此,哈贝马斯虽然在概念界定上使市民社会与公共领域区分开来,但在使用这种划分时是不明显的,有时甚至是含糊的。"② 这样,市民社会和公共领域问题不能完全分开也是可以理解的现象,毕竟市民社会与国家权力的分离是公共领域得以产生的基础。

中国内地社会在 1949 年到 1978 年期间,由于国家和社会的完全一体化,个人作为整个国家机器上的"齿轮和螺丝钉"而存在,具有批判意义的公共领域就更无从实现了:"在中国,人民被熔化在单一的'道德性格'之中……因此,所有的自我个性都被抹去,所有个人的心声,尤其是文化方面的意愿,都遭到压抑。这是否将形成一种新的'宗教'——或者在毛泽东逝世后,新的个性化力量是否会出现——人们需要拭目以待。"③

研究者王晟和夏宁认为:"在当代中国,从国家和社会关系的方面看,1980 年代以后,经济改革最重大的成果之一就是计划体制的萎缩,这打破了国家几乎垄断所有社会资源的局面。随之产生的是民间(社会)的再生。"④ 对社会主义同市场经济的兼容性,美国学者罗尔斯指出:"虽然市场经济在某种意义上是最佳体系这一观念是由所谓资产阶级经济学家仔细考察的,但自由市场与资产阶级的这种联系实属一种历史的偶然,因为至少从理论上说,一个社会主义政权自身也能利用这种体系的优点。这些优点之一就是效率。在某些条件下,竞争价格在选择种种将要生产的商品、分配生产它们的资源时的作用是如此之大,以至于没有其他方式可以改善

---

① 〔德〕尤尔根·哈贝马斯:《公共领域的结构转型》,曹卫东、王晓珏、刘北城、宋伟杰译,学林出版社,1999,第 146 页。
② 胡涤非:《市民社会与公共领域》,《广西社会科学》2003 年第 10 期。
③ 〔美〕丹尼尔·贝尔:《资本主义文化矛盾》,赵一凡、蒲隆、任晓晋译,生活·读书·新知三联书店,1989,第 304 页。
④ 王晟、夏宁:《互动:公共领域的形成与公众参与》,《城市管理》2003 年第 2 期。

公司对生产方法的选择或者由家庭购买所导致的商品分配。市场经济所产生的经济结构，不可能通过再安排使一个家庭按它的偏爱生活得更好而不同时使别的家庭状况变坏。进一步的互利交易是不可能的；也没有任何既能更多地生产某种人们所向往的商品而又不同时要求缩减生产另一种商品的可行的办法。因为如果不是这样的话，某些个人的境况就可能是在未同时使别人受损的情况下得到改善。关于一般均衡的理论说明了在既定的合适条件下，由价格所提供的信息是如何使经济行为当事人以那些在总体上导致这种结果的方式活动的。完善的竞争是与效率有关的一套完整程序。当然它所需要的条件是非常特殊的，它们很少（即使有）在现实世界中被完全满足。此外，市场的弊端和缺陷常常是很严重的，政府分配部门必须制定一些补偿措施。垄断的限制、信息的匮乏、外部经济效果和不经济等现象必须得到认识和纠正。而且，市场在公共利益的场合完全失去了作用。"①

作为中国内地改革开放逐步深入的成果，邓小平在1992年"南方谈话"中有一段著名论断："计划多一点还是市场多一点，不是社会主义与资本主义的本质区别。计划经济不等于社会主义，资本主义也有计划；市场经济不等于资本主义，社会主义也有市场。计划和市场都是经济手段。"这段谈话确立了中国社会经济发展的市场经济导向，也是对中国改革开放在经济体制改革上的总结。

由于市场经济体制的确立，打破了原有的社会格局，与计划经济体制相适应的劳动分工、权威等级、生产关系和制度分割都出现了不同程度的松动乃至瓦解，而与市场经济体制相适应的劳动分工、权威等级、生产关系和制度分割正在逐步确立，加上宪法和法律对上述变迁的确认，这种分化的过程最终获得了自下而上的合法性。这一过程最明显和最具有根本性质的表现当然集中为中国内地社会人员构成情况从过去的"两个阶级、一个阶层"，向着更为复杂和多元的状态转移。根据陆学艺等人的研究，中国社会可分为十大阶层。② 这种分层的最大意义在于揭示了中国社会内部的利益分化到了除公共利益之外，尚有属于本阶层的难以通过包括思想教育在

---

① 〔美〕约翰·罗尔斯：《正义论》，何怀宏、何包钢、廖申白译，中国社会科学出版社，1988，第272~273页。
② 陆学艺主编《当代中国社会阶层研究报告》，社会科学文献出版社，2002，第9页。

内的整合手段加以通约的集团利益,因此,各利益集团的对话场需要在公共领域中彼此协商,形成舆论,影响政府决策和国家法律法规的制定。这也是公共领域能够在中国内地得以逐步确立的最深层次的社会结构性原因。

所以,笔者比较赞同研究者胡涤非的看法:"中国的市民社会不可能在没有国家帮助的情况下得到充分的发展。"① 而李怀先生所主张的:"中国要构建或形成自己的'公共领域',其主体应为知识分子阶层。"② 这种看法本身忽略了中国知识分子作为一个独立的阶层,具有自身特殊的利益,尽管知识分子身上还肩负着一些公共职能,不过,把其作为公共领域的主体似乎又重复了哈贝马斯对其他阶级或阶层内部公共领域加以忽视的错误。

在中国当前公共领域的建构过程中,中国新闻媒体的作用被理解为意见整合的平台、政治社会化的途径和民主进程的加速器。③ 同时,崔文华先生认为电视媒介在塑造中国公民社会的过程中起着积极的作用:"在一定的意义上说,西方电视是西方市民社会文化的自然产儿;而在中国,电视则应该是中国市民社会和市民文化的催生剂。"④ 而笔者认为,将这一结论加以扩展也是可行的,即中国新闻媒体也对中国内地社会公共领域的发展起着催化作用。

这种作用,是与中国新闻媒体所面对的基本现实有着极大关联的。钱蔚女士注意到了哈贝马斯公共领域理论在跨语境移植过程中所发生的理论嬗变,对中国内地电视制度的本质作一描述:"如果说西方早期包括媒介在内的公共领域是一个非国家领域,属于广义私人领域的一部分的话,那么中国的媒介仍然隶属于政治权力领域。"⑤

笔者在采取了媒介机制的研究路径后,对哈贝马斯公共领域理论在中国内地电视制度改革的适用性进行了简明的概括:"无论如何,哈贝马斯强调民主政治领域应与经济和政治分离,政治利益不能化解为物质利益,这

---

① 胡涤非:《市民社会与公共领域》,《广西社会科学》2003 年第 10 期。
② 李怀:《哈贝马斯的公共领域及其现代启示》,《西北师大学报(社会科学版)》2002 年第 6 期。
③ 许剑:《新闻媒体与我国当前公共领域的构建》,《新闻大学》,2003 年春季号。
④ 崔文华:《全能语言的文化时代——电视文化研究》,北京师范大学出版社,1998,第 206 页。
⑤ 钱蔚:《政治、市场与电视制度——中国电视制度变迁研究》,河南人民出版社,2002,第 32 页。

些公共领域理论的精华对于中国电视的启示也是有益而深刻的。"① 笔者认为，归根结底，中国新闻传媒属于社会上层建筑中的意识形态领域，是典型的阿尔都塞意义上的意识形态国家机器："也就是说，在一种社会利益和价值取向呈现多元和分化的状态中，对各个阶层和集团的观念取向和利益选择的差异的感知和确认，被纳入了传播体系，从而诞生出这种基调平庸而非崇高的共享文化，社会各阶层之间的关系在文化象征意义上趋于调和。"②

时过境迁，"资产阶级公共领域"作为历史范畴已经成为明日黄花，哪怕就是在处于后工业社会的西方社会借助网络媒介都难以恢复。不过，同样难以否认的是："从实际效果来看，国家的干预的确收到了应有的成效。尽管这种干预与公共领域赖以存在的另一个重要条件即独立于政府在一定程度上相违背，但不可否认的是政府由于较之私人企业有着更广泛的普遍利益，因此相对来说更能培养公共领域。事实证明，英国广播公司与许多商业媒体相比，在较长时期内的确成功地培育了公共领域——在其他国家也一样，公共广播电视比私人商业媒体更具有公共意识。"③ 这种公共领域虽然与资产阶级公共领域相比，相差不可以道里计，但是，却多少可以认为这是西方国家在当下语境中所能采用的"最不坏"的公共领域模式，那么，可以同样认为，这种国家干预下的公共领域在中国语境中也同样是各方所能够接受的"最不坏"的模式。

所以，笔者认为，中国内地的公共领域应是高度分化的，各个利益团体之间有着自己相对独立的利益诉求，典型意义上的知识分子处于边缘化的状态，而一般以专业技术人员阶层的面目出现；社会公共权力机关正在逐步利用自己所掌握的话语资源对过去阻碍公共领域成长的种种壁垒加以撤除；作为意识形态机器的新闻媒体在这一过程中所充当的角色是启蒙与操纵兼备的，但是，总的立场与公共权力机关的法律和政策底线保持一致。

---

① 时统宇：《电视批评理论研究》，中国广播电视出版社，2003，第234页。
② 陈卫星：《传播的观念》，人民出版社，2004，第441页。
③ 路宪民、樊亚平：《论全球性媒体对公共领域的冲击和影响》，《兰州大学学报（社会科学版）》2004年第1期。

二　电视知识分子启蒙的"两难境遇"

电视知识分子在公共领域所充当的角色或发挥的功能是以启蒙这一中心任务展开的。这样，电视知识分子与启蒙的关系是不容回避的问题。这一问题直接决定了，电视知识分子是作为一种现代知识分子形态而存在的，还是仅仅只是知识分子从电视机构向广告商兜售公众的巨额利润里分得一杯残羹冷炙、以补贴知识生活本身的清贫状态的雇员。

康德指出："人们马上看出，启蒙虽然在论题上很容易，在假设上却是一件必须艰难而缓慢实行的事业：因为以自己的理性不是被动地、而是永远自己为自己立法，这对于那只想适合于自己的根本目的而不要求知道那超出自己知性之上的东西的人来说，虽然是某种极为容易的事，但由于努力去追求后者几乎是不可防止的，而这种事在其他那些用许多希望来许诺能满足这种求知欲的人那里是永远也不缺少的，所以要在思维方式中（尤其是在公众的思维方式中）保持和确立这种单纯否定的东西（它构成真正的启蒙）是很困难的。"①

康德曾提出一个著名的关于启蒙的定义："启蒙运动就是人类脱离自己所加之于自己的不成熟状态（着重号为原文所有，下同——笔者注）。不成熟状态就是不经别人的引导，就对运用自己的理智无能为力。""然则，哪些规则是有碍启蒙的，哪些不是，反而是足以促进它的呢？——我回答说：必须永远有公开运用自己理性的自由，并且唯有它才能带来人类的启蒙。私下运用自己的理性往往会被限制得很狭隘，虽则不致因此而特别妨碍启蒙运动的进步。而我所理解的对自己理性的公开运用，则是指任何人作为学者在全部听众面前所能做的那种运用。一个人在其所受任的一定公职岗位或者职务上所能运用的自己的理性，我就称之为私下的运用。"②

电视知识分子与启蒙的关系是非常复杂的。从否定的意义上来说，电视知识分子的存在为康德提供了反启蒙的又一例证："处于不成熟状态是那么安逸。如果我有一部书能替我有理解，有一位牧师能替我有良心，有一

---

①〔德〕康德：《判断力批判》，邓晓芒译，杨祖陶校，人民出版社，2002，第136页。
②〔德〕康德：《答复这个问题："什么是启蒙运动?"》，《历史理性批判文集》，何兆武译，商务印书馆，1990，第22、24页。

位医生能替我规定食谱，等等；那么我自己就用不着操心了。只要能对我合算，我就无须去思想；自有别人会替我去做这类伤脑筋的事。"① 显然，作为受众，不能排除他们指望电视知识分子替代他们进行思想的可能，当然，也不排除部分电视知识分子迎合这种需要而俨然以受众的思想监护人而自居。

从肯定的意义上来说，鉴于电视知识分子与受众的微妙关系，电视知识分子对那部分具有批判意识的受众来说还是具有某种积极意义的。至少，电视知识分子文本为这部分受众提供了运用自己理性进行批判的机会，而这一过程便达到了启蒙目的，尽管是以一种近乎反讽的方式达到的。

康德写道："就涉及共同利益的许多事物而言，则我们必须有一定的机器，共同体的一些成员必须靠它来保持纯粹的消极态度，以便他们由于一种人为的一致性而由政府引向公共的目的，或者至少也是防止破坏这一目的。在这上面确实是不容许有争辩的，而是人们必须服从。但是就该机器的这一部分同时也作为整个共同体的、乃至于作为世界公民社会的成员而论，从而也就是以一个学者的资格通过写作面向严格意义上的公众时，则他是绝对可以争辩的，而不致因此就有损于他作为一个消极的成员所从事的那种事业。因此，一个服役的军官在接受他的上级交下某项命令时，竟抗声争辩这项命令的合目的性或者有用性，那就会非常坏事；他必须服从。但是他作为学者而对军事业务上的错误进行评论并把它提交给公众来做判断时，就不能公开地加以禁止了。公民不能拒绝缴纳规定于他的税额；对所加给他的这类赋税惹是生非地擅行责难，甚至可以当作诽谤（这可能引起普遍的反抗）而加以惩处。然而这同一个人作为一个学者公开发表自己的见解，抗议这种课税的不适宜与不正当不一样，他的行动并没有违背公民的义务。同样地，一个牧师也有义务按照他所服务的那个教会的教义向他的教义问答班上的学生们和他的会众们作报告，因为他是根据这一条件才被批准的。但是作为一个学者，他却有充分自由、甚至于有责任，把他经过深思熟虑有关那种教义的缺点的全部善意的意见以及关于更好地组织宗教团体和教会团体的建议传达给公众。这里面并没有任何可以给他的良心增添负担的东西。因为他把作为一个教会工作者由于自己职务的关系而

---

① 〔德〕康德：《答复这个问题："什么是启蒙运动？"》，《历史理性批判文集》，何兆武译，商务印书馆，1990，第 22 页。

讲授的东西，当作是某种他自己并没有自由的权力可以按照自己的心意进行讲授的东西；他是受命根据别人的指示并以别人的名义进行讲述的。他将要说：我们的教会教导这些或那些，这里就是他们所引用的论据。于是，他就从他自己不会以完全的信服而赞同、虽则他很可以使自己负责进行宣讲的那些条文中——因为并非是完全不可能其中也隐藏着真理，而且无论如何至少其中不会发现有任何与内心宗教相违背的东西——为他的听众引绎出全部实用价值来。因为如果他相信其中可以发现任何与内心宗教相违背的东西，那么他就不能根据良心而尽自己的职务了，他就必须辞职。一个就任的宣教师向他的会众运用自己的理性，纯粹是一种私下的运用（着重号为原文所有，下同——笔者注）；因为那往往只是一种家庭式的聚会，不管是多大的聚会；而在这方面他作为一个牧师是并不自由的，而且也不能是自由的，因为他是在传达别人的委托。反之，作为一个学者通过自己的著作而向真正的公众亦即向全世界讲话时，则牧师在公开运用他的理性上便享有无限的自由可以使用他自己的理性，并以他自己本人的名义发言。"①

对于这段话，按照福柯的理解，"康德为人摆脱这种未成年状态确定了两个基本条件。这两个基本条件既是精神的，也是体制的、伦理的和政治的。"福柯认为，这两个基本条件是："第一个条件是要区分属于服从的东西和属于运用理性的东西。"另一个条件就是"理性的私人运用与公共使用之区别"②。

这两个条件清晰地勾勒出启蒙的边界，或者说，明确了什么是启蒙而什么不是启蒙。对电视知识分子来说，这两个条件只是得到了似是而非的满足。从表面上看，我们不难得出电视知识分子的言说既是"运用理性的东西"，也是"公共使用"的，但是，这种看法并非是无懈可击的。如果稍微深入一点地加以辨析，就不难发现，电视知识分子的言说恰恰是相反的东西，即既是"服从的东西"，也是"私人运用"的。

一方面，电视知识分子的言说是服从的东西。就像康德在论述教会工作者的服从一样，电视知识分子的服从，体现为电视知识分子把自己的言

---

① 〔德〕康德：《答复这个问题："什么是启蒙运动？"》，《历史理性批判文集》，何兆武译，商务印书馆，1990，第 25~26 页。
② 〔法〕福柯：《何为启蒙》，顾嘉琛译，《福柯集》，杜小真编选，上海远东出版社，1998，第 531 页。

说"当作是某种他自己并没有自由的权利可以按照自己的心意进行讲授的东西;他是受命根据别人的指示并以别人的名义进行讲述的"。当然,随着现代市场经济的逐步"文明化",马克思的如下看法不能直接用以描述在镜头前侃侃而谈的电视知识分子与电视节目创作集体及其背后的电视传播机制的关系上:"工人在技术上服从劳动资料的划一运动以及由各种年龄的男女个体组成的劳动体的特殊构成,创造了一种兵营式的纪律。这种纪律发展成为完整的工厂制度。并且使前面已经提到的监督劳动得到充分发展,同时使那种把工人划分为劳工和监工,划分为普通工业士兵和工业军士的现象得到充分发展。"① 但是,如果有人像看到当年的英国工农业工人所处的境况而伪善地耸耸肩膀,或者以电视知识分子的情况远不是那样坏而乐观地自我安慰,那我就要大声地对他说:这正是说的电视知识分子的事情!②

另一方面,电视知识分子的言说是理性的"私人运用"的东西。对于这个明显与人们的感觉相异的看法,我们不妨首先要弄清楚什么是康德意义上的"私人运用",按照福柯的理解,"康德所说的私人使用是什么?它行使的范围是什么?康德指出,当人是'一架机器中的零件'时,他就把他的理性作私人使用,也就是说,当他在社会中起作用、发挥功能时,例如当兵、纳税、在教会中任职、当政府的公职人员时,这一切都使他成为社会中的特殊环节,由此处在一种确定的位置上,在此位置上他就应当执行规定并追求特殊的目的。康德并不是要人盲目地、愚蠢地顺从,而是要人使自己的理性之使用适用于既定的境遇,这时,理性便应服从于这些特殊的目的。因此,在此就不可能自由地使用理性。"③ 电视知识分子只是康德时代的"当兵、纳税、在教会中任职、当政府的公职人员"之后,在电子复制时代从属于特殊目的并使理性服从于这种特殊目的的又一个例子。除非像法国社会学家布尔迪厄在进行《关于电视》"电子写作"的那一刻摆脱了电子媒介的羁绊,对于绝大多数电视知识分子而言,这种电视言说

---

① 马克思:《资本论》(第一卷),中共中央马克思恩格斯列宁斯大林著作编译局译,人民出版社,2004,第488页。
② 这是套用马克思的话。参见马克思《资本论》(第一卷),中共中央马克思恩格斯列宁斯大林著作编译局译,人民出版社,2004,第8页。
③ 〔法〕福柯:《何为启蒙》,顾嘉琛译,《福柯集》,杜小真编选,上海远东出版社,1998,第531~532页。

只能从属于电视工业的某个环节,其自由度不言自明。当然,康德关于理性的公共运用使我们对"为何电视知识分子对理性的运用属于私人运用?"这个问题认识得更为清晰,他指出:这种公共使用是"作为一个学者通过自己的著作而向真正的公众亦即全世界讲话时"① 才得以实现。那么,对于电视知识分子来说,其面对公众的媒介不是自己的著作,即从言说时间到言说内容均从属于知识分子的载体,而是从言说时间到言说内容均从属于电视节目创作集体的影像;其言说所面对的公众也并非"真正的公众",虽则一部著作所面对的公众同一个电视节目所面对的公众都是不可知的,但是就作为著作的公众已经赋予知识分子充分言说自由并愿意倾听这种言说而言,这才是真正的公众。与几经选择与修饰的知识分子言说匆匆一晤的电视节目的公众即使抛却那种日常化接收情境所造成的干扰,并愿意倾听某个电视知识分子的言说而希求有所得益,他们也难以成为真正的公众,因为电视所能给予观众的信息实在有限,尽管真理并非全是玄妙难解的,但是,在真正领会哪怕是切近日用的质朴思想,把握其内在的理论路径也不应该是对完全掌握其简单"外壳"而言的可有可无的东西。德国学者马克斯·韦伯在批评德国大学编外讲师按照听课人数收费的制度安排时指出:"的确,以恰当的方式将科学问题呈现出来,使一个未曾受学但具备领悟力的头脑能够理解这些问题,继而能对它们进行独立的思考(对我们来说这是唯一重要的事情),大概是教育事业中最艰难的任务。但可以肯定的是,一门课程门生众多,并不能决定这一任务是否已经圆满完成。"② 这何尝不是围绕着收视率导向起舞的电视知识分子所难以完成的任务。

三 电视知识分子启蒙的行动潜能

前述讨论只是电视知识分子与启蒙关系问题的一个方面。在回答"谁获准对人性进行启蒙?"这个问题时,与康德同时代的德国作家克里斯朵夫·马丁·威兰写道:"不论是谁都能够对人性进行启蒙!——'但是谁能?'——我以一个反问题来加以回答:'谁不能?'唔,我的好心人?我

---

① 〔德〕康德:《答复这个问题:"什么是启蒙运动?"》,《历史理性批判文集》,何兆武译,商务印书馆,1990,第 26 页。
② 〔德〕马克斯·韦伯:《学术与政治》,冯克利译,生活·读书·新知三联书店,2005,第 22 页。

们站在这里，互相凝视对方吗？这样的话，因为在模糊的情形中没有神谕来作出判断（假若有一个神谕的话，那么，没有第二个神谕来向我们阐明第一个神谕，它怎么会对我们有所帮助呢？），因为没有任何人类法庭获准擅自作出这样一个决定，随心所欲地让如此之多或者如此稀少的光芒到达我们，所以必定毫无疑问的是：每一个人，从苏格拉底或者康德到那些最不明显地受到超自然力量开导的裁缝和鞋匠，都无一例外地有资格对人性进行启蒙，不管他能够贡献多大，只要他的善良或邪恶的精神把他鼓动到启蒙即可。……如果一个傻瓜在一个秘密聚会上讲了一堆废话，那么他就会对公民社会造成伤害；另一方面，一本书，不管其内容如何，今天产生不了值得提及的伤害，或者它所产生的伤害不久就会由其他著作十倍、百倍地修复。"①

德国思想家霍克海默写道："就进步思想的最一般意义而言，启蒙的根本目标就是要使人们摆脱恐惧，树立自主。但是，被彻底启蒙的世界却笼罩在一片因胜利而招致的灾难之中。"② 既然天神一样的启蒙时代的知识分子们的思想行为对产生两次世界大战这样的历史事件并非全无干系，那么，是否印刷品就一定是思想启蒙的不二法门？既然电视知识分子在启蒙方面的缺陷仅仅属于外在境遇所引发的，那么，是否就可以彻底排除电视知识分子的启蒙潜能呢？正如美国哲学家汉娜·阿伦特所指出的那样："人是被处境规定的存在者（conditioned being），因为任何东西一经他们接触，就立刻变成了他们下一步存在的处境。""要避免误解：人的境况不等于人的本性，与人的境况相应的所有人类活动和能力的总和，都不构成任何类似于人的本性的东西。"③ 但是，必须提请人们注意的是，关于"人的本性"问题，在汉娜·阿伦特看来是超出人类认识能力之外的问题，"这里的困难在于，人的认知模式只适用于认识有'自然'性质的事物，包括认识我们自己（就我们是有机生物种群发展最高阶段的样本这一有限范围而言），但是当我们提出'我们是谁？'的问题时，人的认知模式就不起作用了。"④ 这

---

① 〔德〕克里斯朵夫·马丁·威兰：《废纸捞金，或者对六个问题的六个回答》，转引自〔美〕詹姆斯·施密特编《启蒙运动与现代性：18世纪与20世纪的对话》，徐向东、卢华萍译，上海人民出版社，2005，第85页。
② 〔德〕马克斯·霍克海默、西奥多·阿道尔诺：《启蒙辩证法——哲学断片》，渠敬东、曹卫东译，上海人民出版社，2003，第1页。
③ 〔美〕汉娜·阿伦特：《人的境况》，王寅丽译，上海人民出版社，2009，第3页。
④ 〔美〕汉娜·阿伦特：《人的境况》，王寅丽译，上海人民出版社，2009，第4页。

样,对电视知识分子而言,能够成为问题的只能是对其当下境况的反思,而这种反思只能基于我们对以往境况下知识分子状态的认识,尽管这种反思往往会以"知识分子的本质"之类的面目出现,不过,马克思关于"人的本质并不是单个人所固有的抽象物。在其现实性上,它是一切社会关系的总和"① 的思想,已经提示我们"知识分子的本质",以及进而对"电视知识分子的本质"否定的看法,都只能且限于在对具体境况的讨论之中。

在讨论电视知识分子的正当性之际,汉娜·阿伦特用以表示三种根本性的人类活动——劳动(labor)、工作(work)和行动(action)的分类值得重视。她写道:"劳动不仅确保了个体生存,而且保证了人类生命的延续。工作和它的产物——人造物品,为有死者(mortals)生活的空虚无益和人寿的短促易逝赋予了一种持久长存的尺度。而行动,就它致力于政治体(political body)的创建和维护而言,为记忆,即为历史创造了条件。"②

同样地,作为人类的一种类型,知识分子的活动也同样可以分为劳动、工作和行动。从对他人在场的依赖程度的维度来看,汉娜·阿伦特认为:"劳动无须他人在场,虽然一个在绝对孤寂中劳动的人真正来说不是人,只是一个'劳动动物'(animal laborans)(在这个词的最真实意义上)。一个完全靠自己工作、制造和构建世界的人仍然是一个制造者,虽然不是一个'技艺人'(homo faber):他大概已经丧失了他特有的人的属性,成了一个神——准确地说不是造物主,而是柏拉图在他的一个神话中描述的神圣创造者。只有行动是人独一无二的特权;野兽或神都不能行动,因为只有行动才完全依赖他人的持续在场。"③ 显然,电视知识分子属于知识分子活动的行动的那种类型,因为,相对于著述,电视知识分子状态完全依赖他人的持续在场。

要认识行动的意义,我们不能不回溯于阿伦特人类活动三种类型的思想原型——古希腊思想家亚里士多德那里。亚里士多德曾将人们的生活划分为"最为流行的享乐的生活"、"公民大会的或政治的生活"和"沉思的生活",④ 显然,在这里,"公民大会的或政治的生活"和"沉思的生活"

---

① 《马克思恩格斯选集》(第一卷),中共中央马克思恩格斯列宁斯大林著作编译局译,人民出版社,1972,第18页。
② 〔美〕汉娜·阿伦特:《人的境况》,王寅丽译,上海人民出版社,2009,第2页。
③ 〔美〕汉娜·阿伦特:《人的境况》,王寅丽译,上海人民出版社,2009,第14~15页。
④ 〔古希腊〕亚里士多德:《尼各马可伦理学》,廖申白译,商务印书馆,2003,第11页。

分别与阿伦特意义上的"行动"和"工作"相对应。在这里,这种入世与沉思的生活当然存在着矛盾,亚里士多德写道:"有些人就厌弃政治,认为独立的自由人生活异于政治家生活,他们常乐于安静,宁静避世寂处。另一学派则认为最优良的生活寓于政治活动之中;人生一定要有'善行'而后可以获致'幸福',而一切'无为'的人们就没有'善行'可言。两派的持论各有其所是,也都有些谬误。前一学派认为一个独立的自由人生活胜过若干奴隶的主人,这是确实的。管理奴隶——对奴隶实行专制——不能称为光荣;在日常的鄙俗事情上发号施令也未必能表现多少高尚的才德。另一方面,他们把一切权威都看做奴隶主的权威,这就不对了。天赋的自由人和原来是奴隶的人们并不相同,自由人之间的统治和对于奴隶的统治也不相同。……这个学派把'无为'看得过高,竟然认为'无为'胜于'有为',这是另一种谬误。实践('有为')就是幸福,义人和执礼的人所以能够实现其善德,主要就在于他们的行为。"① 既然"沉思的生活"无法否定"公民大会的或政治的生活",而"工作"也不能否定"行动"。如果意识到阿伦特将言说和行动的共同点的强调,那么,沉思也同样不能否认言说,阿伦特写道:"实际上,从世界性的角度看,行动、言说和思想之间的共同点要远远大于它们的任何一个与工作或劳动之间的共同点。它们自身都不事'生产',不造成任何东西,和生命本身一样空虚。为了成为世界之物,即成为业绩、事实、事件、思想或观念形态,它们必须首先被观看、倾听和记忆,然后被物化为诗句、写下来的纸张或印好的书籍,表现为绘画或雕塑,成为各种各样的档案、文件和纪念碑。人类的整个事实世界要获得它的真实性和持续存在,首先要依靠他人的在场,他们的看、听和记忆,其次依靠无形之物向有形之物的转型。记忆,正如希腊人所相信的,乃一切艺术之母,没有记忆和使记忆化为现实所需的物化(reification),行动、言说和思想的活生生运动就会在活动过程一结束就消失,丧失它们的真实性,仿佛从来没有存在过。物质化是它们为了在这个世界上留存而不得不付出的代价,在其中,'死的文字'代替了瞬间存在的'活的精神',代替了从'活的精神'中产生出来的东西。它们必须付出这个代价,因为它们自身完全不具有世界性,从而需要一种完全不同性质的活动的帮助;也就是说,要取得实在性和物质化形态,它们就要依赖在人类技艺中与建

---

① 〔古希腊〕亚里士多德:《政治学》,吴寿彭译,商务印书馆,1965,第354~355页。

造其他事物相同的一种技艺。"① "行动和言说的联系如此紧密，是因为原初的、特定的人类行动，必定同时包含着对'你是谁？'这个问题的回答，这个问题是每个新来者都要面对的。对某人是谁的彰显，内含在他的言和行之中。而且显然言说和揭示的关系要比行动和揭示的关系更为密切，正如行动与开端的关系要比言说与开端的关系更为密切一样，虽然许多、甚至大多数行动都是以言说的方式进行的，不管怎样，没有言说相伴，行动就不仅失去了它的揭示性质，而且失去了它的主体；我们无法理解获得人们所谓的成就的，不是行动者，而是执行任务的机器人。无言的行动不再是行动，因为没有行动者；而行动者，业绩的实践者，只有在他同时也是话语的言说者时，才是可能的。"② 在某种意义上讲，相对于"工作"，"行动"是一种可以容忍的"不完美"。这种必须仰赖于他人才能存在的人类状态（例如政治）的背后是"指向某种其他的目的，并且都不是因其自身之故而被欲求"③。既然沉思无法否定言说（例如古希腊传播条件下的政治活动），进而我们又如何评价沉思的文字形态而否定言说的电视形态呢？电视知识分子的状态当然较书斋中的沉思更为世俗，也更为外物所累。这种牵绊对知识分子或公众是否全无益处，而只可理解为经济场域入侵文化场域的表征，更无其他文化解放的民主潜能呢？针对这类问题，许纪霖先生写道："媒体与文化工业还有更厉害的一招，就是它容许并且鼓励异端，特别是知识分子的批判，因为这些异端的声音，在一个政治权威主义的时代是市场的稀缺商品，有超额利润的空间。虽然风险很大，但高风险必有高利润，资本的所有者为了博取潜在的暴利，愿意铤而走险。在这样的商业原则支配之下，异端的声音受到资本的不断鼓励被释放出来，而且越是趋于偏激、极端，越是受到市场的鼓励，越会赢得所谓的收视率、点击率、出版印数，通过资本主义投入—产出的会计制度，化为实实在在的商业利润。而为市场所无形操控的民间知识分子，也会在不知不觉中失去批判的自我立场，从理性的批判滑向迎合市场对稀缺资源的特殊需求，一味取悦于观众的观赏偏好，声调越来越偏激，越来越激愤，语不惊人死不休。所谓知识分子批判，变成一个煽情的演员手势、一种矫揉造作的舞台造型、

---

① 〔美〕汉娜·阿伦特：《人的境况》，王寅丽译，上海人民出版社，2009，第69~70页。
② 〔美〕汉娜·阿伦特：《人的境况》，王寅丽译，上海人民出版社，2009，第140页。
③ 〔古希腊〕亚里士多德：《尼各马可伦理学》，廖申白译，商务印书馆，2003，第306~307页。

一连串博取掌声的夸张修辞。而所谓的正义、良知和真理，在这样的市场作秀闹剧中，变为虚张声势的图腾和得心应手的道具——这样的媒体知识分子，与左拉所代表的传统知识分子，在精神气质上何其遥远！如同海涅所感叹的：我播下的是龙种，收获的却是跳蚤。"①

笔者认为，在这里，许纪霖先生忽视了这一问题：既然异端在媒体看来是一种稀缺商品，当某个（或某些）知识分子在与媒体的博弈过程中容易变得迎合而失去了批判的立场的时候，当这种异端已经退化为媒体的忠实代言工具的时候，那么，媒体为何不会再次启动寻找新的异端的程序，以继续博取暴利呢？异端的不断呈现，何尝不是一种批判的知识传播方式呢？发现"异端—工具化（如拒绝工具化，则直接抛弃）—抛弃—发现新的异端—再工具化（如拒绝工具化，则直接抛弃）—再抛弃……"，知识分子与包括电视在内的媒体的对话过程的本质是文化场域与经济场域的对话，这种对话之所以能够不断进行下去，就在于文化场域与经济场域所生产产品的生产方式的差异，由于这种差异的存在，以至于这两种场域彼此之间难以取代，而只能用对话的方式各取所需：文化场域获得报酬及公众；经济场域获得商品及利润。经济场域收编作为个体的文化场域的生产者真是易如反掌，可是，却不能收编全体文化场域生产者，除了文化场域自身的制度安排对这种收编进行抵制的因素之外，从否定的意义理解，如果经济场域对文化场域的收编行为取得了胜利，那么，经济场域就再无提供可获得超额利润的特殊商品的生产者了，那显然又与资本逐利的本性相背离。就像在不断地捧红一个个文体明星之后，又适时地将他们从公众的记忆中擦去，再写入新的名字与形象一样，这个过程已经在某些学院知识分子那里展开。如果我们将电视知识分子的出现视为资本魔鬼被放进文化伊甸园对纯洁的知识分子进行诱惑，以使知识分子从此告别文化的不朽，进而沦为世俗大众的精神残渣的话，那么，这种看法显然忽视了作为知识传播者的知识分子的功能。就像波兰学者弗·兹纳涅茨基所指出的那样："长辈向年轻一代学者传授知识，总伴随着在非学术群体间传播了一定量的知识。宗教学者把宗教知识中的神秘成分在世俗人中加以扩散，这种扩散直接进行，或者以在神学院受过训练的宗教行动领导者为媒介。世俗学者对非宗

---

① 许纪霖：《从特殊走向普遍——专业化时代的公共知识分子如何可能？》，转引自许纪霖主编《公共性与公共知识分子》，江苏人民出版社，2003，第46页。

教知识的传播不仅延袭了这一习俗,而且以前所未有的程度将其发展、扩充和制度化。世俗学派在社会中的地位,缺乏以神启或灵感为基础的宗教权威声望,这种地位可以通过获得统治者和有权势的人(恰好对学术感兴趣)的支持或公众的支持而获得和维持。随着政治——以及更一般的——社会民主化进程,公众支持显得越来越重要了;况且,社会地位一旦被获得,就保证为学者提供比公众舆论无法控制的帝王与富贵不可靠的恩惠更大、更持久的独立性,以便让他们安心从事科学工作。因此,获得社会地位的方式就是广泛传播起码程度的对学术的理解与尊重。"①

那么,我们在充分注意到电视知识分子被操纵的同时,也不应完全抹杀电视知识分子的民主潜能和文化人本质。在论及电视节目中的讨论类节目之际,德国思想家哈贝马斯曾经指出:"粗略说来:过去,人们为了书籍、剧院、音乐会和博物馆是要付钱的,但是,为了讨论所读的、所听的和所见的,在讨论中才真正获得的信息,却无须花费。今天,讨论本身受到了管制:讲台上的专业对话、公开讨论和圆桌节目——私人的批判变成了电台和电视上明星的节目,可以圈起来收门票,当作为会议出现,人人可以'参加'时,批判就已经具有了商品形式。讨论进入'交易'领域,具有固定的形式,正方和反方受到事先制定的某些游戏规则的约束。在这样的过程中,共识成为多余之物,提问成了成规,原本在公共辩论中解决的争执挤入了个人摩擦层面。"②

法国社会学家布尔迪厄写道:电视"讨论会的常客实际上是同属于一个自我封闭、彼此认识的圈子里的人,该圈子按照持久的自我巩固的逻辑运行……他们通过非常默契的配合彼此对立"。③

美国哲学家法兰克福对《牛津英语词典》里的一个条目"公牛大会"的本质进行了深入的分析。"公牛大会"的定义是:"非正式的谈话或讨论,特别是指一群男人间的。"④ 他写道:"它的讨论可能相当激烈并且意义重大,但在某些层面上,却'并不当真'。男子'公牛大会'的典型话

---

① 〔波〕弗·兹纳涅茨基:《知识人的社会角色》,郑斌祥译,郑也夫校,译林出版社,2000,第103页。
② 〔德〕尤尔根·哈贝马斯:《公共领域的结构转型》,曹卫东、王晓珏、刘北城、宋伟杰译,学林出版社,1999,第190~191页。
③ 〔法〕皮埃尔·布尔迪厄:《关于电视》,许钧译,辽宁教育出版社,2000,第32页。
④ 〔美〕哈利·G. 法兰克福:《论扯淡》,南方朔译,译林出版社,2008,第47页。

题应该和生活中的个人方面有关,比如宗教、政治和性等。如果人们觉得会被太当真,一般就不愿公开谈论这些话题,而他们会在一起开'公牛大会',提出各种思想或态度可能是为了看看自己说这些话时,自己的感觉如何,别人怎么反应,并不意味着要对说的话负责。在'公牛大会'上每个人都知道:人们所说的并不代表他们的真实想法或真正感受。'公牛大会'的主要目的是想让谈话气氛热烈、刺激,探索性地从多方面探讨所谈的话题。因此,参与者皆有默契,大家可以不必负责任。这样就可以鼓励他们表达心里的话,而没有担心惹上麻烦的焦虑。换句话说,参加'公牛大会'的每个人,都依赖于这样一个共识:他们所表现和所说的,不会被当作是心里话,也不会被认为是他们信以为真的话。他们谈话的目的,不是要沟通信念。"① 显然,电视上举行的讨论会多属"公牛大会"类型的交流。

但是,在这里,我们仍然需要指出的是,借助电视的公共话题讨论与传统面对面的议事论坛是截然不同的。在某种程度上说,电视之所以如此引发知识分子过于期待其公共潜能而对其不尽人意之处多有指摘,可以归咎于电视所刻意塑造的面对面交流的技术假象。英国学者雷蒙德·威廉姆斯告诉我们:"电视讨论与传统政治过程,二者很不相同。在政治过程与选民之间,电视事实上扮演了很重要的中介角色;就这点来说,电视才是'显而易见'的公共论坛,尽管决策过程实际上隐而不见或甚至不存在,我们在电视里是看到了有关决策过程的讨论,看到了互动与状况的虚拟演练。……但很明显地,公众仍然还是与电视保有大段距离;我们可以独立作出回应,但并不会有太大效果。所以,在回应与质询这个层次上,更常发生的是公共论事的过程,是由电视的中间人来'代表'我们的。哪些事件上电视,什么样的决策,甚至要看到什么样的回应,都是一种有备而来的中介形式进行。"②

然而,在摒弃了这种电视在传播实践中所允诺的他自己也无法实现的技术承诺之后,雷蒙德·威廉姆斯注意到:"人们最常注意到的是其中最低劣的形式,如脱口秀之流,说些什么在这类节目中已不重要,只要有人在那里唧唧喳喳地说话,也就行了。经过安排设计的会谈,以'来宾'与

---

① 〔美〕哈利·G.法兰克福:《论扯淡》,南方朔译,译林出版社,2008,第49~51页。
② 〔英〕雷蒙德·威廉姆斯(Raymond Williams):《电视:科技与文化形式》,冯建三译,远流出版事业股份有限公司,1992,第70页。

'特定人物'带领节目的进行,是电视最恶劣的做法之一,但这确实也算是一种新的形式。在这些不良的例子之外,却也还有值得称道的讨论形式:内容有致,谈论有度,参与会谈的人物所保持的互动状态,在有了新媒介以后,可以让大众周知。这类性质的谈论,有若干最好的部分已变作收音机节目,有了电视则又增加了真实感的一面:参加讨论的人物,他们的现身,举止姿态与对谈,目的如果不在哗众取宠或亮相以博取知名度,而是属于内容有致、谈论有度的互动会谈,那么言与行同时在电视出现所代表的,将是以新方式,达到言论为人共享的一种重要经验。"[1] 这也充分表明,电视与知识分子的合作并非是单纯的"收编"与"被收编"的关系。

电视知识分子属于媒介人物之一种,关于"媒介人物",美国学者杨联陞先生指出:"我的意思,是用这个名词的广义,可以包括好几种人物,例如经济上的媒介人物,有商人、企业家、掮客、纤手(例如'拉房纤儿的')、买办,以及佣工介绍者(例如'开老妈儿店的')等等;社会方面的媒介人物,有媒人,合两姓之好,有门房,就是传达处的听差等等;法律方面有律师;外交方面有各种使节。还有宗教方面的媒介,如传教士、牧师、祭司、巫师等等;文化方面的媒介人物,如教师、翻译同传译(通事,也属于外交方面的)之类。上面举的这些例子,不但都起媒介作用,而且多数以媒介为职业(乃至主要职业)。有的作人与人间的媒介,有的作人与神(广义的,指一切超自然的神灵等)间的媒介,有的作人与物间的媒介。其以媒介为职业者(至少是以为主要职业者)可以称为职业性的媒介人物,用英文可以叫做 professional intermediate agents。"[2] "媒介,西洋学者视为一种大学问,非有大学问,不能成为媒介人物,不能发生媒介作用。"[3] 自然,作为文化界与公众相联系的纽带电视知识分子自然也需有大学问,否则其媒介作用难以充分实现。电视与启蒙当然内在地存在着某种错位,不过,这并不意味着任何对知识分子的电视言说都是难以接受的。既然知识分子的本分就是说话,那么,增加一条不那么完美的途径又何

---

[1] 〔英〕雷蒙德·威廉姆斯(Raymond Williams):《电视:科技与文化形式》,冯健三译,远流出版事业股份有限公司,1992,第96页。

[2] 〔美〕杨联陞:《中国文化中"报"、"保"、"包"之意义》,贵州人民出版社,2009,第142~143页。

[3] 〔美〕杨联陞:《中国文化中"报"、"保"、"包"之意义》,贵州人民出版社,2009,第161页。

妨呢？

　　如果我们透过生活舞台上正在上演的电视知识分子种种不尽如人意的表现，而把握其背后所蕴涵的社会关系的话，显然，由"工作"（阿伦特意义上的）规制的知识分子状态，不应简单否定由"行动"规制的电视知识分子状态。径直否定电视知识分子的正当性固然有其学理上的易得性，但却从根本上否定了传播媒介演进的文化可行性，本质上，这种否认是一种"传播媒介终结"论，即传播媒介的发展业已终结，承载人类思想传播重任的媒介只有口语和文字，而新近出现的影像媒介是不能承担这一重任的，而只能充当娱乐手段和经济工具。这种拘泥于当下传播媒介生态的看法显然否定了包括电视在内影像传播的文化解放潜能，否认了传播媒介发展的持续性。正如美国学者爱德华·W.萨义德所指出的那样："总之，重要的是知识分子作为代表性的人物：在公开场合代表某种立场，不畏各种艰难险阻向他的公众作清楚有力的表述。我的论点是：知识分子是以代表艺术（the art of representing）为业的个人，不管那是演说、写作、教学或上电视。而那个行业之所以重要就在于那是大众认可的，而且涉及奉献与冒险，勇敢与易遭攻击。"[①] 另外，虽然电视工业的宰制力十分强大，但是，这种力量的强大是否夸张到如铁桶般完全覆盖、毫不透风的程度？而实际的情况可能是在最重要和最关键的时段、节目，这种控制是惊人的，而更多的时刻，这种宰制力只能理解为一种主要呈现为悬置状态的惩戒力。萨义德认为："首先，文化工业或宰制机器的成就有一种脆弱感。毕竟，就像这些东西被放在那里一样，也可以解脱或逃避或用于不同的目的。其中并没有什么是不可避免的，甚或是必要的；那种机器就在那里，是可以被拆解的。其次，不管机器是多么的宰制，也不可能宰制一切。那在我看来是社会过程的中心定义。因此，乔姆斯基（Noam Chomsky）的说法有一部分是错的。他把所有的咨询看成都被媒体控制，而这些媒体不单单与集团联合，也与军事—工业的复合体联合，更与这个国家的政府和那些共谋的知识分子联合。这种分析是不够的。在这个社会中存在着无数个介入和转变的机会（包括他自己相当可观的努力）。你并不总是要从开始的地方来开始，那就是重点之所在。你能利用这种宰制机器过度发展的现象，在某些

---

① 〔美〕爱德华·W.萨义德：《知识分子论》，单德兴译，陆建德校，生活·读书·新知三联书店，2002，第17～18页。

时刻策略性地介入。"①

曹卫东先生将德国思想家哈贝马斯关于哲学家具有作为公共知识分子潜能的思想概括为:"哲学家作为公共知识分子相对于其他专业知识分子,有着三方面的优势,即:既能更好地诊断我们所处的时代,又能抵抗系统的不断扩张,捍卫生活世界,更能积极推动政治公共领域的形成和发展。首先,哲学家可以对现代社会的时代诊断作出独特的理解,因为从18世纪晚期开始,现代性话语主要表现为理性在哲学层面上的自我批判。其次,哲学可以更好地和总体性建立起联系,并用不同的语言提供具体的解释。由于哲学与科学以及共同感保持着一种内在的联系,由于哲学既能理解专家文化的特殊语言,也能领会实践中的日常语言,因此,哲学可以对科学和技术、市场和资本、法律和官僚所引起的生活世界的殖民化作出批判。再次,哲学从开始就有能力接手规范的共同生活,特别是公正的政治公共生活的基本问题。哲学和民主不仅有着相同的历史发生语境,而且在结构上也相互依存。哲学思想的公共功能尤其需要在制度上保障思想自由和交往自由,相反,一种始终受到危害的民主话语也离不开理性这样一个公共守护神的警醒和干预。"② 当然,各种不同学科的知识分子也可以从不同学科的视角发挥公共知识分子的职能,只是在哈贝马斯看来,可能不够直追问题本质罢了。然而,笔者认为,更值得注意的是,公共知识分子与专业知识分子的职能并非水火不容,甚至在某种程度上,如果承认专业知识分子同公共知识分子一样具有公共关怀的话,那么,"公共化"就是每个知识分子在某个时刻不可避免的命运。在电子媒体时代,这种"公共化"就离不开包括与电视的互动,美国学者杰弗里·C.戈德法布指出:"没有与大众电子媒体充分互动的文本不会传到普通公众那里。如果没有媒体跟上来,文本和媒体之间没有互动,一个没有中介的事件,在完整的意义上说,不可能是完全公开的。"现在可以传给作为忧国忧民的公民这样严肃的普通读者的过程是"通过学术的形式,与媒体控制的讨论互动"③。

---

① 〔美〕薇斯瓦纳珊编《权力、政治与文化——萨义德访谈录》,单德兴译,生活·读书·新知三联书店,2006,第188~189页。
② 曹卫东:《论哲学的社会功能——兼论哲学家作为公共知识分子》,《社会学研究》2004年第1期。
③ 〔美〕杰弗里·C.戈德法布:《"民主"社会中的知识分子》,杨信彰、周恒译,加洛校,辽宁教育出版社,2002,第187页。

"人谁无过，过而能改，善莫大焉。"① 虽然这是一个常识，但是，当我们审视电视知识分子现象的时候也不应刻意忽略这一点，而否定了电视知识分子的文化潜能。一定要对电视知识分子提出超乎媒体生态现实的要求，而当我们审视这种要求本身时，何尝不能从中发现这背后的对知识分子职能的虚妄狂信呢？只要理解这一点，就不难理解电视知识分子概念本身荒诞性的一面，以及由此种荒诞性所产生的对知识分子与电视合作行为的苛责。电视知识分子个体绝非西奈山上的摩西，电视知识分子个体不能独立承担启蒙的历史责任，这种类似引领犹太人走出埃及的重任加诸任何知识分子个体身上都是近乎疯狂的，尽管电视知识分子的合作者电视具有令人难以想象的力量。电视知识分子的本真状况就是在电视上说自己的话，至于会否为电视所利用，那已经不是知识分子本身所能左右的了。当然，只要不是曲学阿世，不妨以宽容待之，真诚接受这种人类智识状态的不完美。意大利符号学家艾柯也一度持有如下立场："有种想法是可怕的，看来也是乌托邦式的，即认为我们必须请求未来的学者和教育者们放弃电视演播室或报纸的办公室，像批判接受派的青年无政府主义者一样去挨门挨户进行游说。但是，如果传播时代朝我们今天看来最有可能的方向进展，那么，这对自由人来说，就是唯一的拯救。"② 按照英国学者 J. 哈特立的看法："实际上，1967 年以后，艾柯自己从这个乌托邦立场退缩了。""他明确地放弃了他自己的'青年无政府主义'的战斗号召——'教收信人"阅读"讯息并批判它们'——这就像'1968 年的另一个梦'。直到现在，艾柯还在说：'一切都过去了。我们必须从头开始，相互问一问目前发生了什么。'他提问题的方式及他推卸'作为一个学者和公民的政治义务'的方式再也不同于挨门挨户式的符号学游说。相反，艾柯回到了传统'高雅文化'的理智、教化方式上。他的义务和快乐就是研究和撰写学术著作，'教课，阐释不够完美的观点并听取学生的反应……为报纸写文章，第二天再看自己的文章并阅读其他人的反应。'"③ 艾柯的这种变化，是现代知识分子媒体境遇的缩影，美国学者杰弗里·C. 戈德法布告诉我们："在充满媒体的公众生活中，他们的声音可能是轻柔而有力的批评声音，但活跃了广

---

① 杨伯峻：《春秋左传注（修订本）》（二），中华书局，1990，第 657 页。
② 转引自〔英〕J. 哈特立：《受众的真实世界》，胡正荣译，《世界电影》，1997 年 6 月。
③ 〔英〕J. 哈特立：《受众的真实世界》，胡正荣译，《世界电影》，1997 年 6 月。

泛的公众讨论，冲破媒体逻辑和商业压力的阻碍。但必须承认，这是不可能的。"公众"被大众媒体的偶像所湮没，对其他事情没有时间思考或倾注。媒体时代的整个公众生活有时似乎是 30 秒的刺耳声音。更严肃和持久的任何事情显然被人忘却。然而，如果从这一表面得出结论，知识分子干预对公众根本没有什么重要性，这就错了。这些著作的确在那些希望更注意和影响舆论的人当中有着潜在读者，从学术界的教授和学生，到政治领导人以及他们的职员，到记者和专栏作家，到各行各业里受过教育的公民。对这些人来说，思想至少有时候是很重要的，对他们和广大公众是有影响的。相对慢节奏的知识分子生活世界，即使在媒体时代，也有时影响了广大的政治潮流"①。

第三节　电视知识分子在公共领域之中的媒介呈现

一　选择谈话节目作为观看电视知识分子的原因

美国学者彼德·达格伦（Peter Dahlgren）将哈贝马斯公共领域理论的批判性主题划分为四个领域：媒介机制、媒介呈现、社会结构和社会文化互动。这四个领域为我们分析哈贝马斯公共领域理论提供了一个较为简明的分析框架，达格伦说："每种维度都作为进入关于公共领域的一整套焦点问题的路径而发生作用。不但是经验和评价性的维度，而且是理论性和概念化的问题。没有一种维度是自足的；所有四种维度都彼此勾连互为补充。"②

在一定意义上说，媒介上的谈话节目与公共领域存在着一定的同源性："一切是从什么地方开始的？在《大家谈：媒介文化中的脱口秀》一书中，韦恩·门森教授认为，谈话节目的源头可以追溯到 18 世纪英国的咖啡馆，

---

① 〔美〕杰弗里·C. 戈德法布：《"民主"社会中的知识分子》，杨信彰、周恒译，加洛校，辽宁教育出版社，2002，第 193~194 页。
② Peter Dahlgren（1995），*Television and the Public Sphere: Citizenship, Democracy and the Media*, Sage, p. 11.

在那里第一次出现了讨论社会问题的公众聚会。"① 无疑，咖啡馆之类的公众聚集地也同样是资产阶级公共领域的前身文学公共领域的重要机制，而这种同源性，使电视谈话节目与公共领域有着天然的联系，或者说是人们头脑中残存的关于曾经存在的文学公共领域和资产阶级公共领域的记忆通过电视媒介加以某种还原的结果。"虽然中西具体语境有所不同，但从本质上来讲，'脱口秀'这种节目形式都是通过建立一种全国或地域性的谈话系统来实现它作为'公共领域'的功能。"②

电视谈话节目从广义上，大体可以分为两类，一类是只有记者或节目主持人同嘉宾在演播室里进行的访谈，所以又称电视访谈节目；一类是有现场观众参与，并提出自己的观点与嘉宾进行交流。美国学者利文斯通和朗特将第二类电视谈话节目归纳为八个特征③。从狭义上说，电视谈话节目一般指第二类。

一般认为，广义上的电视谈话节目最早出现于20世纪50年代初期，美国的商业电视勃兴之时，1950年5月15日晚11点，NBC电视网正式播出了一档名为《百老汇露天剧场》的1小时谈话节目。1953年，WNBC电视台播出了由斯蒂文·艾伦（Steve Allen）主持的晚间节目《艾伦之秀》。NBC电视网把该节目吸收入网，开辟了美国电视史上最有名的脱口秀节目《今夜》，类似综艺节目。④

如果把电视访谈类节目也归入电视谈话节目的话，那么，我国电视谈

---

① 〔美〕吉妮·格拉汗姆·斯克特：《脱口秀：广播电视谈话节目的威力与影响》，苗棣译，新华出版社，1999，第27页。
② 郭晋晖：《"脱口秀"在中国——试评近年兴起的电视谈话节目》，《文艺争鸣》2002年第2期。
③ 这八个特征是：第一，嘉宾或专家同演播室观众共聚一堂，专家坐在前排的沙发上并有可见的标签说明身份；第二，主持人，典型的媒介"人格"，拿着话筒在演播室观众中走动，选择发言者和毛遂自荐者；第三，每一个单元经常集中于由新闻事件所引发的社会、政治或个人关心的特殊问题；第四，节目包括现场的、有争议的就某一指定主题的对话和争论以表达对立或不同的观点；第五，尽管对话由主持人和创作团队来设计，但是对参与者的选择和指定也依赖于讨论的进程和演播室观众的参与；第六，对于参与者而言，情感宣泄更有意义，个人经历要比道听途说或科学事实更好；第七，节目生产成本比较低，在白天或深夜播出因而不占据黄金时间；第八，节目或者是直播或者是在节目播出前不久的实况转播，少有或没有剪辑。参见 Livingstone, S. and Lunt, P. (1994), *Talk on Television*, London: Routledge, p. 39。
④ 君奥：《今夜一起来大侃：美国谈话节目"脱口秀"简历》，《当代电视》1995年第2期。

话节目的历史可以追溯至 20 世纪 60 年代。① 1993 年，在中央电视台开办的新闻杂志栏目《东方时空》设立的《东方之子》单元恢复了主持人访谈的节目形式，1995 年 5 月 4 日，中央电视台播出了纪念《东方时空》创办两周年的特别节目，其节目样式成为后来《实话实说》的雏形。1996 年 3 月 16 日，中央电视台正式推出《实话实说》栏目。

《实话实说》的创始人时间先生说过，他想利用这个节目来影响国策，他认为："'电视对话'这一媒介所体现的是民主，并且有可能影响国策，他们当初走上媒介的工作岗位大多抱有这一理念，也有专家说今天的谈话节目要培养和向人民宣传的是现代观念和民主意识。"② 这说明中国的电视人是存有借助电视谈话节目打造中国公共领域的自觉的。

二 电视谈话节目的一种叙事模式

电视谈话节目既然是一种叙事文本，那么是否如许多文学文本，特别是民间故事那样存在着某种叙事模式在里面呢？如果存在，那么电视谈话节目对话题的操纵性就是显而易见的了。但是，这种模式的存在方式与形式主义文论给予文学的分析还是有些区别的。例如利文斯通和朗特承认："从将分析框架加之于节目之上的那些努力中可以看到，很清楚没有一种框架会完全适合。在讨论此消彼长的过程当中，辩论结构的许多因素，讨论对话的许多形式和修辞行为的许多类型都可能在任何节目中出现：那是框定节目本质的辩论风格和行为的混合体。"③ 然而，他们还是总结出一些电视谈话节目所运用的要素和叙事过程，当然，这些要素不是绝对的，甚至也不是必需的，它们只是存在于某种理想的状态下，只是我们在分析时所

---

① 1960 年 11 月 4 日，北京电视台播出了周恩来总理 1960 年 9 月 5 日同英国记者格林的电视谈话节目纪录片。这是目前有案可查的关于中国内地电视谈话节目的最早记录。另外，20 世纪 60 年代北京电视台还设有《电视台的客人》栏目，曾邀请著名文学家、艺术家、劳模参加节目。1980 年 7 月 2 日，中央电视台政论性专题栏目《观察与思考》开播。1985 年 2 月，中央电视台设立的《电视论坛》栏目开播，邀请当时的名人对重大问题发表自己的见解。1987 年 6 月，陕西电视台开办了《对话与交流》节目，开政治谈话节目之先河。1992 年，上海东方电视台开办的《东方直播室》是我国第一个新式的电视谈话节目。徐雷：《我国电视谈话节目的历史格局和流变脉络》，《湖南大众传媒职业技术学院学报》2004 年第 3 期。

② 凌燕、李正国：《主流意识下的商业潜流——电视谈话节目文本分析》，《南方电视学刊》2001 年第 2 期。

③ Livingstone, S. and Lunt, P. (1994), *Talk on Television*, London: Routledge, p. 140.

应该注意的一种参照系罢了:"节目开场——第一批故事——对话和讨论——专家点评——专家和现场观众互动——讨论中主持人的操纵——专家详细说明——讨论继续——得出结论"。

笔者选择了凤凰卫视中文台 2010 年 6 月 26 日播出的《一虎一席谈》中的一期节目为例加以说明。

节目开场

主持人:一虎一席谈

观众:有话大家谈(鼓掌)

主持人:全球的华人你好!欢迎您收看今天的《一虎一席谈》。那么,今天听到观众掌声特别热烈。为什么?今天谈工资。所以,工资关系到大家口袋里的荷包。现在大家热烈欢迎专家。问题来了,有一句话这么说的,内地现在什么都涨,就是工资没涨。是真的工资没涨,还是大家的心大了,贪心不足蛇吞象。还是大家的口味越来越重,忘了在过去几年之中已经涨价了。过去这几年,为什么涨(工资)的幅度大家不满意?有人说,因为没有人来推动。现在有权威的专家认为说,谁来推动?政府来推动最好。不仅是中国要来推动,其实,以前的邻居日本就做得非常好,是不是日本的例子,在中国此时此刻的条件能够成立呢?一场 PK 马上就要开始,关心你的口袋里的荷包能不能工资涨。(按:主持人在点出本次节目讨论的主题后引出对嘉宾的介绍。)

所以,马上要锁定今天的《一虎一席谈》,为您介绍第一位嘉宾,我们的新闻人物,在我左手边,热烈掌声来欢迎中国劳动学会薪酬专业委员会的会长苏海南。海南兄,欢迎您!第二位,右手边,中国国务院发展研究中心金融研究所的研究员吴庆。欢迎吴庆!第三位,中国社科院财贸所研究员杨志勇。志勇兄,欢迎您!第四位,知名的学者秋风,欢迎秋风来到现场。(按:用专业头衔凸显这些专家的权威性。)

按:介绍嘉宾是每期节目必需的工作。这项工作的本质是把专家同现场观众区别开来,拉开距离。让专家坐在台上是一种办法,也有专家坐在台下观众席的前排的,这并不重要,而更重要的是借助专家的头衔使观众感到同专家相比自己是多么的无知!这种先入为主的成见,使专家在与受众的对话中始终处于优势,这并不是全部答案。这背后所隐藏的是主持人对整个对话场的操控,对话场中的对话只能是主持人——专家、专家——专家和专家——现场观众,其间偶尔出现主持人与现场观众的对话以作为点缀,现场观众——现场观众的对话消失了,因为主持人难以控制,更为容易控制的是专家,他们已经习惯了按照媒体的需要提供思想的说话方式了。而在这个例子中,我们分明看到,这个专家的逐步熟悉的过程。

专家之间的对话与讨论 I

主持人:那么,一开始,我先来请教我们的新闻人物,就是海南兄。其实,这个建议当中是日本就有的。但是,您在这个时候又再次抛出来,一定有你的深思熟虑。简单地告诉我们,它的理论依据是什么?这个居民收入倍增计划,有没有理论基础。

苏海南:我认为是基本可行的。

主持人:对。

苏海南:一个,中央有这样的一个要求。十七大提出了一系列的深化收入制度分配改革的大政方针。特别是,当前,调整国民收入分配格局,提高"两个比重",是完全有这个需要的。如果我们实行了这么一种做法,有利于促进解决收入分配不公问题,也符合老百姓的心理期望。

主持人:好。(按:希望打断专家的发言,但是专家仍有话要说。)

苏海南:但是,我还要补充一点。我所说的是切蛋糕的第一刀。

主持人:切蛋糕的第一刀。

苏海南:是切好政府、居民和企业三者的关系。切完这一刀以后,才是后面的居民内部怎么切?

主持人:对,居民内部怎么切?(按:不断插话,除了帮助观众抓住重点以外,还有催促专家加快语速,尽早结束这次发言的暗示在里面。)

苏海南:现在,往往呢,是把这两者混为一谈。

主持人:好,谢谢,谢谢海南兄的说明。(按:不再暗示了,直接打断,以抓紧时间请下一位嘉宾发言。这是主持人权力也就是电视节目创作集体的核心权力,谁能说,说什么,说多少,怎么说。总之,在电视上,一切知识分子言说的呈现方式都取决于这一权力,这也是电视知识分子最受人诟病的所有问题的源泉。一个代表着传播机构或者说收视率的个体的手紧紧扼住知识分子的咽喉。）

主持人：来，我们看一下。现在海南特别强调，这是切的第一刀。他刚才特别强调了，因为呢，其实中央有它的计划，中央怎么说的？（按：此时，主持人站在现场的一个显示屏前，指着显示屏说了下面的话。）温总理其实又说："我们不仅要通过发展经济，把社会财富这个'蛋糕'做大。也要通过合理的收入分配制度，把'蛋糕'来分好。"目前的"蛋糕"是怎样来分配的？这个"蛋糕"上面写了几个数字（按：主持人又走到现场已经预备好的一个蛋糕那里，这个蛋糕上画有政府、企业、居民收入分配的"饼状图"。上述做法都是电视经常使用的手段，即运用各种可能的形象化手段，将抽象问题形象化，在某种程度上讲，也就是"弱智化"。因为这种做法抽去了隐藏于事物背后最为关键的那部分权力关系的网络纽结，而将复杂问题模式化为若干简单到一目了然程度的因素的组合。），比如说，政府 19.5%，企业 22.6%，居民 57.9%。我想让海南帮我补充一下，这个数字的比例是 2007 年的数字，对吧？

苏海南：对。这是中国社科院的数据。

主持人：好。现在我要请教吴庆了。（按：转入下一位嘉宾。按照这个节目两方嘉宾彼此对立、进行辩论的设计，轮到反方发言。）从刚刚的想法来说，既然中央有这个愿望，现在的比例实际上有这样的条件，重新来划分，用这种居民倍增手法能不能？可不可行？

吴庆：第一点，我认为，这个是没有必要的。在过去几年里头，在我们几个劳动密集型产业很发达的地区、沿海的地区，已经出现了"用工荒"这种情况，是早几年就已经出现的。那么，在最近两年里头，我们看到那个地方的民工，我们说的是比较低收入的这个阶层的工资，他们的工资是已经开始上涨了，而且涨的幅度可能还不小。也就是说，市场机制正在推动低收入的这些人的工资在上涨。

主持人：市场自己已经在动手了，你政府何必要画蛇添足。是这个意思吗？

吴庆：对。未来的一段时间里头，如果世界经济和中国经济保持平稳增长的话，不会有大的危机，比如说，二次探底没有关系，但是只要它探得不是很严重。那么，这些低收入者的工资还是会上涨的。根本用不着政府去操这个心。

主持人：好。来等一下。（按：转入下一位嘉宾。正方嘉宾再次出场。）

志勇来帮我们补充。他刚才特别说到了如果按照目前 GDP 的增长，还有很多发达城市的情况，其实市场机制就能够推动整个情况往前做到，又何必还要弄一个政府这样的大帽子来帮忙呢？

杨志勇：首先我要说，这个收入分配问题，市场本身是解决不好的。越是有效率的市场，越是维持最初的收入分配状况。大家可以很容易地理解，如果说，你有一百万，他有一百万，如果是有效率的市场，最终你们的收入分配应该说还是同样的一个格局。这是第一点。也就是说，在这时候，应该是需要政府在收入分配上面动刀。那么，政府在收入分配上面有一些是市场没办法解决的。比如说，像垄断行业的工资，那是市场能解决的吗？

吴庆：垄断行业的收入比别的行业高很多倍。这是怎么造成的？正是我们错误地干预的结果。

杨志勇：你刚才说到这个正是因为政府才导致了现在这个（垄断行业的）高工资，那么，正是需要政府出手的时候了。所以，这个计划需要的是政府。

主持人：好，来，秋风请。（按：反方嘉宾再次出场。）

秋风：我觉得市场如果说比较健全的话，应该说，它所达成的一个收入分布结构是比较平衡的，或者说是大家可以接受的。那我觉得我们中国，其实过去二十几年来，最大的问题就是这个市场遭到了各种各样因素的一个扭曲，从而导致这个收入分配的分布，就是收入的分布严重地失衡。所以我觉得，我不是很支持这个国民收入不管是倍增或是什么什么。（主持人插话：居民收入倍增计划，它真正反弹的原因是什么？）因为我认为，其实重要的问题不在于说是国民收入的高还是低，就是平均的数字是高或者是低，而是这个贫富差距在中国实在是太大了，它的程度已经超过了大部分国家。

主持人：你的问题我可以来这样解读吗？（按：语气间已经不难发现存在着迫不及待的意味在里面。）真正的问题不在这三个的比例，而是在这个红色的区域当中（指的是节目现场所提供的蛋糕上所画的居民收入部分），它是失衡的，是真正的问题？

秋风：不不不，我的问题是说，它其实有好几层的失衡，一个是说在政府、企业和居民之间或者说劳动者之间，首先政府拿得最多，然后企业拿得次之，是吧？然后劳动者拿得最少。这个是一层失衡。那么另一层失衡就是说，在整个的除了政府之外的其他的国民中，那就是说掌握权力和掌握了财富的人,他们拿得太多。

主持人:好。

秋风:而普通的劳动者拿得太少。

主持人:来,海南帮我们澄清一下概念。

苏海南:秋风先生有点接近我的观点了。

主持人:他被你吸引住了。

苏海南:现在第一步说的是这个大蛋糕里面居民分得偏小了。

主持人:来,海南兄来这旁边一下。(主持人请专家走到现场的那个蛋糕旁边)来,帮我们来看一下这个蛋糕。这个蛋糕是大家所熟悉的目前的这个比例。对不对?该怎么样?你的原意是希望把这个蛋糕做成什么样?

苏海南:我的原意呢,而且温总理也讲了,(主持人:对)那么,政府可以让一点,企业也让一点,因为我们1996年的时候,居民收入占这个蛋糕的比例是65%到66%。(主持人:对)现在,我们(居民收入占比)只有57%,这个显然小了。这个小了以后,再往下的,后面大家关心的,这个兄弟姐妹切蛋糕(那才是后面几步的事情),那就不够切了。现在关键在这儿。首先第一步把这个切好。

主持人:我现在听懂海南的意思了。其实很多人当时在媒体转述的时候,没有转述这一点对不对?

苏海南:对。

按:就这样,我们清楚地看到了:在整个谈话过程中,所有问题(从实施居民收入倍增计划的理论基础、实现居民收入倍增的做法是否可行以及相关概念的澄清等)像在主持人用鞭子驱赶下,专家匆匆解读完毕,有的问题需要详细解释的但是又只是蜻蜓点水般一带而过,有的问题则只是提了一下根本没有展开。由于无法展开,观众从专家那里得到的是事前基本已知道的解决办法,唯一不同的是,这是由专家提供的常识。观众的神经在这种不疼不痒的信息按摩中完成了对复杂性问题的简单化理解。

专家与现场观众对话 I

主持人:但是,我想问一下场下嘉宾,你认为非要通过政府的手段不可的请亮赞成。相反的请亮反对。三,二,一!(按:在场观众亮出标志赞成或反对的字牌)场下的嘉宾请看。看看场下的嘉宾,有赞成,有反对。

来，我来听听看。

观众1：因为作为居民来讲，他跟企业去争工资，他是弱势群体，必须要靠政府来为他们撑腰。而且我们的政府是人民政府，它可以代表我们人民向那些企业，不管是国有企业还是私营企业去说话，（主持人：但是，它是代表老百姓的，对吧？）为居民争得应该得到的利益。

主持人：谢谢！来，请。

观众2：苏老师说了，就是要政府来切这第一刀，但是我觉得现在有没有一个组织可以去监督政府这个分蛋糕呢？就是说，万一政府在切蛋糕的时候，它把企业那块缩小了，然后把企业那块吞进自己那里，怎么办呢？就是说，如何去监督政府的这个行为。现在对政府的监督是很无力的，所以说，我觉得现在条件还不是很成熟。

苏海南：因为这个第一刀是只有政府才能切好的。首先，税收是政府定的，当然是税依法定，我要少收点钱，老百姓就多了。我要让国有企业上缴利润，也只有政府才能做出这个安排。我要对中小企业让利让税，也只有政府才能做出这个安排。温总理讲，要让财政税收在初次分配中发挥调节作用，就是这个意思。

主持人：好！谢谢。来，吴庆来。

吴庆：我想打断一下。其实在一次分配、初次分配上头，我们更多的是依靠市场，而在二次分配，当然，现在还有人提出来三次分配，在二次分配和三次分配的时候，我们才由政府来做得更多。

主持人：这个很有意思。一个是说第一刀动手的时候，是要靠政府才能做，因为政府享有财税的调节权。但是，你却认为在第一刀当中，就让市场来做，你的理据是？（按：两位专家观点的直接冲突才是电视最感兴趣的，因为，这里有戏剧性，或者再直白一点说，这种性质将满足观众看看"谁会出丑？"的心理期待。）

吴庆：市场做得更多。因为工资总的来说，工资它就是一个价格，市场来决定价格才能够达到资源的最优的配置。当然，我针对刚才几位嘉宾的发言，想做一点点评论，就是说我反对这个计划，这个收入倍增计划，但并不是说我反对政府干预这个市场。大家知道，其实从理论上来讲的话，市场，它经常会有不完美的时候，特别是这个劳动力的市场，它更加不完美一些。正是由于这些，这个市场不完美，所以我们需要政府来做一些事情，但是做这个事情也有一条原则，就是它是弥补这个市场的不足，让市场机制更好地发挥作用,而不是去干预它。

苏海南:我觉得对方在某些观点上,跟我差别不大。其实,有一点混淆。(主持人插话:哪些方面?)比如说市场机制发挥基础性作用。这一点,我们都是共识的。政府调控是补充,这没问题。问题是在蛋糕里,政府收税的多少决定着企业这一块蛋糕的大小。先定完这个,企业跟劳动者集体协商才能定,讨价还价才能定好劳动者要多少。如果你政府少要点,它那儿谈判的空间就大了,你要政府多拿点,它谈判的空间就小了。这个应该说是很简单的道理。

主持人:好!现在的问题是我请问场下的嘉宾:目前中国的条件是不是势在必行?你觉得是否可行?以目前整体的经济情况来说,来,场下的嘉宾表达你的意见。

观众3:企业能不能够做到就是倍增,把这个利润,有这个能力去把这个利润分给这些居民。因为我们知道咱们国家制造业利润也就5%到8%。那这种情况下,如果再提高员工的收入,有很多企业就会倒闭。对于这种情况,我觉得是国家需要正式出台很多措施来解决的。因为它(企业)没有这个能力。

观众4:刚刚苏海南老师也说了,他说关键是第一刀由政府来切,但我并不觉得,就是政府该怎么切?而是说政府应该把这个东西让出来,让大家来决定。比如说,政府说它要建立一个机制,说让大家来维权。

观众5:在外国,它有很多组织就像工会什么的,它们都会组织工人,就是联合起来向企业谈判,然后涨工资,还有一些权利。如果要靠政府的话,有很多时候政府就没办法很准确地知道工人的意愿。

主持人:好。谢谢。那我们现在来看一下好了。苏老师帮我们解释一下。有人讲说,其实在国际上是有先例的,不是苏老师独创的。(苏海南插话:对对。)日本的国民收入在1960年的时候,你看日本首相当时启动了一个为期十年的计划,定下目标,国民生产总值和国民收入年平均增长速度7.8%,人均国民收入年平均增长是6.9%,最后的结果你看看,(日本人均实际国民收入)增加了两倍,到1968年,就成为仅次于美国的第二大经济体。之所以做到当时世界的第二,跟这个计划有关,对吧?(苏海南插话:有很大的关系。)而它的条件跟中国是不是一样能吻合,能够复制呢?

苏海南:应该说,到现在,不是太吻合。如果在90年代或者90年代中后期。实际上日本在"二战"以后,经济开始整顿、开始起飞的过程中,它有一个特别好的条件，就是因为战后它没有太大的贫富差距，国民收入是六年达到了倍增，原来计划十年。居民收入、劳动者报酬呢？是七年达到了倍增。它后面的两个倍增，跟前面一个倍增的增长速度比较匹配。我们现在就是还在经济快速发展过程中，这个条件是相似的。但我们有个基础不一样，就是现在的贫富收入差距比较大。所以，我一再要讲清楚，我所说的这个，不是一个简单的倍增，只是参考它的做法。首先切好第一刀，然后呢，我们内部，居民内部，（主持人插话：后面的到时候再说，还有配套措施）那还有很多措施要跟上，是可以解决的。

主持人：好。谢谢！吴庆来补充，吴庆。

吴庆：我谈两点看法。

主持人：来，请。

吴庆：就拿这个数字来说的话，我们看到，在60年代，这个国民生产总值，日本的吧？实际上，这个比例，如果我们看这个收入在国民生产总值中的比例的话，它实际上变化是不大的。这是第一点我想讲的。第二点，就是关于收入分配差距，解决收入分配差距有很多的做法。有很多做法我们根本就没有。我们已经看到了，但是还没有做好。那么，这个国民收入倍增计划呢，就是一个总量计划，对不对？我们用一个总量的计划去解决我们的一个结构问题，这是不是你工具都选错了。关于收入分配差距的问题，我认为，我们有两件事情是应该花大力气去做的。第一件，就是反腐败。腐败造成的贫富差距扩大，是遭人痛恨的一种贫富差距。第二件，就是关于我们的垄断行业。垄断行业和非垄断行业之间的收入差距越来越大。在过去是扩大的趋势，这是市场扭曲造成的。（主持人：所以政府职能应该是在强大这方面的力度，对吧？）对，现在，我们做的事情是应该消除市场的扭曲，而不是用另一个扭曲来抵消它。

主持人：谢谢，谢谢你的补充。我还是回到这个主题来。经济议题我还是回到经济议题来。我想问的是，如果真的采取了这个居民的收入倍增计划，到底它之后的这个蛋糕是让全民一块儿来共享，还是只有少数的既得利益者？休息片刻，回到现场。我们再请出两位嘉宾加入我们的现场。

按：这一单元的对话是以两个问题为中心展开的：1. 是否一定要通过政府才能完成居民收入倍增？2. 以目前中国的条件，实施居民收入倍增计划是否可行?按照观众—正方嘉宾—反方嘉宾的顺序展开。在这里,一个"话语权金字塔"已然呈现,即观众是这个金字塔的底层,专家是金字塔的中间层,主持人是金字塔的最上层。在这里主持人的权力最大并不难理解。专家与现场观众之间的关系在很大程度上取决于谁拥有解释权,这种权力的直接表现就是"谁最后一个说话",因为谁最后一个说话,谁就拥有了驳斥不同意见、维护己方意见、造成既成结论幻象的权力。

(插播广告)

专家之间的对话与讨论 II

主持人:欢迎回到《一虎一席谈》的现场,我们再继续为您介绍我们的两位嘉宾,在我右手边的是北京浙江商会的副会长陈俊先生,欢迎陈俊。在我左手边,他担任过企业工会的主席,热烈掌声来欢迎唐晓东先生,欢迎晓东兄。

主持人:好。我先来问一下陈俊。刚刚(你)也在场下听了,如果我们采取了这个居民收入倍增计划,到底这个蛋糕,如果真的重新切割之后,这个红的一块(指现场的那个蛋糕中政府所得的部分),这个红利是让全民真的都会分享得到,还是只有极少数的人。

陈俊:有一个概念一定要搞清楚。(主持人插话:什么概念?)是国民收入呢?还是居民收入?(主持人插话:居民、居民,我们再确认是居民。)那好,居民收入,居民是包括哪些居民?是多大年纪到多大年纪,是在单位工作的呢,还是自由职业者?这个概念一定要搞清楚。假如说是在单位里工作,单位里分为国有企业和民营企业,那国有企业显然是可以做得到,民营企业那么就很难做得到。这个概念搞不清楚的话,那这个讨论就失去意思。

主持人:好。来,谢谢。来,海南兄来帮我们补充。

苏海南:这个概念应该说是很清楚的。居民收入里面包括了劳动报酬和非劳动报酬。劳动报酬就是工薪劳动者加上农民的收入,所以是既有职工,也有非职工。那么这里面讲的呢,就是在蛋糕做大的过程中,我们怎么让居民的收入增长,劳动报酬的增长速度跟人均 GDP 和整个 GDP 的增长速度相匹配。(主持人插话:是啊,因为在过去我们就看到了,GDP 都是不匹配的嘛。)以往是增少了、增慢了。

陈俊：那么好，这就产生一个误区。比如说，你现在这个观念是成立的话，我劳动报酬刚刚打破了大锅饭，现在又融合大锅饭。我做与不做，做得好、做不好，我都有一个（倍增的想法）。

苏海南：这就是我们往往对后面几刀，不知道怎么切，都在那儿瞎猜。要么就是大家人均一份，要么就是富的越富，穷的怎么也赶不上富的。其实，这是后面我们要讨论的问题。

主持人：好。晓东要补充吗？晓东。

唐晓东：我赞成苏老师的意见。我完全赞成苏老师的意见。

主持人：完全赞成，为什么对这个计划有这么大的信心？

唐晓东：因为我觉得苏老师首先提出来这个蛋糕要切好，如果蛋糕切好了，企业就有足够的余地来跟职工谈。那就有的谈了。

主持人：你一直觉得在过去这几年当中，经济都起飞了、GDP 都成长了，而其实劳工呢，他的口袋并没有跟 GDP 做同步的增长，关键就在这个切的第一刀。

唐晓东：不不不，这个也不完全。因为你让企业拿出自己的腰包来，让利给职工，这是比较困难的事，所以要是政府来切这样一块，然后企业再把多出来的让一块。这样的话，就好商量了。

主持人：所以要陈俊通过商会，来把他们那儿砍一刀是不太可能的。（陈俊插话：这个是很难的。）要是政府在背后有这一刀，砍他的还是有可能。（主持人的手做刀的样子砍向陈俊。）

陈俊：这个很难。这个用数学模型来做，完全成立。假如在实际当中运用困难重重。

主持人：我就举一个实际的例子。我现在代表政府，我有一刀在后面来砍了，你能不听吗？

陈俊：不啊，这个企业分为国有企业和民营企业，民营企业又分为大型的、中型的、小型的。比如说，拿浙江的例子来说，95%以上都是民营企业，民营企业现在在目前经济转型的过程当中，有些民营企业它生存很困难，恢复起来很困难，经济复苏的基础还不牢固。那么，要求所有的员工都经济收入翻倍显然是不现实的。

苏海南：所以要说倍增。我一直没说是倍增这个概念，也绝对不是说人人、见人都涨一倍，绝不是这个概念。我们首先把大蛋糕切好，让居民的这一块多一点。然后呢，我们再说后面的怎么个切（法）。让少的怎么多加，中等收入的合理地加，这个收入偏高、过高的少加或者不加，非法收入者应该是扣罚，是这么一个关系。

陈俊：我们那边就是说有一种工资方法，（指着现场举出表示"反对"纸板的观众，主持人插话：等一下，等一下，你看非法的这边全部举手了，来，请。按：在电视节目制作的现场，"戏剧性＞事实＞观点"，在嘉宾希望介绍一个事实的时候，现场一个观众同嘉宾的并不一定有意义的对抗所可能产生的戏剧性就直接以主持人插话的方式压倒了嘉宾可能提供的一个重要事实。）我们那边有一种工资改革方法，得到了温家宝总理和国务院的高度赞赏。是什么？民营企业和企业当中，采取面议工资方式，谈判工资方式。

苏海南：对，这就是我要讲的后面切几刀呢？市场经济的通行做法：行业，区域性，对小企业劳资双方平等协商，确定工资增长。但这里有一个前提，企业自己这块蛋糕的大小，这块蛋糕由谁决定的？政府决定的。所以，还是离不开第一刀。

秋风：我觉得其实我们在讨论这个收入分配问题的时候，不应该盯着这个结果，我想还是盯着这个就是说每个人的权利是不是平等。如果说他的权利平等了，那么很可能出现一个结果，就是说这个收入、某些人的收入并没有提高，但是它仍然是公正的。问题的关键在于，就是说，你要让每一个人觉得公正，而不是说他手里真正拿多少钱。

陈俊：我认为，在每个人（觉得）公正的背后，是每个人对企业贡献的大小，不是光有权利，光声张权利是没用的。比如说，他是技术工人，他是高精尖人才，他是一般的劳动者，那当然他们的收入是不一样的。不光光是它是公正，公正的背后要通过企业所做的（贡献）大小才能体现出来。

秋风：公正的含义就是说，他自己觉得我付出了某些东西，然后，我应该得到跟我这个付出相应的报酬。

陈俊：所以说，在这个过程当中有高中低。

秋风：那肯定，这是毫无疑问的。

主持人：来，吴庆。在企业当中能不能实现？

吴庆：我认为是不可以实现的。刚才我们所谈论的数字都过于简单。我们拿几个简单的数字好像就解决了这个收入分配的问题。实际上，市场要解决的这个分配问题，它最末端的时候，要分配到每一个的个人，而不是说分给几个团体就拉倒的事。所以说，很关键的问题就是，苏先生的那个第一刀以后,后边的那些刀怎么办?你怎么个分法?那么,市场能够做得到分配到个人。那么你的计划能够做得这么详细吗?如果你能够做到这么详细,都分给个人的话,我相信我们当年搞的计划经济就不会失败。

陈俊:我认为这个倍增计划数学模型上讲得通。在实际当中,我认为在十年之内都实现不了。

主持人:十年。

杨志勇:我不谈数学。但是就是因为你刚才那边给的是数字。首先看日本当年它是怎么做的?比如说它办一些公共工程,政府所做的很多事情可以跟民营企业是互补的,然后通过这个带动民营企业的发展,也就是我刚才想陈会长刚才所谈到的。我现在最关心的一个问题,如果企业不发展的话,工人的工资去哪里拿呢?我觉得关注日本的那个计划,不是说它的计划是计划经济,或者说那个到哪一个百分点,或者说到时候就是一定是一倍或者多少,不是那个数字,而是它那种机制。我想我们所要学的是那样一种机制,就是政府做的事情,我怎样来带动市场经济里面可能最有活力的民营企业,它怎样去发展,然后通过发展让人人受益。

观众6:我觉得对面这方回答得很精彩。但是,我比较支持秋老师这边的。因为我觉得杨老师不说数学,我不说数字,我觉得切身感受的是最实际的,因为我们普通居民看到的其实不是数字,是我们切身的生活。秋老师提的第一个是贫富差距,第二个是切身感到公平。首先我觉得主持人这个蛋糕分配有些问题,我们不是应该切,而且奶油和下边那两部分,不是切,而是奶油分给了一部分,底下的分给了另外一部分。

主持人:那你不能怪我。奶油是给陈俊那边企业主拿去了,我只是在旁边看,你知道吗?

观众6:无论怎么分配,奶油是给了另外一部分,我们居民无论怎么分配,都是下面的部分。

主持人:我看你的皮肤,你是这一层(指着节目制作现场的蛋糕),我还在下面呢,我还是垫在最底下的。

观众6:我真是在最底下。

主持人:但是很简单的现实问题,奶油就这么一点啊。你要当奶油小生,别人也要当奶油小生。那全部都拿了给谁啊?

观众6:那也不能那些奶油都被一部分人(拿了)。

主持人：我可以肯定一点。除非你拿到了奶油，你就不说话了。对吧？

观众6：那我也拿一点吧。

唐晓东：虽然我现在是一个基层的工会主席，但是我的更多的身份，我想应该代表一个一线的职工。我作为一个一线的职工，我认为这个倍增计划也好，是涨工资计划也好，对这个一线职工实在是太需要了。咱们不管这个切得合理不合理也好，怎么样也好，我们一线职工首先保证自己的生活，保证我们的孩子上学，保证我们的家长要看病，保证我们要孝顺父母。我们现在这些都做不到，所以这些是我们最迫切需要的。

主持人：孝顺父母还是可以做到吧，不见得一定要那个。

唐晓东：很困难的，真的很困难呀。你拿什么去孝顺呀？

陈俊：我认为，在企业当中，增加工资是值得提倡的，每年根据劳动的收益。倍增我认为有疑义。倍增是今年一千块，翻到明年两千块。

杨志勇：不是。我说一下这个意思，倍增和增长是不一样的，是完全不一样的。

主持人：来，志勇。

杨志勇：倍增不是说今天说了，明天或者明年就要涨的。像日本，它提出的计划是十年时间，结果后来是用了六年时间它就做到了。我想对这里面，我们就整体上不如说可以提出一个，就是政府可以提出一个愿景目标，说这个里面我大概用比如说五到六年时间我增长多少（主持人插话：比较合理的），对，然后就是不同企业肯定实现的是不一样的。

苏海南：我补充两点。第一，日本它是怎么做的。日本首先是在政府的规划里面提出了倍增的这样一个量化指标。它往下是怎么落实的呢？日本是资本主义，它没有什么国有企业，它是靠政府发布的信息的引导，是有政府的监督人员或者叫做指导人员到企业里面，促使劳资双方按照这样一个要求去进行落实。双方平等协商，那么这是一点。第二，我们国家是怎样借鉴它的。在"十二五"规划里面，我们可不可以把这个蛋糕切大的，这个量化指标放到规划里面去；其次，政府可以发布现在已经有工资增长指导线，然后引导劳资双方，根据工资指导增长线来平等协商，安排职工工资的增长。我们的这个做法绝对不是回到计划经济，而是用市场经济的做法来实现这么一个比较好的宏观目标。

主持人：好，谢谢！

（插播广告）

按：在这一单元中，主持人再次邀请现场观众加入讨论，保持了整个话语场平衡，不要出现"一边倒"的局面。

主持人运用或讽刺或玩笑的评论与现场观众展开互动，成为场上的一个亮点。然而，如果我们仔细思考一下这种幽默所带来的观众的笑声与相声或喜剧小品观众的反应在本质上并不完全相同。现场观众的反应打破了故事讲述者或观点表达者身边的宁静，也就进而打破了个人发言的私人性的幻象。主持人通过不断地赋予和收回发言者权利的方式，不断地将发生于私人领域的事件转移到公共领域中来，并提醒发言者压抑其发言的欲望。

在观众发言的过程中，表面上在发言者和倾听者之间是平等的，可是，随着谈话进程的逐步深入，我们会发现这种平等的权利是建立在主持人那里的：发言者不能将发言权主动让渡给其他现场观众，因为话语权始终牢牢地掌握在主持人手中；故事的真正讲述者不是故事讲述者本身，恰恰是站在他对面的主持人，主持人把话筒交给谁，无非是让他在某一时间和某一问题上表达主持人要让他说的话罢了。这当然也是电视知识分子的命运，正是由电视知识分子、现场观众经过主持人及其背后的电视节目创作集体精心遴选的一个个独白完成了整个文本的结构。

专家与现场观众对话 II

主持人（指着现场的电脑大屏幕说）：2010 年以来，国内 14 个省、区、市先后上调最低工资。大家看到了，它调整幅度在 10% 以上，有一些省份也超过了 20%，北京市上调的幅度较常年平均增长的比例高出了近一倍。我们看一看，其实在目前地方的工资倍增计划有在实施的，有人自己在推动。（案例一）你看，稍早在 2008 年的时候，广东省提出，它要求全省的职工工资每年递增 14% 以上，然后，到 2012 年的时候比 2000 年工资水平翻两番，让职工享受，但是受到金融危机的影响目前所得到的情况是，倍增计划不了了之。可是，你看（案例二）在今年 5 月 28 日南京市颁布的是强制涨薪，要求企业每年给员工涨工资，最低涨幅不低于 6%，效益好的不低于 20%。（企业如果没有按要求执行工资指导线，将可能受到相应处罚）你看一看，重点是这个，按规定对企业（企业法人）处以 1000 元以上到 10000 元以下的罚款。还有罚，对不对。南京的这种方式是不是你们最喜欢所期待的。来，我听听看你们场下嘉宾表达意见，来，请，对。

观众7：看看您画出来了，就是说它的处罚标准是1000到10000元以下的这个罚款，我觉得它的违规成本太低了，所以说，对南京市的话，对这些企业来讲，它不可能完全按照它的这个规则来涨工资。

主持人：你觉得要罚到多少才会有杀鸡儆猴的效用？

观众7：这个我觉得很难由政府来制定。因为对于比如陈会长说的，中小企业来说，它可能正处在一个创业的阶段，它可能利润非常低，所以说这个时候你要求它强制涨工资的话，这个企业的发展可能会有很大的掣肘。

主持人：对，如果你强制它的话，可能在很多其他的部分来讲，逃税漏税就有可能。

观众7：还有，就是说，我们这个蛋糕划分的时候，如果把企业的利润让渡给了居民收入这一块的话，居民收入这一块能不能真正地把大家的收入鸿沟拉小？这个我觉得很难做到。可能更多的还是市场机制来起作用。

主持人：我看你的穿着打扮，你是吃到奶油那块的对吧？是不是？

观众7：我是吃里面那个坯的。

观众8：我觉得关于倍增的问题实际上是一个方向，而不是我们讨论的可行不可行。我觉得我们今天更应该讨论的是，这样一个收入分配体制改革，怎样改革才是更合理的。我觉得这是我们今天应该讨论的话题。

主持人：但是，就这个方向来讲，你认不认同往这个方向来走？至少是迈出了一大步。是不是可以？

观众8：那么我想是这样，就是刚才大家也谈到说，这个企业和职工之间可以做一个讨论，那么政府和企业之间，为什么不能够坐在一起，来制定一个更加合理、大家都能接受的标准呢？

苏海南：刚才那位先生说的，我非常赞成，咱们别把注意力聚焦在倍增，而是说要使居民收入和劳动报酬的增长速度，跟国民经济的增长速度相适应。（主持人插话：对，这是两个思维。）这是最需要关注的。（主持人插话：因为大家一想说倍增，就想哎哟，五倍，十倍，我这口袋马上就要涨了。）这不是我的原意。

吴庆：我们反对地方收入倍增计划，但是我本人以及我旁边的两位也都不反对收入倍增。但是这里有一点，我们中国有句古话，叫做"君子爱财，取之有道"。那么这个道是什么呢？苏先生讲的道呢？（主持人插话："道歉"的"道"吗？）苏先生讲的道，就是由政府来插入。本来是资方跟劳方之间的谈判，（主持人插话：劳资之间的事情。）那么，中间政府来当一个第三者插入这个谈判，我很担心这样的故事，很可能会演变成小熊分饼的故事。实际上，你们分得好不好？我们的政府分得好不好？我个人，当然代表我个人的观点，实际上，在过去我们分得并不好。我们做的这个劳动保障的计划，现在已经有结论讲出来了，我们的这个计划是增大我们的收入分配差距的。

陈俊：那假如说政府都参与，一家企业、一家企业做裁判，做第三者的话，那个政府累不累啊？

苏海南：不是，不是，你们这又误解了。政府是定规则，然后工会跟陈会长去谈。（主持人插话：对，跟你谈。）政府在旁边看着，你要不按规矩谈，对不起，要处罚。

主持人：好！来，秋风补充。

秋风：我觉得其实案例二就已经展示了如果我们实行这个工资倍增计划，可能出现的这个后果。因为我的一个总的看法是，我们的收入结构之所以扭曲，就是因为政府的权力太大了。

苏海南：这样听下来，我觉得我们双方的观点越来越接近了。实际上我所说的第一刀，肯定是政府切的，这没的说。然后在初次分配中，劳资双方的谈判是政府制订规则不去直接干预的。（主持人插话：当第三者来监督。）所以这个案例二是我第一次看到，我还有点不是很赞成。然后政府更多地在二次分配里面，发挥直接的作用。

主持人：对，我在这里补充一下。如果是南京市政府看到我们的消息，如果跟原意是有扭曲的话，也欢迎随时提供给我们来做个更新。来，场下的嘉宾请，请说。

观众9：我觉得就是政府第一次来分配这个问题的话，然后就是公务员开始涨工资，然后公务员涨了工资之后，然后民间的柴米油盐（主持人插话：你为什么会有这么一连串，马上就想到公务员，你爸爸一定不是公务员，对吧？这是你的直觉，就是觉得涨都会涨到公务员上来，对不对？）对，从政府开始的话，那么就是公务员，然后民间的我们的生活成本就变得更高。

主持人：我先打岔一下。我不知道（会不会）这个话题抛出来之后，网络上就一大堆讲说，你看，这一定是是公务员就会跟着涨，请问你的联想跟她一样吗？就是你马上就会想起这块的请亮赞成牌。如果没有，你觉得大家都搞混这意思，举反对。三，二，一！（现场观众举起表达意见的字牌）哦，很多人都是和你的想法一样的。来，我问一下志勇兄，此时此刻，公务员应不应该涨工资？

杨志勇：至于我们的工资，公务员的工资他高不高，那么这是一个，可以说是有一种市场评价。每个人有每个人不同的看法，但是我想引用正好《新京报》上面有一篇文章，采访全国人大预算工委主任高强先生的那一篇文章里面说，中国的公务员工资相对于国际上来讲是偏低的。

主持人：相对国际偏低。其实我们就来讲讲看。别急，秋风。你看，你们反对不错（现场观众举起反对的字牌），好快，等一下。

杨志勇：我再说一下理由，要比工资应该是，应该是跟，比如说你要比工资，要跟你的同学来比，比工资你不能跟李嘉诚去比。强调一个观点，每个人应该拿到跟他劳动力匹配的、人力资本相匹配的工资，但是公务员的工资呢？他应该是在社会上面，应该他只能处于一个中等的水平，他不可能是太高。太高的是由你们做企业的人来拿的。还有一个现在就是收入分配问题，我认为是被渲染化了，比如说陈俊先生他挣很多钱，因为他是劳动致富的，他是几十亿，我们一点都不会说我们觉得他这个是不合理的。但是，如果他是贪污过来的，就几千块，我们就觉得太不合理、太不合理了。收入，你要考虑收入流动性问题。考虑问题的时候，你不能只是考虑某一个时点的，比如说每个人的一生，年轻的时候挣得少，然后到一定年龄之后，他可能挣得多，因为他各方面的财富，还有个人的禀赋，这一些东西都得去考虑。

主持人：此时此刻的公务员，内地的公务员，他的收入是不是像高强所说的，其实跟国际上比起来是相对偏低的，应该予以提升。你的看法是如何？请表达你的看法，来。

观众10：这个公务员的工资不能光看他的工资单上，说这个部长级工资才四千多块钱，不能光看这个，因为他还有很多隐性的收入，比如说他可以现在分到经济适用房。

杨志勇：好，我插一句。你刚才所谈的这个问题，正是说明公务员的工资太低了，所以，要不的话，让他们一样地到市场上去买那个普通的商品房。在这个时候，大家可能会感觉到这个市场，商品房这个市场，可能就会更加公正了，因为他们也参与了，他们也要维权。你不要把他们放在一个单独循环的系统里面。

观众10：这个我还有不同的意见。本身就已经把房地产市场分割化了，为什么他们有权利去分经济适用房？为什么其他的人就没有？

主持人：好！房地产的先不管了。你就是认为说公务员，你其他的福利够多了就不要再来抢我这个收入了。

观众10：对对对，是这个意思。

苏海南：现在《公务员法》讲得很清楚，就是要参照社会平均工资及其变动情况来相应调整。这在《公务员法》中已经讲得很清楚了。

观众11：苏会长经常说到，就是切蛋糕的时候，他不停地说到第一刀，而之后的几刀都是含糊其辞的。是否他后面有详细的计划呢？

主持人：给我们的苏大哥都吓出一身冷汗了。

苏海南：首先，不是政府在切，这只是我个人的一个建议。（主持人插话：对，他个人的建议。）这个千万不要搞混了。（主持人对观众11说：你把太多权力给他了。）第一刀要切好，是说的就是（主持人插话：先别切蛋糕，先擦汗。你看吓得满身冷汗。）让老百姓的这个蛋糕大一点。往后怎么切呢？首先有一个基本思路，就是我一再强调要"提低、控高、扩中"。（主持人插话：提低，低收入。）提高低收入者的收入，调控过高收入者的收入，然后逐步扩大中等收入者群体。这是我们的一个基本构想。然后再怎么操作呢？刚才说的，通过提高最低工资标准，建立健全劳资双方平等协商机制。还有现在各省市都发布了工资增长指导线，让劳资双方都围绕这个指导线的数量去博弈，最后达成那个结果。还有呢，建立工资支付保障制度，劳动监察维护权益，还有就是同工同酬，来实现你所关心的企业员工的工资怎么增长。所以大家不要担心，我们这个蛋糕切过来以后，第一刀公务员吃了，第二刀陈会长又多得了，最后老百姓是越搞越少。它不是那么回事。它是一个系统工程。

主持人：谢谢！所以你放心，不是苏老师一个人把蛋糕吃走的，你放心。好，来，安心了，安心了吧，你看。

陈俊：我觉得，日本的和中国的国情不一样，这是第一点。而且地方工资倍增计划，我一直在认为理想很好，苏老师的想法很好，这个计划很好。但是，计划不能实现，水中月，镜中花。

主持人：晓东。

唐晓东：我不知道咱们具体操作过没有，咱们的人事管理。咱们现在这个劳动保障部门都有一个劳动工资处，咱们的每个在册的正式的员工，每个月的发放工资是要到劳动工资处备案的。也就是说，我们的社保部门要想监控这一块工资增长情况是完全做得到的。这是一个。另外一个呢，我们企业的那个工会，是扎根于企业当中的，那么企业的经营状况我们的工会是完全清楚的。我们现在要做的是什么？一个是加大监控的机制。另外一个呢，就是加大调整现有工会的这套改革，因为你要保证现在工会干部敢于站出来，有能力、有勇气站出来，去把这个工会的维权做到前头来，不要老让职工在那边骂娘，这边没地说话。所以呢……

陈俊插话：这个现象就出现了，我问一下，比如说我聘唐先生到我企业来工作，你是听我老板的还是听我员工的？员工整天是在喊工资。你不听的话，我开了你。

主持人：不是，他也可以开了你啊。他就不在你那边工作了。

杨志勇：我插你一句。你刚才说企业的员工扎根在企业，他知道企业经营状况。我想问问陈会长，你的员工都会知道，你的企业真正的经营状况吗？

陈俊：肯定不知道的。你是给我干活、工作啊，我不可能把企业核心的东西，让每个员工都知道，这是不现实的。而且企业的员工有的工资是属于保密的，我发给你、发给他、发给他，是不一样的，保密的。

唐晓东：不不不。企业的工会主席在企业里要担当一定职务的，他是有权利看到这些东西的。

主持人：对，陈俊，你要与时俱进啊。

陈俊：那么，你是受聘于我的，你是听我老板的。

主持人：如果你没有与时俱进，可能你老板的薪资会实行倍退计划，会每年都减低。

陈俊：我可以把计划公布，我也可以不公布计划，是不是？

唐晓东：不不不。企业的工会主席是可以参加企业工资制订的。

主持人：你看，海南兄，这个时候就需要政府来协调了吧？工会跟老板之间，是不是政府角色就要出来了。

陈俊：工会主席是我聘的。

> 按：重复前面相应单元的结构，也是问题领引下的各方意见的大杂烩。对意见的评估化为对词句的感觉，观念在被匆匆割裂化为观点的罗列之后，被碎片化了，失去了锋芒，只营造出人人各取所需的折中主义的氛围。这当然符合新闻产制所谓"平衡性原则"，除了防止被置于法庭被告这一最根本的原因之外，各方都可以获得些许满足，毕竟观点已经被呈现了。观念的市场变成了消费主义的观念超市：堆积如山、空空洞洞。

得出结论

主持人：谢谢，谢谢大家，谢谢。（主持人来到现场的蛋糕旁边。）讲到这儿，蛋糕好大却吃不到，这种心酸大家都有过。但是现在如何能够把这些东西，像红色部分来做大，大家能够共享。最后我们再重新动刀的同时，你给我们的政府建议是什么？怎样能够在切这些刀的时候，划得更合理，划得更公平，让大家能吃到？请，海南兄。

苏海南：还是那句话，不要把注意力聚焦在倍增，而是要建立一个劳动报酬、居民收入跟国民收入同比例增长的这样一种机制。

主持人：谢谢。陈俊。

陈俊：我就建议政府：第一减免中小企业的税收，把中小企业的税收减下来，这是很重要的，特别是中小企业在目前的情况下，生活得都那么不容易。而且，减免了税收之后，企业按照每个工人对企业贡献的大小，再进行定。这是第一个。第二个，作为企业的员工来说，天上没有掉下来一个大蛋糕，刚好到你嘴里，这是不现实的，也是不可能的。你要提高自己的工作能力和核心竞争力，才能够自己把自己工资加上去。老依靠国家来倍增你、倍增你，那你这个想法也是很幼稚的。

主持人：志勇。

杨志勇：我觉得在这个时候，可能重新来定位市场跟政府的关系是非常重要的一个事情。就是政府在做很多事情的时候，包括提高居民收入，它必须要尊重市场，按照市场规律来做。然后，我们还不能够忽略我们的一个特殊的国情。我们的市场经济是在原先的计划经济体制下成长起来的，这个逆向成长就意味着政府做的事情，他不是说我要到企业去拿什么，那么政府的干预也包括比如政府从一些领域里退出来，包括政府对一些比如说垄断行业采取的一些措施，这一些也都算是政府的干预，也就是说，在中国如果要推动居民收入增长，一定需要政府，当然政府本身也有很多需要改革的地方。

主持人：好。谢谢，吴庆。

吴庆：我希望我们的政府一定要高瞻远瞩，一定要有历史责任感，一定要明白我们的市场经济体制，还远非完善，我们还有很多事情需要政府去做。其中，最重要的一条，中国国情我们不要忘了，就是我们有一个非常强大而过于强大的政府，所以在造就市场经济体制的时候，政府要做好的首要一件事就是要管好自己的手和脚，管好自己的各个部门，不要过分地扩张自己的权力，而要更多地去考核自己的这些部门，有没有履行好自己的权力。

主持人：谢谢，晓东。

唐晓东：我觉得我们应该尽快地改善工人的弱势地位，刚才通过陈会长的每一个发言都能感受到资方的强大。

主持人：在这种情况之下，还是要动用政府来……谢谢，秋风，来。

秋风：我想收入的严重分布不均实际上是因为权利没有获得平等的保障的一个结果。所以我想要改变这个状况，要矫正我们现在过大的贫富差距，其实最重要的是，政府要平等地保障每一个人的权利，而不是刻意地照顾一部分人，然后剥夺另一部分人的权利。我想只要每个人的权利获得了保障，那么我们的工资即使不增长，我们也会觉得这个世界蛮好的。

主持人：谢谢。谢谢大家的讨论。谢谢您的收看。我们已经看了这蛋糕60分钟了，看得到吃不到，这种感受真难受，现在我要让大家吃蛋糕。当我们坐在别的位置在吃蛋糕的同时，是简单的思维，当你来切蛋糕的时候，那却是很为难的工作，但是无论如何我们是希望通过这一个小时当中，让所有切蛋糕的跟吃蛋糕的人当中，都知道彼此的为难跟难为之处。但是有一点，在今天的节目中我们知道了要把这个蛋糕让大家能分享，两个办法，一个是把蛋糕做大，一个是要切得非常合理。还有一个是什么，我不知道导播有没有捕捉到一个镜头，你看这个苍蝇，这个苍蝇一直在觊觎着什么，这个苍蝇就代表是腐败的泉源，贪污的泉源，防止苍蝇吃到这个蛋糕，大家才能吃到一个完整的大蛋糕，所以每个的配套也是非常重要的。最后呢，告诉大家，我们没有办法让你们的收入能增加，但是今天绝对让你们每个人都吃到一片小蛋糕。谢谢大家，下周见。

按：作为整个节目的结论，主持人把专家提醒观众的仅有的一点老生常谈也要换成互相理解、彼此照应的陈词滥调。布尔迪厄尚且把电视对话题的控制停留在避免公共话题的阶段。我们可以看到，就是在讨论公共话题时，《一虎一席谈》及其主持人是如何把下述规律运用得炉火纯青的："我们都熟知这条规律：任何一个新闻机构甚或一种表达方式，越是希望触及广大的公众，就越要磨去棱角，摒弃一切具有分化力、排斥性的内容——设想一下《巴黎竞赛报》——也要更加注意像人们所说的那样'不刺激任何人'，除了某些无关痛痒的话题，永远不去触及敏感的问题。"① 而《一虎一席谈》节目设置的高明之处即在于，由于双方嘉宾的观点彼此对立，最大限度、最快速度地销蚀讨论的锋芒，在一种意见被提出之后，很快与之争锋相对或补充纠正的意见接踵而至，在各种意见彼此争锋的过程中达成了平衡。电视谈话节目巧妙地将每一个电视知识分子个体所具有的"片面的深刻"形成整个节目不偏不倚的"全面的平庸"。

电视谈话节目的目的不在于公共的批判性，"如此组织起来的批判讨论当然也具有重要的社会心理学功能，尤其是作为行动替代品的绥靖功能。"② 所以保持整个谈话场的观点平衡至关重要。在近乎批判的谈话基本结束以后，必须谈谈另一个方面的观点，以消解在接下来的讨论过程中可能出现的火药味。

由于媒介、民主、公共领域之间存在着复杂的互动关系，突出其中任何一点的作用都是极为可疑的。但是，由于研究具体问题的需要，适当的区隔尚属于必要。中国内地的新闻传播媒介与西方媒介的最大不同即在于它本身是经典的意识形态，与上层建筑的其他类型彼此勾连的程度非常突出，然而，如果我们过分夸大它在公共领域中的地位和作用的话，又是不恰当的。公共领域绝不止一个由国家媒体承当的对话场，报纸、广播、电视、期刊和互联网都只是它的一类媒介，虽然在这里互联网还比较特殊。不过，过分夸大互联网的解放潜能可能是过于乐观的，因为，虚拟世界永远是现实世界的延伸，互联网的虚拟环境与20世纪20年代由李普曼提出的拟态环境没有什么本质

---

① 〔法〕皮埃尔·布尔迪厄：《关于电视》，许钧译，辽宁教育出版社，2000，第51页。
② 〔德〕尤尔根·哈贝马斯：《公共领域的结构转型》，曹卫东、王晓珏、刘北城、宋伟杰译，学林出版社，1999，第191页。

的区别，都是媒介操纵下的对于外部环境的揣测，这里或许会让我们想起柏拉图的"洞穴人"的比喻。

电视谈话节目所赋予人们自由表达的机会当然更为有限，一个集中的谈话场地会有什么"大事"（布尔迪厄意义上的）好谈呢？可是，应当说它仍然是我们窥测公共领域面目的最好途径之一：电视谈话节目与资产阶级公共领域发生的同源性，即人的谈话，或确切地说是公众在咖啡馆之类的场所就公共问题的谈话。不可忽视电视谈话节目的影响力，它巨大的收视率足以说明很多人都在看，虽然很难说电视知识分子的分析会对观众有什么根本性的启蒙意义，不过，起码，提供了最近需要注意的问题的清单。笔者认为，这在很大程度上也不是主持人及其背后的电视节目创作集体所应当承担的责任，他们只不过是电视场域里的一些马前卒罢了。

整个情况是令人有点丧气的，不过，在我们看到杯子是半空的同时也应该注意到杯子也是半满的。毕竟，知识分子已经逐步走上了电视，公共事物的讨论也正在逐步出现。现在，中国内地公共领域的媒介呈现还是稚嫩的，而回过头来翻检一下哈贝马斯关于当年西欧各国公共领域的成长历程，这种稚嫩是能够原谅而且必须原谅的，因为这些都是历史进程中的必经之路。中国的知识分子没有忘记他们启迪民智的历史使命，这一切还有赖于经历了多年风雨的公共领域的成长，而我们在各种媒体上已经开始清晰地感受到了这种胎儿在母腹中躁动的生机。

第四章　电子复制时代的知识分子

正如一切已经消亡或依然存在的传播媒介，电视也必然要按照其自身的面目和内在的机制再造包括知识分子文化在内的人类文化传统。虽然由于新媒介勃兴的时间间隔大为缩短，面对网络社会的崛起，电视迅速成为传统媒介，不过，敏感如法国社会学家布尔迪厄等人还是感受到了业已置入电视文化生产之中的经济逻辑。面对以电视为代表的电子复制时代，知识分子在审视"上电视，还是不上电视"这一问题时，所持有的是充溢着断裂性和焦虑感的复杂态度。就以因《关于电视》而成为"电视知识分子"这一论题不可忽略之人的布尔迪厄为例，一方面，他将电视逐出文化领域的精神勇气和细密分析无疑让人有"高山仰止"之感，"在电视上通常是谈不出什么大事的"[①] 俨然成了知识分子对电视的总判词；另一方面，他毕竟是在电视上完成这一批判的，而在电视上批判电视这种行为本身就将布尔迪厄批判的锋芒置于一种悖论之中。而这一悖论本身所反映的却是东西方知识分子文化传统在进行传播媒介批判时所面临的总的理论困境。

当然，尽管以其所具有的强大的文化资本为后盾，布尔迪厄在那一刻"控制着**生产工具**（黑体为原文所有——笔者注）"[②]，他从电视台那里争取到了至少在他看来是足够的言说自由，使其就论题所及的内容得以不受束缚地展开。不过，与布氏的其他作品相比，《关于电视》的表达显然是有所区别的。换句话说，布尔迪厄的《关于电视》本身就是电子复制时代的一个典型的知识分子文本，这一文本所呈现出的对"电视表达"模式的妥协和俯就是不应忽略的。

[①] 〔法〕皮埃尔·布尔迪厄：《关于电视》，许钧译，辽宁教育出版社，2000，第8页。
[②] 〔法〕皮埃尔·布尔迪厄：《关于电视》，许钧译，辽宁教育出版社，2000，第8页。

第一节 对传播媒介的疑虑

一 语言与思想的分歧

布尔迪厄在《关于电视》中所集中表达的对电视这种传播媒介的不适感，体现出知识分子对借助技术手段表达思想的疑虑，这种疑虑在东西方知识分子传统那里都可以找到与所处时代的技术发展手段相应的论述。从口语、文字开始，传播媒介就遭遇到知识分子的挞伐，布氏对电视的反思只是这种传统在电子复制时代的又一呈现罢了。

《老子》开篇的"道可道，非常'道'；名可名，非常'名'。"[①] 一语使"道"和"名"，与言说和称谓的界限泾渭分明。钱锺书先生亦尝言："《老子》开宗明义，勿外斯意。心行处灭，言语道断也。"[②] 而在西方文化语境中与在中国文化语境中的道相类似的逻各斯，则与言语密切相关："λογος [逻各斯]，即陈述，是根据有声的说话现象而得到表象的。"[③] 钱锺书先生亦认为："古希腊文'道'（logos）兼'理'（ratio）与'言'（oratio）两义，可以相参，近世且有谓相传'人乃具理性之动物'本意为'人乃能言语之动物'。"[④] 另外，儒家文化谱系中亦有"仲尼曰：'志有之，言以足志，文以足言。不言谁知其志？言而无文，行而不远。'"[⑤]"人之所以为人者，言也。人而不能言，何以为人？"[⑥]，与西方文化传统之论述相辉映。

而对这种言语与思想的复杂关系，钱锺书先生尝言："联举荤荤大者，以见责备语文，实繁有徒。要莫过于神秘宗者。彼法中人充类至尽，矫枉

[①] "道可道，非常'道'"中第一个和第三个"道"字是老子哲学的专有名词，意指构成宇宙的实体与动力。第二个"道"字，是言说的意思。"名可名，非常'名'"中第一个和第三个"名"字为老子特用术语，是称"道"之名。第二个"名"字是称谓的意思。上述语句句读及道与名的解释，参见陈鼓应《老子注释及评介》，中华书局，1984，第53、55页。
[②] 钱锺书：《管锥编》（第二卷），生活·读书·新知三联书店，2007，第638页。
[③] 〔德〕海德格尔：《在通向语言的途中》，孙周兴译，商务印书馆，2004，第197页。
[④] 钱锺书：《管锥编》（第二卷），生活·读书·新知三联书店，2007，第639页。
[⑤] 《左传·襄公二十年》。
[⑥] 《穀梁传·僖公二十二年》。

过正,以为至理妙道非言可喻,副墨洛诵乃守株待兔、刻舟求剑耳。《庄子·秋水》谓'言之所不能论,意之所不能察致者',即《妙法莲华经·方便品》第二佛说偈之'止、止不须说!我法妙难思',亦即智者《摩诃止观》卷五之'不可思议境'。《法华玄义》卷一下所谓'圣默然',西方神秘家言标目全同,几若迻译。""西班牙神秘宗师谓'圣默然'乃无言、无欲、无思之毕静俱寂境界,上帝此际与灵魂密语(pensiero No hablando, no deseando, no pensando se llega al verdaderoy perfecto silencio místico, en el cual habla Diós con el alma. – Molinos, *Guía spiritual*, lib. I, cap. 17. in B. Croce, *La Poesia*, 5ᵃed., 1953, p. 263)。"① 徐梵澄先生在讨论秘乘之兴起时亦指出:"考寻常文化史,人类宗教思忱,必始于象征。其时文字犹简朴,倘'真理'得之于视见、启明、灵感、直觉,则不得不以常俗之语表之。及至人文进化,语文繁复,理智发达,思想斐然,则说哲理,抒奥义,发扬光大。然竭人类之思智语文,于彼'超上者'终无可表述,相内相外,两不可穷,无已,归于不求义之咒诵,不寻思智,专循神圣权力一途,此秘乘之所尤起也。然自宗教哲学视之,咒诵兴则思想之衰也。"② 古希腊哲学家克拉底鲁也有类似的想法:"他说我们的语言一出口,它们本身的意义就发生了变化,因此真正的交流是无法实现的。人们可以想到知识同样也是不可能的。据说克拉底鲁尽量避免与人交谈,别人和他说话,他就摇摇手指,估计他认为他对别人的话的理解必然不同于说话人想要表达的意思。"③ 佛教创始人释迦牟尼亦将以声色求法视为邪道:"尔时,世尊而说偈言:'若以色见我,以音声求我,是人行邪道,不能见如来。'"④

若极而言之,古希腊哲学家赫拉克利特对感觉表示了极度的怀疑。关于赫拉克利特这方面的思想,德国哲学家黑格尔将其概括为:"赫拉克利特关于认识所说的话现在保存有很多段落。从他的原理——万物存在,同时又不存在——直接出发,他解释道:感觉的确信是没有真理的。因为感觉

---

① 钱锺书:《管锥编》(二),生活·读书·新知三联书店,2007,第638页。
② 〔古印度〕《五十奥义书》,徐梵澄译,中国社会科学出版社,1984,第762页。
③ 〔美〕布鲁克·诺埃尔·穆尔、肯尼思·布鲁德:《思想的力量:哲学导论》,李宏昀、倪佳译,上海社会科学院出版社,2009,第42页。
④ 《金刚经》,译文如下,"这时候,佛陀以偈说道:'若想凭色相见我,若以声音寻求我,此人修行邪魔道,必不能证见如来。'"见《金刚经·心经·坛经》,陈秋平、尚荣译注,中华书局,2007,第70页。

的确信正是这样的东西,对于它那存在的东西好像是存在(着重号为原文所有——笔者注)的、确定的——这就是说:这种感觉确信是这样的确信,对于它存在的东西实际上并不存在。这种直接的存在并不是真正的存在,而绝对的间接性、被思维的存在、思想才是真正的存在,在这里存在得到统一的形式。'我们在清醒时所看见的是死的东西,在睡眠中却是一个梦',因为,只要我们看见的东西,就是一个顽固的东西,就是固定的形象。赫拉克利特在这方面论及感性知觉道:'人的眼和耳是最坏的证人,如果它们有着粗野的灵魂的话。理性($\lambda\sigma\gamma o\zeta$)是真理的裁判者,但不是任意武断的,而是唯一神圣的普遍的裁判者',是尺度、是贯穿宇宙的实体的韵律。"①

古希腊历史学家修昔底德对人面对真理时的易变作了这样的描述:"关于战争事件的叙述,我确定了一个原则:不要偶然听到一个故事就写下来,甚至也不单凭我自己的一般印象作为根据;我所描述的事件,不是我亲自看见的,就是我从那些亲自看见这些事情的人那里听到后,经过我仔细考核过了的。就是这样,真理还是不容易发现的:不同的目击者对于同一个事件,有不同的说法,由于他们或者偏袒这一边,或者偏袒那一边,或者由于记忆的不完全。"②

古希腊思想家苏格拉底也曾直接对人的视觉和听觉以及人的其他感觉的可靠性进行了质疑,认为"一个人观察事物的时候,尽量单凭理智,思想里不掺和任何感觉,只运用单纯的、绝对的理智,从每件事物寻找单纯、绝对的实质,尽量撇开视觉、听觉——一句话,撇开整个肉体,因为他觉得灵魂有肉体陪伴,肉体就扰乱了灵魂,阻碍灵魂去寻求真实的智慧"③。而与苏格拉底同时的古希腊哲学家高尔吉亚曾提出三个原则:"第一,无物存在;第二,如果有某物存在,人也无法认识它;第三,即便可以认识它,也无法把它告诉别人。"高尔吉亚认为,"我们告诉别人时用的信号是语言,而语言并不是给予的东西和存在的

---

① 〔德〕黑格尔:《哲学史讲演录》(第一卷),贺麟、王太庆译,商务印书馆,1959,第312~313页。
② 〔古希腊〕修昔底德:《伯罗奔尼撒战争史》(上册),谢德风译,商务印书馆,1960,第20页。
③ 〔古希腊〕柏拉图:《斐多》,杨绛译,见《杨绛文集》(第8卷),人民文学出版社,2004,第303~304页。

东西；所以我们告诉别人的并不是存在的东西，而是语言，语言是异于给予的东西。"①

针对语言和文字作为表达人类思想情感的工具之明显缺陷，苏格拉底曾直接借古埃及法老塔穆斯之口对文字做了悲观的评价，文字"会使学会文字的人们善忘，因为他们就不再努力记忆了。他们就信任书文，只凭外在符号再认，并非凭内在的脑力回忆"。所以，文字"只能医再认，不能医记忆"。至于借助文字而施行的教育，对学生而言，"只是真实界的形似，而不是真实界的本身。因为借助文字的帮助，他们可无须教练就可以吞下许多知识，好像无所不知，而实际上却一无所知。还不仅此，他们会讨人厌，因为自以为聪明而实在是不聪明。"②

不借助文字符号的记忆具有别样的意义，古罗马思想家奥古斯丁曾以下面的词句来表达记忆的独特性，记忆的领域、记忆的殿廷"那里是官觉对一切事物所感受而进献的无数影像的府库。凡官觉所感受的，经过思想的增、损、润饰后，未被遗忘所吸收掩埋的，都庋藏在其中，作为储备"。"但记忆的辽阔天地不仅容纳上述那些影像。那里还有未曾遗忘的

---

① 北京大学哲学系外国哲学史教研室编《西方哲学原著选读》（上卷），商务印书馆，1981，第56~57页。

② 〔古希腊〕柏拉图：《菲德若篇》，见《文艺对话集》，朱光潜译，人民文学出版社，1963，第169页。在这里需要指出的是，由于苏格拉底本人并无著作流传于世，其思想多借其弟子柏拉图和色诺芬的著作才不致湮灭。但是，对于柏拉图对其师思想的介绍，究竟有多少是"如是我闻"，有多少是柏拉图的"夫子自道"尚存争议。较为极端者如美国著名的启蒙思想家、《独立宣言》的主要起草人、政治哲学家、美国第三任总统托马斯·杰斐逊曾言："关于苏格拉底，除了色诺芬的《回忆录》中叙述的以外，没有任何真实可信的东西，因为柏拉图使苏格拉底成为他的对话者之一，只是为了用苏格拉底的名字来掩饰他自己的稀奇古怪的想法，据说苏格拉底本人就曾对这种无礼行为表示不满。"（〔美〕托马斯·杰斐逊：《杰斐逊选集》，朱曾汶译，商务印书馆，1999，第660页。）不过，随着对这一问题的深入研究，完全将苏格拉底的思想归之于柏拉图显得有些武断。笔者认为下面的假定是比较公允的："柏拉图关于他的老师的描写实质上是准确的，他提供的有关苏格拉底的情况是打算作为历史事实的。当然，不能由此得出结论说，在柏拉图的头脑中，就他把苏格拉底的死看做一个殉道者的沉思来说，没有对苏格拉底的'理想化'，但是可以得出这样的结论，即任何这样的理想化过程是不自觉的，而且在对话中没有故弄玄虚。其次，不能由此得出结论说，柏拉图告诉我们的每一件事都必须是精确的历史真实。……但是我们必须记住，根据他自己所说，他的家庭成员，从他的外曾祖父（《蒂迈欧》中的克里底亚），一直到他的叔父卡尔米德以及他的两个哥哥，都跟苏格拉底或多或少有亲密的交往。因此，他可以很好地获得大量超出他自己记忆范围的信息。"〔英〕A. E. 泰勒、〔奥〕Th. 龚珀茨：《苏格拉底传》，赵继铨、李真译，商务印书馆，1999，第18~19页。）

学术方面的知识,这些知识好像藏在更深邃的府库中,其实并非什么府库;而且收藏的不是影像,而是知识本身。无论文学、论辩学以及各种问题,凡我所知道的,都藏在记忆之中。这不是将事物本身留在身外仅取得其影像。也不是转瞬即逝的声音,仅通过双耳而遗留影像,回忆时即使声息全无,仍似余韵在耳;也不像随风消失的香气,刺激嗅觉,在记忆中留下影像,回忆时如闻香泽;也不比腹中食物,已经不辨滋味,但回忆时仍有余味;也不以肉体所接触的其他东西,即使已和我们隔离,但回忆时似乎尚可捉摸。这一类事物,并不纳入记忆,仅仅以奇妙的速度摄取了它们的形影,似被分储在奇妙的仓库中,回忆时又奇妙地提取出来。"①

这样,苏格拉底所论文字、书籍的限制和流弊就不难理解了。朱光潜先生将苏格拉底的看法概括为:"书籍使人不肯自己思索,强不知以为知,而且可以滋生误解。所以大思想家不把自己的思想写在纸上,而把它写在心灵里,自己的心灵里和弟子们的心灵里。所以依苏格拉底的看法,文章实在有三种,头一种是在心灵中孕育的思想,这是一个作家的最伟大的部分;其次是说出来的文章,还不失为活思想的活影像;最后是写出来的文章,只是活思想的死影像。文字意本在传达,凭笔传不如凭口传和人格感化。至于诡辩家的修辞伎俩是渺小不足道的。"② 这里需要补充的是,苏格拉底对文字局限性尚有一点值得注意,即文字的非互动性。苏格拉底认为在这个问题上文字很像图画:"图画所描写的人物站在你面前,好像是活的,但是等到人们向他们提出问题,他们却板着尊严的面孔,一言不发。写的文章也是如此。你可以相信文字好像有知觉在说话,但是等你想向它们请教,请它们把某句所说的话解释得明白一点,它们却只能复述原来的那同一套话。还有一层,一篇文章写出来之后,就一手传一手,传到能懂的人们,也传到不能懂的人们,它自己不知道它的话应该向谁说,和不应该向谁说。如果它遭到误解或虐待,总得要它的作者来援助;它自己一个

---

① 〔古罗马〕奥古斯丁:《忏悔录》,周士良译,商务印书馆,1963,第192、194~195页。
② 〔古希腊〕柏拉图:《菲德若篇》,见《文艺对话集》,朱光潜译,人民文学出版社,1963,第176页。

人却无力辩护自己，也无力保卫自己。"①

德国哲学家费希特认为口头交流与文字交流相比"一直具有无限的优越性"。他写道："那种纯粹的读者依靠读书的方法，已经再也学不会什么，已经不能掌握某个清晰的概念，因为所有印刷出来的东西都立即使他陶醉于内心的宁静和甜蜜的忘我。由于这个缘故，他也就切断了其他一切求知的道路。所以，借助不断的演说或学术讲座进行的口头交流，同借助死板的字母进行的文字交流相比，一直具有无限的优越性。而古代人发明书写，仅仅是为了替代口头交流，使那些听不到口头交流的人能够阅读；一切书面的东西最初都是口头叙述过的，都是口头叙述的复制；只有到了近代，特别是自印刷术发明以来，印刷品才要求成为某种独立的东西……"②

德国社会学家西美尔则进一步揭示出非语言符号对思想传播的重要意义："书面文字的表达起初似乎是更为可靠的表达，似乎是唯一的、'万无一失'的表达。不过，书写的东西的特权纯粹是一种缺陷的后果：它缺乏声调和突出强调的、动作的和表情的种种伴随现象，对于说出来的话语，这些伴随现象同样既是变得含混不清又是变得清晰明确的一个源泉。"③"人们可以说，讲话通过围绕着它的一切看得见的、但不是听得见的东西和说话者本身暴露他的秘密。"④

对语言文字之利弊，钱锺书先生将其所见之批评概括如下："语言文字为人生日用之所必需，著书立说尤寓托焉而不得须臾或离者也。顾求全责善，啧有烦言。作者每病其传情、说理、状物、述事，未能无欠无余，恰如人意中之所欲出。务致密则苦其粗疏，钩深赜又嫌其浮泛；怪其粘着欠灵活者有之，恶其暧昧不清明者有之。立言之人句酌字斟、慎择精研，而

---

① 〔古希腊〕柏拉图：《菲德若篇》，见《文艺对话集》，朱光潜译，人民文学出版社，1963，第170页。
② 〔德〕费希特：《现时代的根本特点》，沈真、梁志学译，辽宁教育出版社，1998，第79页。
③ 〔德〕盖奥尔格·西美尔：《社会学——关于社会化形式的研究》，林荣远译，华夏出版社，2002，第276~277页。
④ 〔德〕盖奥尔格·西美尔：《社会学——关于社会化形式的研究》，林荣远译，华夏出版社，2002，第277页。

受言之人往往不获尽解，且易曲解而滋误解。"① 而钱锺书先生对因语言文字有弊端便欲废弃之观点的批评颇为中肯："《易·系辞》上曰：'书不尽言，言不尽意'，最切事入情。道、释二氏以书与言之不能尽，乃欲并书与言而俱废之，似斩首以疗头风矣。"② 或者像奥地利哲学家维特根斯坦所说的："当我用语言来思想时，除了语言表达式以外并没有什么'意义'呈现于我的心灵之中：语言自身就是思想的载体。"③

当然，对语言文字的深入思索也并非故弄玄虚的无根之谈，人们之所以对其在思想传播过程中的意义聚讼纷纭，盖源于对人类心灵经验的深刻

---

① 钱锺书：《管锥编》（二），生活·读书·新知三联书店，2007，第635页。其下亦有若干引证，笔者以为很可一读，但囿于正文篇幅，故罗列于下，以供读者参考：" '常恨言语浅，不如人意深'（刘禹锡《视刀环歌》），岂独男女之情而已哉？'解人索难'，'余欲无言'，叹息弥襟，良非无故。语文之于心志，为之役而亦为之累焉。是以或谓其本出猿犬之鸣吠（le cri perfectionné des singes et des chiens），哲人妄图利用；或谓其有若虺蛇之奸狡（der Schlangenbetrug der Sprache），学者早蓄戒心。不能不用语言文字，而复不愿用、不敢用抑且不屑用，或更张焉，或摒弃焉，初非一家之私忧过计，无庸少见多怪也。象数格物诸科，于习用语文，避之若浼，而别籍符号，固置不论。哲学家湛冥如黑格尔、矫激如尼采之流，或病语文宣示心蕴既过犹不及（dass diese usserungen das Innere zu sehr，als dass sie es zu wenig ausdrücken），或鄙语文乃为可落言诠之凡庸事物而设，故'开口便俗'（Die Sprache ist nur für Durchschnittliches, Mittleres, Mitteilsames erfunden. Mit der Sprache vulgarisiert bereits der Sprechende），亦且舍旃。即较能践实平心者，亦每鉴于语文之惑乱心目，告诫谆谆。如《墨子·小取》谓'言多方'，'行而异，转而危，速而失，流而离本'；《吕氏春秋·察传》谓'言不可以不察'，'多类非而是，多类是而非'；斯宾诺莎谓文字乃迷误之源（the cause of many and great errors）；霍柏士以滥用语言（the abuses of speech）判为四类，均滋生谬妄；边沁所持'语言能幻构事物'（fictitions entities）之说，近人表彰，已成显学。词章之士以语文为专门本分，托命安身，而叹恨其不足以宣心写妙者，又比比焉。陆机《文赋》曰：'恒患意不称物，文不逮意'；陶潜《饮酒》曰：'此中有真意，欲辩已忘言'；《文心雕龙·神思》曰：'思表纤旨，文外曲致，言所不追，笔固知止'；黄庭坚《品令》曰：'口不能言，心下快活自省'；古希腊文家（Favorinus）曰：'目所能辨之色，多于语言文字所能道'（Plura sunt in sensibus oculorum quam in verbis vocibusque colorum discrimina）；但丁叹言为意胜（Il parlare per lo pensiero è vinto）；歌德谓事物之真质疏性非笔舌能传（Den eigentlichen Charakter irgendeines Wesens kann sie [eine schriftliche und mündliche Ueberlieferung] doch nicht mittheilen, selbst nicht in geistigen Dingen）【增订四】。福楼拜《包法利夫人》中有一节致慨于言语之不堪宣情尽意：'历来无人能恰如其分以达之需求，思念或悲痛；语言犹破锅然。人敲击之成调，冀感动星辰，而只足使狗熊踊跃尔。（...puisque personne, jamais, ne peut donner l' exacte mesure de ses besoins, ni de ses concertions, ni de ses douleurs, et que la parole humaine est comme un chaudron fêlé où nous battons des melodies à faire danser les ours, quand on voudrait attendrir les étoiles. – Madame Bovary, II. xii, op. cit., p. 265）但丁、歌德之旨得此乃罕譬而喻矣。"
② 钱锺书：《管锥编》（二），生活·读书·新知三联书店，2007，第708页。
③ 〔奥地利〕维特根斯坦：《哲学研究》，李步楼译，商务印书馆，1996，第160页。

追问。亚里士多德在其《解释篇》中写道:"口语是心灵的经验的符号,而文字则是口语的符号。正如所有的人的书法并不是相同的,同样的,所有的人也并不是有相同的谈话的声音;但这些声音所直接标志的心灵的经验,则对于一切人都是一样的,正如我们的经验所反映的那些东西对于一切人也是一样的。"① 海德格尔认为,亚里士多德这几句话构成了一个经典的段落,它让我们看到了作为口语所具有的结构:字母乃是声音的符号,声音乃是心灵的经验的符号,心灵的经验乃是事物的符号。符号关系构成了这个结构的支柱。② 而法国哲学家德里达对亚里士多德的"口语是心灵的经验的符号,而文字则是口语的符号"则理解为:口语,第一符号的创造者(着重号为原文所有——笔者注),与心灵有着本质的直接贴近的关系。作为第一能指的创造者,它不只是普普通通的简单能指,它表达了"心灵的经验",而心灵的经验本身则反映或映照出它与事物的自然相似性。在者与心灵之间,事物与情感之间,存在着表达或自然指称关系;心灵与逻各斯之间存在着约定的符号化关系。最初的约定与自然的普遍的指称秩序直接相关,这种约定成了口语。书面语言则将约定固定下来并使它们相关联。③

随着人类精神世界的不断拓展与深化,口语与文字更是一种相互依存的关系。美国传播学者凯瑞指出:"古老的口头传统建立在某些习惯与能力之上,但是如果没有书写加以固定、印刷加以强化,就无法得到很好的传播。新兴书写传统培养了不同的习惯和练习——人们有了更多的独处时间、可以在不同空间交流、可以独自写作、保存私人记录,也能追踪新闻——这些都有别于口头文化传统。而且,两种文化传统必须相辅相成,也就是说,除非把口语文化传统中经典的传说转化成印刷记录,也除非将印刷品的特性和观点通过言谈和话语流传开来,否则这两种文化在实质上都是空

---

① 〔古希腊〕亚里士多德:《范畴篇 解释篇》,方书春译,商务印书馆,1959,第55页。
② 〔德〕海德格尔:《在通向语言的途中》,孙周兴译,商务印书馆,2004,第198页。
③ 〔法〕雅克·德里达:《论文字学》,汪家堂译,上海译文出版社,2005,第14页。该书对亚里士多德《解释篇》的译文与海德格尔所著《在通向语言的途中》的孙周兴译本有所不同,笔者兹根据亚里士多德《范畴篇 解释篇》的方书春译文将孙周兴译文和汪家堂译文中所涉及的对亚里士多德《解释篇》的译文加以统一,以求前后一致。其余部分,则均按孙周兴先生和汪家堂先生各自的译文处理。

的。"① 或者也可以这样理解，文字已经继口语之后改写了人类文化基因的密码，种种对文字的批判更是那已经消逝了的口语传统在全新时代的袅袅余音。

不过，鲁迅先生曾经指出："创作虽说抒写自己的心，但总愿意有人看。创作是有社会性的。"② 对语言文字有效性的追问本身无疑体现了对传播媒介有效性的追问，但倘若要求传播媒介"纯而又纯"地传递思想的真谛，那显然是一个"不可能完成的任务"。提出这项任务本身就是根本否定了思想的表达，直至取消了思想本身。就像恩格斯就一事物的概念和它的现实之间的关系所指出的那样："就像两条渐近线一样，一齐向前延伸，彼此不断接近，但是永远不会相交。两者的这种差别正好是这样一种差别，这种差别使得概念并不无条件地直接就是现实，而现实也不直接就是它自己的概念。"③ 我们也可以这样说，透过传播媒介的思想表达与思想本身的差别是这样的关系：思想的表达并不无条件地直接就是思想，而思想也不直接就是它自己的表达。

如果从人类精神发展的高度把握"思想I——表达——思想II"的复杂意涵，我们不妨重读德国哲学家黑格尔的这段话："我们在现世界所具有的自觉的理性，并不是一下子得来的，也不只是从现在的基础上生长起来的，而是本质上原来就具有的一种遗产，确切点说，乃是一种工作的成果——人类所有过去各时代工作的成果。一如外在生活的技术、技巧与发明的积累，社会团结和政治生活的组织与习惯，乃是思想、发明、需要、困难、不幸、聪明、意志的成果，和过去历史上走在我们前面的先驱者所创获的成果，所以同样在科学里，特别在哲学里，我们必须感谢过去的传统，这传统有如赫尔德所说，通过一切变化的因而过去了的东西，结成一条神圣的链子，把前代的创获给我们保存下来，并传给我们。

但这种传统并不仅仅是一个管家婆，只是把她所接受过来的忠实地保存着，然后毫不改变地保持着并传给后代。它也不像自然的过程那样，在它的形态和形式的无限变化与活动里，仍然永远保持其原始的规律，没有

---

① 〔美〕詹姆斯·W. 凯瑞:《作为文化的传播:"媒介与社会"论集》（引言），丁未译，华夏出版社，2005，第 2～3 页。
② 《鲁迅选集》（第二卷），人民文学出版社，1983，第 408 页。
③ 《马克思恩格斯选集》（第四卷），中共中央马克思恩格斯列宁斯大林著作编译局译，人民出版社，1972，第 515 页。

进步。这种传统并不是一尊不动的石像,而是生命洋溢的,有如一道洪流,离开它的源头愈远,它就膨胀得愈大。"①

二 知识分子的文化镜像

当知识分子的言说进入大众传播时代,其面目与口语或文字时代迥然不同。法国思想家列斐伏尔对大众传播的态度颇显消极,他对大众传播高度的传输能力,即强大的使人"在场化"的力量,并不抱太大的希望:"运用高度精密化的技术,大众传播将文艺巨著带给每个人;大众传播使全部历史和'世界'本身可以让所有人能够看到。大众传播将过去甚至未来带入当下。通过逐步改进大众传播的接受方式和传输手段,这些技术传播着人类精神作品当中的最精致者和最微妙者,那些细致的创作让人们奉献终生,其中凸显着时代和文明。现代技术使品味更加多元化,提高了文化、培训和教育的水准,并将一种百科全书式的文化带给人们。同时(斜体为原文所有——笔者注),大众传播使受众变得消极,大众传播使受众变得幼稚。大众传播以一种特殊的模式(景观和凝视的模式)呈现世界,这种方式伴随着我们所业已指出的所有的模糊,并且我们继续强调:虚假呈现中的非参与。这种传播依赖过去,将过去碎片化并浪费掉。产制影像和呈现,大众传播技术什么也没有创造出来,也不能激发出创造力。大众传播挥霍着积累了逾数世纪的珍贵遗产,其行为使下述古已有之的事实更显变本加厉:历史已使许多创作源泉枯竭,还要绵绵无绝期地这样做下去。"②

同"面对面互动"和以书信、电话、电报等为代表的"媒介互动"相区别,英国学者约翰·汤普森将书籍、报纸、广播和电视等大众传播所建立的社会关系称为"媒介准互动"。"如同媒介互动,这第三种互动形式也具有于时空传播信息或符号内容的功能。同面对面互动相比,在许多情况下,媒介准互动也包含了某种对符号意涵范围的缩减。但是,相较于面对面互动和媒介互动,媒介准互动还是有所区别的,有两个关键点值得注意。首先,面对面互动和媒介互动是以特定他人为对象的,以获取特定他人的

---

① 〔德〕黑格尔:《哲学史讲演录》(第一卷),贺麟、王太庆译,商务印书馆,1959,第8页。
② Henri Lefebvre, *Critique of Everyday Life* (Volume Ⅱ), trans. by John Moore, London and New York: Verso, pp. 223 - 224.

意见、表达等为目的；但在媒介准互动的情况下，产制出的符号形式所面向的是范围模糊的潜在受众。其次，无论是面对面互动还是媒介互动都是对话式的，而媒介准互动从本质上说是独白的，也就是说，传播流主要是单向的。"①

而电视同其他大众媒介相比，电视直接向从电影的幽暗大厅中被彻底解放出来的观众呈现出一幅"世界图像"，控制了知识分子的镜像，提供了观众与知识分子"面对面"交流的海市蜃楼。在这个由技术呼唤出来的幻象世界里，知识分子镜像成为记者、编辑、编导、主持人、审查者等视角各异的个体所构成的创作集体进行集体创作的质料。谁是创作者？这是个不言自明因而总是容易被人们忽略的重要问题。德国哲学家瓦尔特·本雅明关于走上屏幕给舞台演员所带来的"双重后果"的观点值得注意："舞台演员的艺术表演无疑是由演员亲身向公众呈现的；然而一个银幕演员的艺术表演却是由摄影机提供给公众的，这带来了双重的后果，把电影演员的表演提供给公众的摄影机无须把表演奉为一个内在整体。摄影机由摄影师操纵着，随着表演不断更换位置。剪辑者从提供给他的材料中组成一个不同位置的画面的连续体，这构成一部完整的影片。它包含的一些运动因素事实上是摄影机的运动，更不用说是摄影机的特殊角度、镜头终止等等了。因此，演员的表演服从于一系列视觉实验。这是演员表演由摄影机提供这一事实的第一重后果。此外，电影演员缺少舞台演员所有的那种机会，即在表演时根据观众的反应来调整自己，因为他并非亲身向观众呈现他的表演。这使得观众站在了批评家的立场上，不再体验到与演员之间的个人接触了。观众对演员的认同实际上是对摄影机的认同。结果是，观众又站在了摄影机的立场上；这种方法是试验的方法。"② 简言之，演员与观众最后都受制于摄影机的安排与调遣了，而曾经出现于舞台演出的演员与观众的互动所形成的氛围也随着摄影机的出现而黯然消退了。摄影机或者更为确切地说，摄影机背后的创作集体才是电影文本的真正作者。同样，摄像机背后的创作集体（也包括镜头前的主持人）才是电视知识分子文本的真正作者。

---

① John B. Thompson (1994), "Social Theory and the Media", in David Crowley and David Mitchell (eds), *Communication Theory Today*, Cambridge: Polity Press, p. 36.
② 〔德〕瓦尔特·本雅明：《机械复制时代的艺术作品》，见〔德〕汉娜·阿伦特编《启迪：本雅明文选》，张旭东、王斑译，生活·读书·新知三联书店，2008，第246页。

当黑格尔在探讨诗与音乐之间的关系时，就音调这一诗与音乐共同的媒介曾经写道："随着各门艺术逐渐上升的次第，完全外在的东西，即就坏的意义来说的客观物质，在逐渐消失，以致最后消失在声音这种主观因素里，声音摆脱了可以眼见性，用外在的东西（媒介）去使内在的东西（内容）成为可感知的。"[1] 这种观念并没有有效地灌注于电视之中，恰恰相反，媒介得到了强调，物质的东西——影像是最重要的。美国学者 F. C. 巴特利特曾做过一个实验用以表明，在等级制组织中，个人之间因逐级传递信息或设想而产生的偏差问题。"他做的实验是让一帮人列队传话，传话内容包括转述观点和争论。巴特利特根据这样一些研究得出了以下结论：'问题现在完全清楚了。这种传话会把内容传得面目全非，结果往往令人大吃一惊：用词相反；因果错乱；名词和数词很少能原封不动地保留下来；观点和结论也整个颠倒了——总之，即使只是很短的一个队列，结果也是无奇不有。同时，这些人对自己还很满意，认为已经把所有重要问题几乎一无遗漏地传给了后面的人；当然有些不重要的事情可能被忽略了。'巴特利特形象地说明了这一特点。他一笔画出一只猫头鹰，然后让 18 个人依次照着前面的人所画的样子，也用一笔来画，最后那个人画出来再看，就像是一只猫了；离第一个人越远，画的就越走样。"[2] 对于电视来说，知识分子只是作为素材的镜像的提供者，是待加工（录播）或同步加工（直播）的质料而已。电视节目创作集体在绝大多数情况下掌握了电视知识分子文本的命运。

电视压根儿就没有对提供镜像素材的知识分子持有起码尊重的机制，这种机制不需要电视创作集体成员对一段街景影像与一位值得尊敬的知识分子的镜像之间的区别有着深刻的认识。正如美国学者刘易斯·科塞所指出的那样："我希望说明，大众文化产业中的知识分子所遭受的主要挫折，根源于他对自己的工作缺乏控制以及他被一个作者不明的生产过程所同化，在这个过程中他也丧失了他的自主权。""对于大众文化产业给知识分子提供的机会，只能给予很低的评价。他们可以偶尔以边际雇员的身份在这些机构中工作——像威廉·福克纳（William Faulkner）在好莱坞的工作，但

---

[1] 〔德〕黑格尔：《美学》（第三卷下册），朱光潜译，商务印书馆，1981，第 7 页。

[2] 〔美〕奥利弗·E. 威廉姆斯：《资本主义经济制度》，段毅才、王伟译，商务印书馆，2004，第 187~188 页。

正规雇员通常会导致系统的疏离和挫折。事实上，大众文化产业对智力是十分不利的，因此只有那些决心牺牲智力的人，才会被它完全吸收。"①

所以，缺乏起码人文素养而远没有在内心中真正建立"人是目的而非手段"的道德律令的平庸个体而碰巧加入电视创作集体中，足以让视野狭隘、见识浅陋者头晕目眩，这样，不会对素材提供者有丝毫尊敬（遑论敬畏）显然是大概率事件。

马克思在谈到法国小农的特征时曾经写道："他们不能代表自己，一定要别人来代表他们。"② 而美国学者萨伊德在其《东方学》一书中，将这句话作为扉页上的题词，并且将其理解为："他们无法表述自己；他们必须被别人表述。"③ 或者如单德兴先生的引述："他们不能代表／再现自己；他们必须被代表／再现。"（They cannot represent themselves; they must be represented.）值得注意的是单德兴先生随后的追问："然而问题在于：若是代表／再现者不但强而有力，而且具有特定的立场、利益，或者心怀误解、甚至恶意时，被代表／再现者要如何自处及回应？双方要如何化解这种主／客甚或主／奴的关系，达到平等与互惠？"④ 电视知识分子何尝不是无法呈现自己而又必须被别人呈现的一群呢？他们与电视创作集体成员之间的关系何尝不存在着下面的问题：若是电视创作集体不但强而有力，而且具有特定的立场、利益，或者心怀误解、甚至恶意时，知识分子要如何自处及回应？双方要如何化解这种主／客甚或主／奴的关系，达到平等与互惠？

对于电视创作集体成员来说，对参与节目的知识分子平等相待显然需要通过浸淫于印刷文化而在内心形成对知识及其守护者知识分子的敬畏感，并将这种敬畏感转化在电视文本创作过程中，这需要个体对其身处其间的集体创作过程的否定性思考，即充分认识到电视作为文化工业对知识分子文化表达的缺憾，进而达到对电视创作过程本身的深刻省思。显然这种感觉是无法依靠程式化的摆置和伪装式的表演来达成的。

---

① 〔美〕刘易斯·科塞：《理念人：一项社会学的考察》，郭方等译，郑也夫、冯克利校，中央编译出版社，2004，第366、367页。
② 《马克思恩格斯选集》（第二卷），中共中央马克思恩格斯列宁斯大林著作编译局译，人民出版社，1972，第693页。
③ 〔美〕爱德华·W. 萨义德：《东方学》，王宇根译，生活·读书·新知三联书店，1999。
④ 单德兴：《报道·掩饰·揭露——东／西二元对立及其不满》，载〔美〕爱德华·W. 萨义德《报道伊斯兰》（推荐序），阎纪宇译，上海译文出版社，2009，第11页。

面对知识分子的电视图像,德国哲学家胡塞尔"图像意识"的概念是一个比较有力的分析工具。"'图像意识'也被胡塞尔称之为'图像表象'(Bildvorstellung)。较之于'感知表象',它已经不是素朴的意识行为,因为它在它的本质结构中包含着多个对象和多种立义。这些对象和立义互相交织,它们随注意力的变化而得以相互替代地出现。在胡塞尔对'图像意识'的分析中可以区分出它自身包含的三种客体:1.'图像事物',例如出现在相纸或印刷纸上的带有各种质地和色彩的图形。胡塞尔也将它称作'物理图像'(das physische Bild)或'物理事物'。2.'图像客体',即通过'物理客体'而被体现或被映像的那个对象。它也被胡塞尔标示为'显像客体'、'显像'等等或简称为'图像',与'图像事物'意义上的'物理图像'相比,它是一种'精神图像'(das geistige Bild)。3.'图像主体',它仅仅在图像客体中被意指,但本身不在图像之中。在这个意义上,胡塞尔也将'图像主体'定义为'实事'或'实在'。这三个客体构成'图像意识'的'图像本质'。'物理图像唤起精神图像,而精神图像又表象另一个图像:图像主体'。简言之,'图像意识'的本质就在于,在'图像事物'中,'图像主体'借助于'图像客体'而被意识到。与三个客体相对应的是包含在'图像意识'中的三种立义:1.对'图像事物'的感知立义,如:'这是一张油画'。这种立义基本上是一种正常的感知立义。2.对'图像客体'立义。这种立义的特点在于,一方面,它是感知性立义,但却不像其他感知立义那样带有存在意识,另一方面,'图像客体'在这个感知性立义中不是被立义为感知对象,而是被立义为一个'精神图像'。因此,胡塞尔认为,这种立义不是正常的立义,而是一种'感知性的当下化'(perzeptive Vergegenwärtigung)。3.对'图像主体'的立义。这种立义是想象性的立义,但却不是正常的想象性立义,因为在这个立义中'图像主体'并不显现出来。在这个意义上,对'图像主体'的立义是一个非显现的立义。这三种立义分别代表着'图像意识'中的'图像事物意识'、'图像客体意识'和'图像主体意识',并且构成'图像意识'的总体组成。"①

具体到电视知识分子问题来说,需要迫切指出的是,在所有的对电视这种传播媒介与知识分子关系中最值得注意的是,充其量,知识分子让渡

---

① 倪梁康:《胡塞尔现象学概念通解(修订版)》,生活·读书·新知三联书店,2007,第94~95页。

给电视的只是自身的媒介镜像，只是一种通过电视所达成的"感知当下化"，知识分子不等于知识分子的媒介镜像，也就是说，知识分子的"图像客体"与作为"图像主体"的知识分子本身存在着本质性的差异。这一点与西班牙阿尔塔米拉洞窟中的野牛岩画不同于曾经行走于天地间的野牛一样。可是，流行的观念总是与原始人绘制这些岩画的最初目的（对野牛的形象施加某种影响，以保证原始人的狩猎成功或安全等）背后的将形象等同于提供形象的客体的原始巫术类似的思维方式：将知识分子镜像等同于知识分子本身，将知识分子对自身镜像在大多数情况下不能不带有某种狡黠色彩的售卖等同于知识分子对自己灵魂的出卖。只要回想一下走上电视的知识分子的参与感就可以明确这种镜像的售卖对知识分子的意义。知识分子会对为这种售卖所必须准备的言说内容的重视程度与其撰写某篇学术论文的重要程度等量齐观吗？或许同上电视相比，给学生上课或预备某个学术研讨会的发言的重要程度已经发生动摇，而这恰恰从另一方面凸显出，无论从制度安排还是从道德情感角度，具有原创意义的精神探索对知识分子的重要性。

就这里所涉及知识的职能分工问题，英国经济学家哈耶克曾指出："新观念一开始总是由少数人提出，后经广为传播而为多数人所采纳，尽管这些多数人并不知道这些新观念的来龙去脉和内在理路。在现代社会，这一过程涉及职能分工的问题，一方面是那些主要关注具体问题的人，另一方面是那些专门思考一般观念的人，亦即阐释和协调由过去的经验揭示出来的各种行动原则的人士。"[①]。其实，这种分工由来已久，在西方语境中，至少可以追溯到英国的维多利亚时代："最上层是抽象的思想领域，这些思想由哲学家、科学家、艺术家和学究们，间或也由个别学术贩子和骗子之流来传播，他们为更广泛基础上的转变奠定了理论基础。第二个层次是大众文化，这一层次将简明的有关复杂抽象的思想通过书籍、报纸和其他形式的大众媒介传播给更加广泛的受众。最后便是实际行为层次，因为抽象的或被广泛传播的思想中所蕴涵的新规范已深深地植入广大民众的行为之中。"[②] 不过，与前述的知识职能分工稍有不同的是，由于电视这种传播媒

---

① 〔英〕弗里德里希·冯·哈耶克：《自由秩序原理》（下），邓正来译，生活·读书·新知三联书店，1997，第137页。
② 〔美〕弗朗西斯·福山：《大分裂：人类本性与社会秩序的重建》，刘榜离、王胜利译，刘榜离校，中国社会科学出版社，2002，第91页。

介的缘故,知识分子更多地仰赖于口语传播模式,加之对于绝大多数电视知识分子来说,能够支配的时间实在有限,难以将自己的论点进行多少充分一些的说明,"电视言说"的局限性也就尽在其中了。

一般来说,由于电视创作集体所关注的热点问题与知识分子着力研究的专业问题鲜有重合之处,走上电视的知识分子只会就节目中所涉及的问题提供一些思想的"边角余料",甚至在某些情况下只是在匆匆浏览一些相关内容之后便开始了"电视言说"。因为除非有人获得了布尔迪厄在电视上"写作"《关于电视》这类在电子复制时代纯属异数的作品所获得的言说自由,所以,谁会拿出做学问的态度来做电视节目呢?这显然是知识分子不怎么需要充分了解电视节目运作的游戏规则便容易做出的选择。否则,不妨试试,如果某个知识分子在录制完一期谈话节目或某条新闻的访谈之后提出审看、并要求做出相应的修改、甚或重新录制的要求(这就像反复修改一篇学术论文或论著一样),那么,电视节目的创作集体对这位知识分子的评价显然不会很高,可能"太把自己当回事儿了"就已经是他们比较克制的说法了。而这又透露出电视其实并不把知识分子镜像"太当回事儿"这一基本态度,这种镜像只是电视的文化装饰罢了,其意义远没有一段充满戏剧性的新闻事件的媒介呈现更重要。对于电视节目创作集体来说,这个知识分子与那个知识分子,就某一问题的这个看法与那个看法其实区别不大。匈牙利思想家卢卡奇的论述生动地描绘了"工人隶属于机器"的状态何尝不是"知识分子隶属于镜头"的状态:"由于劳动过程的合理化,工人的人的性质和特点与这些抽象的局部规律按照预先合理的估计其作用相对立,越来越多表现为只是错误的源泉(着重号为原文所有,下同——笔者注)。人无论在客观上还是在他对劳动过程的态度上都不表现为是这个过程的真正的主人,而是作为机械化的一部分被结合到某一机械系统里去。他发现这一机械系统是现成的,完全不依赖于他而运行的,他不管愿意与否必须服从于它的规律。

随着劳动过程越来越合理化和机械化,工人的活动越来越多地失去自己的主动性,变成一种直观的态度,从而越来越失去意志。面对不依赖于意识的、不可能受人的活动影响而产生的、即作为现代的系统而表现出来的一个机械——有规律的过程,直观态度也改变人对世界的直接态度的各种基本范畴:这种态度把空间和时间看成是共同的东西,把时间降到空间的水平上。马克思说:'由于人隶属于机器',形成这样一种状况,即'劳动把人置于次要地位；钟摆成了两个工人相对活动的精确的尺度，就像它是两个机车的速度的尺度一样。所以不应该说，某人的一个工时和另一个人的工时是等值的，更精确的说法是，某人在这一小时中和那个人在同一小时中是等值的。时间就是一切，人不算什么；人至多不过是时间的体现。现在已经不用再谈质量了，只有数量决定一切：时对时，天对天……'这样，时间就失去了它的质的、可变的、流动的性质：它凝固成一个精确划定界限的、在量上可测定的、由在量上可测定的一些'物'（工人的物化的、机械地客体化的、同人的整个人格完全分离开的'成果'）充满的连续统一体，即凝固成一个空间。"①

对电视来说，时间简直就是位列观众注意力之后的第二位上帝。一旦出现可能为观众注意力所垂青的事情，时间就成了决定一切的因素。能否报道？能否在其他媒体前面抢先报道？能否有足够多的报道？都成了每一位电视机构的决策者所要考虑的头等大事。往往是时间不够或是有大量的、让电视节目创作集体成员又恨又怕而又必须填充的冗余时间。正如在马克思的政治经济学里，劳动时间是衡量商品价值的尺度一样，时间对于电视知识分子来说几乎决定了他对某一问题所提供的看法的深度和广度。就像法国社会学家布尔迪厄所提出的那样："思维与时间存在着某种联系"，而"电视并不太有利于思维的表达"②。美国经济学家米尔顿·弗里德曼也认识到："电视媒体这一表现形式是富于感染力的，它可以触动你的情感，吸引你的注意力。但在我们看来，若用来教化人和说服人，那么印在纸面上的文字则更为有效。在一本书籍当中，作者可以从容地对各种问题进行深入探讨，而不必顾忌墙上的挂钟走了多长时间。读者在阅读书籍的过程中，可以随时停下来进行思考，也可以随时回过头来重读某段文字，更不会因电视画面对情绪的感染而分散注意力。"③ 这与美国学者爱德华·W. 萨义德在英国广播公司发表瑞思系列演讲的感受颇为一致："实际发表瑞思系列演讲的优点及困难之一就是受限于30分钟的严格广播形式：一周一讲，连续六周。但是，你的确是直接向一大群活生生的听众说话，比知识分子和

---

① 〔匈〕卢卡奇：《历史与阶级意识——关于马克思主义辩证法的研究》，杜章智、任立、燕宏远译，商务印书馆，1992，第 150~151 页。
② 〔法〕皮埃尔·布尔迪厄：《关于电视》，许钧译，辽宁教育出版社，2000，第 28、29 页。
③ 〔美〕米尔顿·弗里德曼、罗丝·弗里德曼：《自由选择》（前言），张琦译，机械工业出版社，2008，第 XI 页。

学院人士平常演讲的对象多得多。而且这个复杂、可以无穷无尽的主题，对我有个额外的负担：要尽可能准确、易懂、精简。"①

显然，知识分子的电视言说就成了可以随意处置的"弹性部分"，对电视来说，有什么比直播的新闻事件现场更能够自我呈现的呢？而又有什么能比"招之即来"的电视知识分子更"合用"的呢？这样，电视"快思手"所拥有的特权的性质也就比较明显了："电视只赋予一部分快思手以特权，让他们去提供文化快餐，提供事先已经过消化的文化食粮，提供预先已形成的思想，这并不是仅仅因为电视部门掌握着一本通讯录（这也是在紧急情况下不得已而为），其名单永远不变（涉及俄罗斯，找 X 先生或太太，涉及德国，找 Y 先生等）：有了这么一批负有责任的讲话者，也就免得去找真正有话可说的人了。有话可说的，往往是些年轻人，他们还没有什么名气，但有自己的追求，没有与媒介打交道的习惯，与其不得不去找他们，倒不如手下有一批媒介的常客，随时可以效劳，时刻准备制造文章或提供访谈。"② 虽然"日光之下，并无新事"③，但是，面对刚刚发生或正在发生、通常难以预测其走向的种种新闻事实，如果再考虑一下这些知识分子普通人的本质，电视知识分子言说中所弥漫的轻浮油滑就是难以避免的了，就像英国政治理论家柏克所指出的那样："批判精神对于发现过去所从不曾存在过的事物的缺点，几乎无能为力；而热烈的激情和骗人的希望却有着想象力的全部辽阔的领域，它们的议论可以在其中畅通无阻。"④ 但是，知识分子堕入了一种英国经济学家哈耶克意义上的"强制"状态，显然是不能忽视的。哈耶克指出："所谓'强制'，我们意指一人的环境或情境为他人所控制，以致为了避免所谓的更大的危害，他被迫不能按自己的一贯的计划行事，而只能服务于强制者的目的。除了选择他人强设于他的所谓的较小危害之情境以外，他既不能运用他自己的智识或知识，亦不能遵循他自己的目标及信念。强制之所以是一种恶，完全是因为它据此把人视作一无力思想和不能评估之人，实际上是把人彻底沦为了实现他人目标

---

① 〔美〕爱德华·W. 萨义德：《知识分子论》，单德兴译，陆建德校，生活·读书·新知三联书店，2002，第6页。
② 〔法〕皮埃尔·布尔迪厄：《关于电视》，许钧译，辽宁教育出版社，2000，第30页。
③ 《圣经·旧约·传道书》，中国基督教两会出版，2008，第1057页。
④ 〔英〕柏克：《法国革命论》，何兆武、许振洲、彭刚译，商务印书馆，1998，第218～219页。

的工具。"① 这简直就是绝大多数知识分子的"电视生存"的生动写照。

哲学家冯友兰先生之女宗璞曾记下 20 世纪 80 年代的时候,电视是如何粗暴地介入知识分子生活的:

"来人曾有一面之缘,姓李,是曰老李,来的目的是拍电视。说话间,面包车拉着器材已到门前。老人说,这么远来了,硬拒绝也不好,就拍吧。

时间倒是不长。老李做节目主持人,怀抱可爱的女儿与老人对话,实际上是对老人说话。

'您的眼睛看不见,稿子是由助手代写的。'老人听不清,无法纠正。助手只是记录,岂能代写!

'最近好几位老专家都去世了'。他举了好几位先生的名字,包括前几年过世的。'您要保重'。

老人没有说话。他当然知道人总会死的,不用人提醒。这样就算拍完了。老李放下女儿,毫不客气地让我带她去上厕所。

一切结束,他们还不走,要与老人合影。几个人站好了,老李让孩子把手搭在'爷爷'肩上。我忽然觉得老人很可怜,像照相馆中的木马或彩色戏装一样,是个大道具!"②

尽管随着电视媒介的操控日渐精熟,电视人的视野也越来越扩大,而不至于再做出那种"有眼不识泰山"的蠢行,而这种电视对知识分子言说加以粗暴强制的本质并没有改变。

以中央电视台《百家讲坛》为例,该栏目制片人万卫曾表示:"我们栏目分为四个小组,每个组都有固定的主讲人,主讲人互不相串,谁发现的主讲人谁就做,同时也要为收视率、影响力等各个方面负责任。每个组都要到大学去找主讲人,一个是校方推荐,一个是通过学生推荐,双方推荐他们学校的名嘴,我们跟这些名嘴见面,给他们录像。回来之后根据录像我们研究面对镜头他的表述能力,还有他的人格魅力如何,分析完了之后再看他研究的学科有没有目前大众感兴趣的内容。这样给他确定一个试讲

---

① 〔英〕弗里德里希·冯·哈耶克:《自由秩序原理》(下),邓正来译,生活·读书·新知三联书店,1997,第 16~17 页。
② 宗璞:《道具》,转引自《旧事与新说——我的父亲冯友兰》,新星出版社,2010,第 66~67 页。该文末有作者附记,其中有"文为有感而发,语气托以他人,仍恐不妥,遂置之。如今先君逝世已经三年,欲有种种骚扰,不可得矣"。由此推断,文中所写,似为冯友兰先生与宗璞女士的亲身经历。

的选题,在准备试讲的过程中我们的编导也要不断地和他交流。"这种以我为主的媒介霸权心态还可以从下面的话语中得到更加直接的展现:"起步的时候真的很难,当时我们自己的水平不高,说服别人也就更困难。现在易中天总结了一句话:你要想在《百家讲坛》讲好,第一个条件就是你甘愿被修理;第二是你能够被修理。现在很多通过《百家讲坛》走出去的专家有了使命感,他知道他的知识要和大家分享,国家用纳税人的钱养着这些学者不仅仅是为了满足象牙塔里的几个人,更重要的是提高全民素质。我们作为传播者就是一个桥梁,《百家讲坛》就是在搭桥,让专家学者走出象牙塔走进大众。"① 每每读到这样的话,笔者总不免轻叹:难道学者需要由电视人来提醒对于知识而言什么更重要吗?如果将商业逻辑提升到某种失真的程度,而单纯从其表面的言说几乎看不出其本来面目的话,这就将电视知识分子置于矫情的境地。章太炎先生就曾指出:"国学很不容易讲,有的也实在不能讲,必须自己用心去读去看。即如历史,本是不能讲的;古人已说'一部十七史从何处说起',现在更有二十四史,不止十七史了。即《通鉴》等书似乎需要简要一点,但还是不能讲;如果只像说大书那般铺排些事实,或讲些事实夹些论断,也没甚意义。所以这些书都靠自己用心去看,我讲国学,只能指示些门径和矫正些近人易犯的毛病。"②让公众对文化发生兴趣,"用心去看",岂是电视所能完成的任务。像电视节目创作集体这样具体而微的官僚组织正在将知识分子的电视言说压制到普通电视观众思维的应声虫的地步,正如德国学者卡尔·曼海姆所指出的那样:"官僚组织使自由探索的领域变得狭窄。政党、工业组织、工会都采取了供养一个公共解释者——在美国被称为公共专家——的职业参谋机构的策略。他们参加了其雇主们争夺讨人喜欢的舆论的战斗,并且靠着在新闻、广播、电视、电影这些大众媒介中分发被加工得简单明了的意识形态为生。这些推广者通常是受过教育的知识分子,曾受到自由探究的训练,现在履行着思想训导专家和从不同前提达到固定的结论的专家的责任。这里存在着一个走向新型经院哲学的强大趋势。"③

---

① 《万卫解密〈百家讲坛〉:主讲人是核心竞争力》,网络来源:http://www.cctv.com/program/bjjt/20070803/107924.shtml,下载日期:2010年6月27日。
② 章太炎:《国学概论》,曹聚仁整理,上海古籍出版社,1997,第1页。
③ 〔德〕卡尔·曼海姆:《文化社会学论集》,艾彦、郑也夫、冯克利译,辽宁教育出版社,2003,第176页。

这种训导过程充斥着"明星化"的操作手段，这与法国哲学家居伊·德波的"在舞台表演的景观代理人"如出一辙。他写道："像明星一样，在舞台表演的景观代理人与个人是矛盾的；非常明显，他是自己个性的敌人还是他人个性的敌人，这是一样的。为了作为一个典型进入景观而被认同，为了将自己认同为顺从**物**（黑体为原文所有，下同——笔者注）的过程的一般法则，景观代理人拒绝了所有自主（autonome）的品质。尽管从表面上看消费明星代表了不同的个性类型，但实际上消费明星展示的每一种个性类型都享有同等进入整个消费王国的权力，都有源自于整个消费王国的同样的幸福。判定一个名人必须看他是否拥有公认的人类品质的全部声誉。明星之间的正式差异，被预想的他们在一切事情都是优秀的这种无可逃避之暗示的官方**相似性**所抹杀。"① 美国社会学家理查德·桑内特写道："'造星系统'就是一套通过将明星和无名小卒之间的**差距最大化而获得利益的系统**；在造星系统的作用之下，如果参与表演的人并不出名，那么观众根本就不会想去看这次表演。""艺术领域的造星系统的运转有赖于两条原则。第一条原则是最大数额的利润来自于对最小数量的表演者的投资，这些表演者就是'明星'。第二条原则是只有使大多数艺术家没有机会表演，明星才能够存在。"② 在电视知识分子问题上，差异最大化与数量最小化的客观需要也是存在的。

三 被遮蔽了的知识价值

尽管就电视知识分子的个体而言，不排除不学无术之徒在刻意贴近观众时所做出的种种坑蒙拐骗现象的存在。但是，当我们脱离具体个案而试图把握电视知识分子的基本行为模式的时候，就不能不放弃单纯的道德诘责，而应当将其作为一个整体置于电视所营造的媒介环境中加以考察。

就像我们不能要求康德、普鲁斯特或爱因斯坦在其作品中的言说方式具有报业标准的可读性或者电视工业标准的可视性一样，知识分子之所以

---

① 〔法〕居伊·德波：《景观社会》，王昭凤译，南京大学出版社，2007，第 23 页。
② 〔美〕理查德·桑内特：《公共人的衰落》，李继宏译，上海译文出版社，2008，第 365、369 页。

成为知识分子的那一部分其实与观众的评判无关,因为要具有评判的眼光需要长期的艰苦的专业训练,而这又是社会分工所不允许绝大多数普通公众所具备的。即使许多知识分子放下专业语汇的身段与思想逻辑的细绎,俯就观众的欣赏口味和理解程度,对某一学术问题、公共问题或既是学术问题也是公共问题的话题在电视上娓娓道来,而对走上电视的知识分子的遴选标准稍加追问就不难发现,这里所蕴涵的公众品味对知识分子文化的凌驾与肢解。

美国学者约书亚·梅罗维茨就曾经指出:"不同的社会群体,不同的社会阶层以及不同的权力阶层,有着各不相同的传统观点,这种差异是由人们不同的社会经历造成的。被分隔在不同的场景(或不同的场景集合)中的人们会形成不同的世界观,人们的行为在'台前'和'幕后'可以完全不一样,人们可以表演补充的角色,而不是互换角色。这种场景的区分是由于文字和印刷材料的传播而形成的。基于人们阅读能力及文化的素养的差异,他们则分别属于不同的信息社会。这种场景的区分同时也是由于不同的人群被隔离在不同的地方,且在某个具体地方有着具体而有限的经历,这就产生了不同的社会身份。而电子媒介将许多不同类型的人带到相同的'地方',于是许多从前不同的社会角色特点变得模糊了。由此可见,电子媒介最根本的不是通过其内容来影响我们,而是通过改变社会生活的'场景地理'来产生影响。"① 公众对知识分子权威心悦诚服的感觉已随着社会场景的转换而逐渐发生了异化。这种异化可以从同为视听媒介的电影那里发现端倪,法国电影理论家让·爱泼斯坦指出:"凡是由于在电影中再现而在精神特质方面有所增添的各种事物、生物和心灵的一切现象,我将都称之为'上镜头'的东西。""只有事物、生物和心灵的动态的和有个性的现象,才能是'上镜头'的东西,即能够通过电影的再现而获得高级的精神特质。"② 这种附着于个体的生动感当然也包括口语表达。

还在不久以前,口语表达在现代知识分子的技能清单中并不突出,可是,电视将知识分子带入了一个全新的"次生口语文化时代",这个时代将口语表达提高到了一个新的高度。美国学者沃尔特·翁将丝毫未被文字或

---

① 〔美〕约书亚·梅罗维茨:《消失的地域:电子媒介对社会行为的影响》,肖志军译,清华大学出版社,2002,第5~6页。
② 〔法〕让·爱泼斯坦:《电影的本质》,沙地译,见《外国电影理论文选》(上册),李恒基、杨远婴主编,生活·读书·新知三联书店,2006,第82、86页。

印刷术浸染的口语文化称为"原生口语文化",和如今的高科技文化中的"次生口语文化"相对。支撑今天次生口语文化所仰赖的是电话、广播、电视等电子设备,其生存和运转都仰赖文字和印刷术。① 沃尔特·翁指出:"语言表达的电子变革进一步加深了语词嵌入空间的进程,这个进程始于文字,强化于印刷术,这是一方面;另一方面,电子变革又把人的意识提高到次生口语文化的新时代。"② "原生口语文化的风格表现为附加性、冗余性,表现为精心的平衡和高调的对抗,表现为辩论双方密切的互动;每一轮辩论结束之后,辩论人都声嘶力竭、筋疲力尽。如今,电视上的总统竞选辩论完全摆脱了古老口语世界的秩序。听众不在场,不露面,不出声。竞选人舒舒服服地站在演讲台上,做短小的陈述,或者做短小的对谈,一切对抗性的锋芒都被磨掉,这是有意识的安排。电子媒介不容忍公开对抗的表演。虽然笼罩着苦心经营的自发性,但这些媒介完全受制于一个严密的封闭空间,即印刷术遗产形成的封闭空间;而敌对的表演可能会冲破这个封闭的空间,从而冲破严密的控制。"③

对于电视的这种严控冲突的做法,我们在这里不妨引证由意大利符号学家安伯托·艾柯所提到的一个例子。他写道:1956 年,"那是直播两位经济学家的辩论,听到的声音是其中一个人的讲话的声音,他怒气冲冲以挑衅的口气提出问题,而画面是对方神经质的满脸汗水的面孔,一只手在拧一块手绢:一方面不可避免,不可避免的是,这是在突出这件事的戏剧性,当然这样做是恰当的,另一方面,这也就等于采取了立场,尽管是不自觉的:观众的注意力分散了,离开了双方对立的逻辑,而被争论中的情感因素所打动了,这样就会使真正的力量对比被扭曲,这样的力量对比本来应该由论据的质量来构成,而不应该由争论者的身体情况来构成。"④ 在电视传播那里,思想的逻辑必须让位于视觉的逻辑,观众能够看见,还要好看,最好充满戏剧性,思想者一旦走上电视,也就如走上满足观众窥视欲的祭坛,身不由己,正如美国学者丹尼尔·贝尔所指出的那样:"印刷媒

---

① 〔美〕沃尔特·翁:《口语文化与书面文化:语词的技术化》,何道宽译,北京大学出版社,2008,第 6 页。
② 〔美〕沃尔特·翁:《口语文化与书面文化:语词的技术化》,何道宽译,北京大学出版社,2008,第 103 页。
③ 〔美〕沃尔特·翁:《口语文化与书面文化:语词的技术化》,何道宽译,北京大学出版社,2008,第 103~104 页。
④ 〔意〕安伯托·艾柯:《开放的作品》,刘儒庭译,新星出版社,2005,第 151 页。

介在理解一场辩论或思考一个形象时允许自己调整速度，允许对话。印刷不仅强调认识性和象征性的东西，而且更重要的是强调了概念思维的必要方式。视觉媒介——我这里指的是电影和电视——则把它们的速度强加给观众。由于强调形象，而不是强调词语，引起的不是概念化，而是戏剧化。"①

就像美国学者约书亚·梅罗维茨所告诉我们的那样："如今的权威常常必须是'看起来和听起来很好'，而不是写作或推理好，这比过去的要求多。但是学习'看起来或听起来好'的方法并不像学习阅读和写作那样。在电子媒介中对讯息解码所需的技能并不一定需要多年的训练和练习，而且它们通常更容易被普通成年人或儿童接触。带着相机和麦克风四处漂泊的记者，常常能收到过路人的口头陈述，而这些陈述至少和权威的陈述一样流畅（并且公众对话提供者的人数现在非常庞大）。当电视记者将他们最优秀的行人反应与'专家'的一篇演讲或者声明放在一起时（常常拿着一张纸犹犹豫豫地读），传统的权威可能因这种比较而受到损害。他们显得呆板、不自然，且有时让人难以信任。"② "电子媒介使许多传统的权威处于一种非常不利的地位。这种情况在脱口秀或收音机热线及电视节目中最为明显，作者和专家常常被神采飞扬、语速很快的观众或打电话的人所包围。虽然电子媒介肯定不是唯一的要求权威扮演其角色的论坛，但是这些论坛确实提供了高地位的人与应当信任和尊敬他们的人之间的重要接触。……许多权威过去一度比平常人有明显的优势，但由于电子媒介的介入，他们现在常常被置于一种与普通人平等，甚至更低的起点。"③ 而他所介绍的美国总统或总统候选人的媒介形象标准也同样适用于如今绝大多数的电视知识分子："那些'电视上表现好的'：他们是否活跃和幽默；他们看起来是否友善和机敏；他们的面部表情是否看起来舒服；他们给出的即席的机智回答能否不想、不停顿，或者不重复词；他们是否按照镜头和麦克风的标准而不是人群的标准来选择词汇和表达。"④

---

① 〔美〕丹尼尔·贝尔：《资本主义文化矛盾》，生活·读书·新知三联书店，1989，第156页。
② 〔美〕约书亚·梅罗维茨：《消失的地域：电子媒介对社会行为的影响》，肖志军译，清华大学出版社，2002，第152~153页。
③ 〔美〕约书亚·梅罗维茨：《消失的地域：电子媒介对社会行为的影响》，肖志军译，清华大学出版社，2002，第153页。
④ 〔美〕约书亚·梅罗维茨：《消失的地域：电子媒介对社会行为的影响》，肖志军译，清华大学出版社，2002，第296页。

除了文化工业的产业标准因素之外，电视无意之中在某种程度上也复活了斯多葛派的先驱者之一安提斯泰尼的观念。这位长柏拉图二十岁、亦为苏格拉底弟子的学者进行露天讲演，没有受过教育的人也都能理解。"一切精致的哲学，他都认为毫无价值；凡是一个人所能知道的，普通的人也都能知道。"① 而安提斯泰尼这一思想的先驱则可以追溯至赫拉克利特，所谓"思想是人人共有的"② 即出自赫拉克利特之口。

这种对知识的独特看法也可以从美国学者约书亚·梅罗维茨那里找到呼应："在印刷社会里，印刷数据分级的复杂性以及印刷读者高度隔离的特征导致了'专家'（expert，在一个领域中的'最高'权威）和'专家'（specialist，知识集中于一个特定主题非常狭窄信息的人）享有极高的声誉。实际上在印刷社会里一个人接受训练和教育的程度越高，他们就越容易在某个学术领域安身，也因此他们在受训时就越无法意识到其他领域的知识。从这个意义上说，许多传统的学科不仅是有结构的知识的主体，也是有组织的无知的体系。专家的技能是根据场景定义的。成为'专家'的关键不是'学习所有的东西'，而是减少'知识场景'的大小，直到他能够掌握其中所有的知识。

但是在电子社会中，来自所有知识领域的讯息对于所有人来说都具有同样的可接触性。而这种讯息，特别是在收音机或电视播出后，常常提供了更多的'意识到'，而并不是'理解'。新的传播模式破坏了那些知识和技能仅仅基于分隔的传播网络的权威地位。专家仍然比普通人有更多的专业知识，但是电子传媒所创造出的新的共享论坛却影响了我们对这些专门知识的评价。因为我们现在'意识'到了许多领域，而专家对此却一无所知，我们正在进行一种对概括主义复兴的重新欣赏。另一方面，人们期望没有什么话题复杂得不能解释给普通人听，至少在大的意义上是这样的；相反，权威或领导只有当他或她显得拥有'普遍'的社会知识时才能得到完全的尊敬。具有讽刺意味的是，我们越来越多地依赖专业知识，然而当这些知识在电视中被展示时，我们也很少尊重它。"③

---

① 〔英〕罗素：《西方哲学史》（上卷），何兆武、李约瑟译，商务印书馆，1963，第294页。
② 北京大学哲学系外国哲学史教研室：《西方哲学原著选读》（上卷），商务印书馆，1981，第25页。
③ 〔美〕约书亚·梅罗维茨：《消失的地域：电子媒介对社会行为的影响》，肖志军译，清华大学出版社，2002，第317~318页。

德国哲学家伽达默尔关于权威本质的有关看法值得我们重视:"的确,权威首先是人才有权威。但是,人的权威最终不是基于某种服从或抛弃理性的行动,而是基于某种承认和认可的行动——即承认和认可他人在判断和见解方面超出自己,因而他的判断领先,即他的判断与我们自己的判断具有优先性。与此相关联的是权威不是被现成给予的,而是要我们去争取和必须去争取的,如果我们想要求权威的话。权威依赖于承认,因而依赖于一种理性本身的行动,理性只觉到它自己的局限性,因而承认他人具有更好的见解。权威的这种正确被理解的意义与盲目的服从命令毫无关联。而且权威根本就与服从毫无直接关系,而是与认可(着重号为原文所有——笔者注)有关系。权威的存在确实是为了能够命令和得到服从,但这一点只是从某人具有的权威而得到的。即使由命令而来的无名称的和非个人的上级权威,最终也不是基于这种命令,而是那种使命令成为可能的东西。这里权威的真正基础也是一种自由和理性的行动,因为上级更全面了解情况或具有更多的信息,也就是说,因为上级具有更完善的认识,所以理性才从根本上认可上级有权威。

因此,承认权威总是与这一思想相联系的,即权威所说的东西并不是无理性的和随心所欲的,而是原则上可以被认可接受的。这就是教师、上级、专家所要求的权威的本质。他们所培植的前见,虽然是被个人证明合理的,它们的有效性要求我们对代表它们的个人有偏袒,但是因为这些前见对于通过其他方式而能出现的东西,例如通过理性提供的坚固基础而出现的东西具有同样的偏袒,这些前见也可成为客观的前见。"[1]

伽达默尔提醒我们权威从来不是从天而降的,其前提并非不证自明。笔者认为,当知识分子面对电视的时候,同样存在着"重获权威"或"权威重建"的过程,这里既有理性自身运动的客观特性的因素,也有社会场景转换的媒介因素。英国评论家吉迪恩·拉赫曼提醒我们注意在这种权威重建过程中所伴随的"过度曝光"不但不会使人们意识到知识分子言说的重要意涵,而且会使人们对思想呈现本身熟视无睹:"熟悉导致轻视。我们身边也许有很多像昔日巨人一样的伟大思想家,但我们认

---

[1] 〔德〕汉斯-格奥尔格·伽达默尔:《诠释学Ⅰ:真理与方法》,洪汉鼎译,商务印书馆,2007,第380~381页。

识不到,因为他们仍然生活在我们中间。现代媒体文化或许导致知识分子过度曝光。如果穆勒经常在电视上出现,或者甘地每天在微博网站'推特'上留言 5 次,那么他们也许就显得不那么深刻、不那么了不起了。"①

然而,尚需指出的是,电视产生的这种貌似解放的平等所带来的很可能是某种有意无意的操弄,对绝大多数观众而言,即使借助了知识分子镜像的电视节目,也难以将知识分子置入一种无蔽状态,恰恰相反,在大多数的和日常的情况下,电视节目将知识分子的普遍本质遮蔽起来,这种遮蔽并非简单的视而不见或肆意歪曲,而是将知识分子镜像呈现为与知识分子的普遍本质截然不同之物,同时又借着知识分子的镜像获得极大的欺骗性。观众借助电视对知识分子的这种接近本身并非是增进对真确存在的知识分子状态的把握,反而是一种前途未卜的歧途,为彻头彻尾的反智主义预置了路标。虽然对参与电视节目的知识分子,美国学者利文斯通和朗特表达了较为乐观的看法:"参与电视节目的专家(例如政治家、学者、游说集团代言人)将其置于一种新的、同普通人更加紧密的关系之中。因此,普通人也习惯于将自身阅历与专家见解进行批判性比较,看到惯常习见可堪玩味、值得尊重,发现专业人士之间的分歧以及同普罗大众的差异。"②这种看法显然将作为知识分子的知识分子与走上电视的知识分子的社会角色与文化身份加以混同。

如同本雅明对艺术作品的崇拜价值与展示价值的区别,知识分子所提供的精神产品亦有知识价值与传播价值的区别。德国哲学家费希特指出:"知识是神圣力量的存在、表现和完美映现。所以知识是自为地存在的,是固有的、以自身为基础的力量、自由和效用,因为它是神圣力量的映现;它作为知识就是这一切,也就是说,它靠一个它由以出发的特定的知识对象,永远不断地发展自身,达到更高的、更内在的知识清晰性。"③ 知识价值因其对人类文化宝库所增添的前所未有的认识而具有自我持存的性质,知识价值同其客观存在合而为一或者说达到了"存在即价值"状态,不依

---

① 〔英〕吉迪恩·拉赫曼:《思想家都到哪里去了?》,2011 年 1 月 31 日《参考消息》。
② Sonia Livingstone and Peter Lunt (1994), *Talk on television: Audience participation and public debate*, London and New York: Routledge, p. 99.
③ 〔德〕费希特:《现时代的根本特点》,沈真、梁志学译,辽宁教育出版社,1998,第 116 页。

世事变迁、人物枯荣而有所变易,而传播价值则要求传播者必须像奴隶一般去揣摩作为主人的受众的心思,以如簧的巧舌换取受众相应的瞬间关注,而后再为下一次的定时关注继续奔忙,至于关注本身则无暇细想甚至不必细想,只要受到关注就足够了。

客观地说,走上电视只是知识分子作为一个社会人去完成社会责任,而非作为一个知识人去完成文化责任,而后者才是知识分子得以安身立命、识别自身社会身份的寄托所在,也才是知识分子群体尽管命运多舛、历经磨难,但仍自立于天地之间的根本原因所在:不断地推进人类对世界的认识。

第二节 "去语境化"的思想传播

一 两种传播观的"双峰对峙"

从包括电视在内的传播媒介对其本质的自我理解可以看到,传播媒介造成了传播内容必须脱离其所从属的具体时间或(和)空间束缚,以送达至受众那里。这种摆脱束缚的代价就是牺牲了人的亲身在场,去除了产制传播内容的情境。情境并非仅仅是无所作为的交流背景,而是传受双方彼此影响的场域,在这个场域中,传受双方都经彼此的相遇而与以往有所不同。就像美国学者杜威所指出的那样:"在每一个所经验到的情境的起源中,无论这个情境是一个对象或是一种活动,一个具有某种样式和某种程度之组织统一性的个体总是参与其间,这是明显的。这个个体所采取的方式是影响着所经验的情境的性质的,这也是明显的。它所采取的方式所产生的后果不仅改变了环境而且也反过来改变了这个主动的行动者,较高级的有机体中每一种生命的形式经常保持着它以前的经验的一些后果,这也是明显的。自我作为一个决定因素乃是经常地和普遍地以它的动作呈现在一切情境之中的,这就是我们之所以很少注意到它的主要原因。它在经验中比我们所呼吸的空气还要密切些、普遍些。"[1]

---

[1] 〔美〕杜威:《经验与自然》,傅统先译,江苏教育出版社,2005,第157页。

围绕着情境所涌现出来的对话中心主义也好，文字—印刷中心主义也好，这里所反映的是美国学者彼得斯所提出的截然相对而又互为补充的两种传播观："对话观"和"撒播观"①。柏拉图的对话体作品、《论语》中孔子与门人的交流以及佛教经典所呈现的佛陀讲经说法的过程是理解"对话观"比较典型的路径。

"对话观"对将传授双方置于同一语境的坚持以及在这种语境中随现随灭的意义之流的抱持，呈现出一种人类精神交流的理想状态，这种写在人类心灵之中的记忆是思想传播的家园。即使是在电视大行其道的电子媒介时代，人们也不能不承认，"电子媒介改变了时间和空间对于社会交往的重要意义。当然，亲身参与和直接的感官接触仍然是最基本的经验形式。"②知识情境即与知识相关联的主体亲身参与知识生成的过程，感官直接接触知识成果的境遇。依赖亲身参与和直接的感官接触这一最基本的经验形式，作为知识接收者的一方与知识生成过程紧密地结合在了一起。换句话说，具体时空统合了身处其间的知识接收者的感受，使其摆脱知识接受过程中的强制状态，而是更为专注、更有余地思考其所接受到的知识，并更有可能进行批判式的解读。人与人面对面的直接交流迫使对话双方全心投入其中，在彼此的思想逻辑中徜徉流连，不断矫正论说路径，共同达成心灵对意义的解读，实现人类精神的共享。法国思想家加布里埃尔·塔尔德认为："除了决斗之外，谁也不会全力以赴、全神贯注地观察别人，除非他是在与人家交谈。这是会话特征中最持久、最重要、最不为人注意的特征。这是人们彼此的自发注意达到顶点的标志。凭借这样极端的注意，人们彼此渗透的关系远远超过了其他的社会关系。在交谈过程中，会话使人的交流难以抗拒，这样的交流却又是不自觉的。因此会话是最强大的模仿动因，也是传递感情、思想和行为方式的最强大的动因。吸引人、受欢迎的讨论，常常不会有许多含而不露的意义，因为它承认交谈者这样的意图。交谈者在近距离的相互作用、相互影响，不仅受语言的影响，而且受语气、顾盼、相貌、有磁性的手势的影响。有人说健谈者有迷人的魅力，那真是说得好，说得有道理。电话上的交谈大多缺乏这样的魅力，所以往往会令人生厌，

---

① 〔美〕彼得斯：《交流的无奈：传播思想史》，何道宽译，华夏出版社，2003，第32页。
② 〔美〕约书亚·梅罗维茨：《消失的地域：电子媒介对社会行为的影响》（原著前言），肖志军译，清华大学出版社，2002，第Ⅵ页。

除非这些谈话有纯粹的实用功能。"①

德国哲学家伽达默尔在论及谈话时也曾经写道："谈话是互相了解并取得一致意见的过程（ein Vorgang der Verständigung）。因此，在每一场真正的谈话中，我们都要考虑到对方，让他的观点真正发挥作用，并把自己置于他的观点中，以致我们虽然不愿把对方理解为这样的个性，但却要把他所说的东西理解为这样的个性。在谈话中需要把握的是对方意见的实际根据，这样我们就能对事情达到相互一致看法。因此，我们并不是把对方的意见置回于他自身之中，而是置于我们自己的意见和猜测之中。"②

这种交流是不同于文字的别样的思想传递，在这里，我们不妨借助陈寅恪先生讲授"唐代政治史"一课与其名著《唐代政治史述论稿》的对比来理解其中的差异："厚积然后薄发，固是陈寅恪治学严谨的一个美德，但也使陈寅恪已成熟的学术见解与他已整理成形及公开发表的学术成果相比极不成比例。这里有一个很典型的例子。陈寅恪在1942年完成《唐代政治史述论稿》一书，字数十万。同年，陈寅恪从香港转抵桂林，应聘广西大学。据正是在这一年听过陈寅恪讲授'唐代政治史'一课的中山大学教师李坚回忆，陈寅恪讲唐代政治史，极为精彩与生动，内容博广，细节丰富。后来，《唐代政治史述论稿》一书出版，他找来一看，发现该书的篇幅未及陈寅恪讲授的内容一半，很多精彩的细节也被删除。不少听过陈寅恪授课的学人都这样认为，其实将陈寅恪讲课的内容详尽记录下来，已是一本很完整的书稿了。这样的例子不胜枚举。陈寅恪对著述作严谨的增删，固然留下了他认为是'精义'的精辟见解，却也使很多不一定是'细微'的卓见永被湮没。陈寅恪对著述持谨慎的学术态度，不轻易下笔，固然使他的著作经得起时间的考验，但很多他应该贡献出来的成果，只能永远烂于他的腹中了。窥一斑而知全豹，在陈寅恪的学术生涯中，这样被湮没的'学术之光'不知凡几！"③

这种感受可以运用德国思想家本雅明所提出的"灵晕"概念加以解读："在说到历史对象时提出的灵晕概念不妨由自然对象的灵晕加以有效地说

---

① 〔法〕加布里埃尔·塔尔德：《舆论与交谈》，载〔美〕特里·N. 克拉克编《传播与社会影响》，何道宽译，中国人民大学出版社，2005，第239页。
② 〔德〕汉斯-格奥尔格·伽达默尔：《诠释学Ⅰ：真理与方法》，洪汉鼎译，商务印书馆，2007，第520页。
③ 陆键东：《陈寅恪的最后20年》，生活·读书·新知三联书店，1995，第521~522页。

明。我们把后者的灵晕定义为一种距离的独特现象,不管这距离是多么近。如果当一个夏日的午后,你歇息时眺望地平线上的山脉或注视那在你身上投下阴影的树枝,你便能体会到那山脉或树枝的灵晕。这个意象让人能够很容易地理解灵晕在当前衰败下去的社会根基。这建立在两种情形之中,它们都与当代生活中日益增长的大众影响有关。这种影响指的是,当代大众有一种欲望,想使事物在空间上和人情味儿上同自己更'近';这种欲望简直就和那种用接受复制品来克服任何真实的独一无二性的欲望一样强烈。"① 这种可以扩展至所有文化接受问题上的"灵晕"概念,清晰地揭示出对亲身经历知识生成过程者历久弥新的记忆,同时,这"灵晕"又是满足于通过电视把握知识的旁观者永难琢磨的幽光。这是由于"灵晕"诉诸"情境",即那些具有情感和意识的人类群体中的瞬间际遇。②

"对话观"这种对传受双方交流需要**在同一时空语境中**方能达成的坚守,既是逻辑的,也更是历史的。美国学者彼得斯对"在场"的意义是这样认识的:"是否在场仍然具有重要意义,虽然这个时代可以充分地模拟人体。触觉是人类最古老的感官,也许是最难得伪造的感官。这就是说,在同等情况下,互相关心的人会尽量到场见面。到场的追求未必使你进入对方的心灵本身,然而它的确可以使你接触对方的身体。朋友和亲人的身体至关重要。面孔、嗓音和肌肤具有接触的感染力。没有什么东西能够像触觉那样给人以电刺激,那样的难以驾驭:我们用眼睛对视而感到非常高兴。"③ 而美国学者保罗·莱文森则从历史的面向分析了在场对知识分子的意义:"思想的历史必然是由不同的地方构成的历史。说民主的诞生,就必然要说到雅典;追溯西方宗教的发展,就要从耶路撒冷到罗马再到麦加;晚近思想的发展多多少少和布鲁姆斯伯里(伦敦)文化圈、维也纳学会、法兰克福学派有关。这样的定位不说明什么神秘的地缘理论,而是仅仅说明,一个思想要从一个人的观念产生飞跃,在思想界里担当角色,它就必须受到若干脑袋的呵护、培育和孵化(包括批评),而且这群人的交流必须

---

① 〔德〕瓦尔特·本雅明:《机械复制时代的艺术作品》,见〔德〕汉娜·阿伦特编《启迪:本雅明文选》,张旭东、王斑译,生活·读书·新知三联书店,2008,第237~238页。
② 〔美〕兰德尔·柯林斯:《互动仪式链》,林聚任、王鹏、宋丽君译,商务印书馆,2009,第32页。
③ 〔美〕彼得斯:《交流的无奈:传播思想史》,何道宽译,华夏出版社,2003,第254页。

要能够畅通无阻——最好都是住在一个地方。"①

不过，在这里，尚需要对"对话观"加以进一步地认识，物理意义上的"在场"并不是确保思想传播完整呈现的"万灵药"。

例如，陈寅恪先生于20世纪20年代到清华授课，②"这些课程在当时可说是自辟蹊径的创举，懂的人很少；而内容又牵涉到许多边疆语言和外文，因此听讲者，多感程度不够。当时一位研究生回忆道：'陈先生演讲，同学显得程度很不够。他所会业已死了的文字，拉丁文不必讲，如梵文、巴利文、满文、蒙文、藏文、突厥文、西夏文及波斯文非常之多，至于英法德俄日希腊诸国文更不用说，甚至于连匈牙利的马札尔文也懂。上课时，我们常常听不懂，他一写，哦！才知道那是德文、那是俄文、那是梵文，但要问其音，叩其义方始完全了解。'"③

在1956年，陈寅恪先生"继续在家中开'元白诗证史'的选修课。初时参加选修的同学达三十多人，将陈寅恪辟作课堂的二楼走廊坐得满满的，走廊上放着的饭桌也被同学当作书桌使用"。"这一学年的教学在陈寅恪的晚年是空前的，早几年他曾只为一个学生上课；同时也是绝后的，两年后他便永别讲坛。曲高和寡，似乎是陈寅恪三十多年教学生涯的一个特点。三十多个同学到最后能坚持选修完这一门课程的据说只剩下十三人。""陈寅恪阐述问题时旁征博引，史料的运用常常是古今中外信手拈来，还不时夹杂着所引史料的数种语言文字。听起来不免有东一句西一句，不知所云之感。太难为了这些50年代的大学生，他们绝大部分人外语尚未过关，文史基础知识贫乏，陈寅恪的'高谈阔论'，自然无法引起他们的共鸣。也太难为了这位教授，从清华到中大，听他的课而得益良多的也许倒是那些前来旁听的教师。"④

再如，法国学者米歇尔·福柯从1971年1月至1984年6月辞世，除1977年休假一年外，一直在法兰西学院开设名为"思想体系史"的教席。听课和参加研讨无须注册或文凭，是完全自由的。1975年，法国记者热拉

---

① 〔美〕保罗·莱文森：《思想无羁》，何道宽译，南京大学出版社，2003，第251页。
② 首开的课是"佛经翻译文学"，后又担任"西人之东方学之目录学"、"梵文文法"等课程。指导研究生之范围则包括"古代碑志与外族有关系者之比较研究"、"摩尼教经典与回鹘文译本之比较研究"以及"蒙古满洲之书籍及碑志与历史有关系者之研究"等。见汪荣祖《史家陈寅恪传》，北京大学出版社，2005，第55页。
③ 汪荣祖：《史家陈寅恪传》，北京大学出版社，2005，第55页。
④ 陆键东：《陈寅恪的最后20年》，生活·读书·新知三联书店，1995，第170～172页。

尔·帕迪让对福柯上课的情景是这样描述的："福柯健步走进教室，好像某个人一头扎进水里，他穿越人群坐到讲台的椅子上，往前推一下麦克风，放下讲稿，脱下外套，打开台灯开始讲课，一秒钟也不耽搁，这是大厅里唯一的现代化工具，大厅里昏暗的灯光来自一个仿大理石的浅口盆。大厅有300个座位，但有500人挤在一起，水泄不通……他讲得清晰，言简意赅，没有一点即兴演说的迹象。福柯每年只有12个小时在公开课上讲解他上一年研究工作的意义。因此，他尽可能讲得精练一些，然后再加以补充，就像人们写信时写到最后还意犹未尽。晚上7点15分，福柯结束讲课。学生冲向讲台，不是为了和他说话，而是为了关掉各自的录音机。没有人提问，拥挤的人群中，福柯是孤独的。"福柯评论说："应当对我的讲课进行评论。有时，课讲得并不好，仅仅一个提问就能使它重来，但是这个问题始终没有等到。在法国，团体的效果使一切真正的讨论变得不可能。由于没有反馈的渠道，讲课被戏剧化了。面对人群，我有点像个演员或者小丑。当我一结束讲话，就感到一种完全的孤独……"①

这些例子说明，"个体是以往互动情境的积淀，又是每一新情境的组成部分，是一种成分，而不是决定要素，因为情境是一种自然形成的产物。情境不仅仅是个体加入进来的结果，亦不仅仅是个体的组合（虽然也有这一点）。"②"符号的循环一般是通过人们之间相似符号的匹配而发生的，这些人已经完全具有了相似成员身份的意义。"③情境当然离不开时空，但并不以其为充分条件，只有完成同处其间的个体之间的符号循环，作为传播的情境才能真正成立，所谓"无缘对面不相识"即是如此。与本雅明处于同一时空的山脉或树枝何其多也，可只有引起本雅明情感共鸣的那条山脉或树枝才能与之在那一刻构成情境所造成的转瞬即逝的交流。如此看来，这种脆弱而深刻的传播形式在进入人与人的交流的时候不能不带上某种类似心灵感应的色彩，在"心有灵犀"之际，显然，传受的分际已经湮灭不

---

① 〔法〕米歇尔·福柯：《必须保卫社会》（前言），钱翰译，上海人民出版社，1999，第2～3页。
② 〔美〕兰德尔·柯林斯：《互动仪式链》，林聚任、王鹏、宋丽君译，商务印书馆，2009，第32页。
③ 〔美〕兰德尔·柯林斯：《互动仪式链》，林聚任、王鹏、宋丽君译，商务印书馆，2009，第219页。

见，而转化为彼此的精神触击，这不能不令人类文化思绪的命运蒙上一层淡淡的哀愁：在绝大多数情况下，传播情境倒是经常性的无法形成，"传播失灵"的情况比比皆是，可是，就在"传播失灵"的这种懵懂无知的状态之下，多少未被意识到的人类思想的精华被轻易埋没。或许，这些思绪就不应该来到人间。幸运的，可以不知历几世几劫，遇有缘人失而复得、重放光明；不幸的，只是在天地间灵光乍现，便随风飘散、不知所踪。不能不承认，这是人类思想难以回避的无奈境遇。

或许，古希腊思想家柏拉图所提供的观点有助于我们更深刻地认识到传播失灵所产生的原因："简言之，天然的理智与良好的记忆同样没有能力对人进行帮助，因为他与要认识的对象缺乏一种内在的亲缘性。对那些缺乏天赋能力的人来说，当然也就更无可能性了。因此，所有对正义和其他高尚理想缺乏天然爱好与亲缘性的人，尽管他们在学习其他事情时可以既是理智的又是有记性的，而那些拥有亲缘性的人则是愚蠢的和健忘的，但他们在道德观念方面决不能获得对最完善的真理的理解。研究美德与邪恶必须伴随着考察一般存在的真与伪，一定要经过长期的、持续不断的实践，这是我一开始就说过的。在对名称、定义、视觉和其他感觉作了具体比较之后，在不带偏见地使用问答法对它们进行了仁慈的考察之后，理智的火花最后几乎已经不会闪烁与迸发了，而心灵也已经在人力的范围内使尽了气力，奄奄一息了。

由于这个原因，没有一个严肃的人会想要为一般公众写有关严肃的实在的作品，以免使公众成为嫉妒和困惑的牺牲品。总之，这是一个不可避免的结论，如果某人在某处看到有人写这样的作品，无论是立法家的作品还是以别的什么形式，而他又是一个严肃的人，那么他所描写的都不可能是他最关心的那个严肃的主题。他最严肃的兴趣实际上存在于他的活动领域中的最高尚之处。"①

沿着这一思路，按照美国学者列奥·斯特劳斯的理解，法国思想家卢梭并不支持对科学的普及。斯特劳斯写道："在《论科学与艺术》中，他攻击的不是科学本身，而是普及化了的科学或科学知识的流播。科学知识的流播不仅对于社会，而且对于科学或哲学本身都是灾难性的；科学一经普及，就蜕化为意见，或者，对于偏见的反抗本身就成为了偏见。科学必须保留为极

---

① 《柏拉图全集》（第四卷），王晓朝译，人民出版社，2003，第 99~100 页。

少数人的领地；对于普通常人来说，它一定得是密而不传的。"①

显然，由于对传受双方的严格要求以及思想传递手段的单一脆弱，"对话观"难以独力完成人类思想传播的重任，美国学者彼得斯的研究表明，历来为知识分子所揪心不已的跨越时空以传递精神薪火的"撒播观"，在文化思想的谱系中也自有其一席之地。这种与"对话观"有所不同的"撒播观"可以从佛教的智慧那里找到先声。

例如，佛教文化传统就有"如来灭后，后五百岁，有持戒修福者，于此章句（指《金刚经》所记录的释迦牟尼的思想，下同——笔者注）能生信心，以此为实。当知是人不于一佛、二佛、三佛、四佛、五佛而种善根，已于无量千万佛所种诸善根。闻是章句乃至一念生净信者。"②"须菩提，若有善男子、善女人，初日分以恒河沙等身布施，中日分复以恒河沙等身布施，后日分亦以恒河沙等身布施，如是无量千百万亿劫以身布施。若复有人闻此经典，信心不逆，其福胜彼，何况书写、受持、读诵、为人解说！须菩提，以要言之，是经有不可思议、不可称无量无边功德。如来为发大乘者说，为发最上乘者说。若有人能受持、读诵、广为人说，如来悉知是人，悉见是人，皆得成就不可量、不可称、无有边、不可思议功德。如是人等，即为荷担如来阿耨多罗三藐三菩提。何以故？须菩提，若乐小法者，著我见、人见、众生见、寿者见，则于此经不能听受、读诵、为人解说。"③等

---

① 〔美〕列奥·斯特劳斯：《自然权利与历史》，彭刚译，生活·读书·新知三联书店，2006，第266页。
② 《金刚经》，译文如下，"在我灭度后的第五个五百年，会有持守戒律、广修福德的人，能从这些经义中产生真实信心，以此经为真实所依。应当知道这些人不只曾经于一佛、二佛、三佛、四佛、五佛处种下了众善根前缘，而是已于无量千万佛处积集深厚的善根。因此，听到了这些微妙经义，便会在一念之间产生清净的信心。"见《金刚经·心经·坛经》，陈秋平、尚荣译注，中华书局，2007，第28页。
③ 《金刚经》，译文如下，"佛说：'须菩提，如果有善男子、善女人，上午以恒河沙数那样多的身体来布施，中午也以恒河沙数那样多的身体来布施，下午也同样以恒河沙数那样多的身体来布施，如此经百千万亿劫都没有间断过以身体来布施。如果又有一个人，听闻到此经典，生起不退的信心，他所得的福德胜过前述以身命布施的人，更何况抄写经文、信受奉行、阅读背诵、为他人解说呢！须菩提，简而言之，此经具有不可思议、不可估量、无边无际的功德。如来本为发大乘菩萨道心的人而说，为发最上佛乘的众生而说。如果有人能信受持、阅读背诵、广为他人宣说，如来可以悉知这个人，也可以悉见这个人，一定能成就不可衡量、不可称计、无边无际、不可思议的功德。这样的人，就担当得起如来无上正等正觉的家业。为什么呢？须菩提，一般乐于小乘佛法的人，会执著于自我相状、他人相状、众生相状和寿命相状，对于此经典他们不会听闻信受、阅读背诵、广为他人宣说。'"见《金刚经·心经·坛经》，陈秋平、尚荣译注，中华书局，2007，第53页。

观念。这种观念的宏阔,深刻把握了思想征服时空的伟大力量,同时也显示了人类对自身思想传播力量的高度自信。

美国学者彼得斯也从希伯来文化传统那里找到了"撒播观"的思想资源,他写道:"三篇《对观福音书》都再现了耶稣(《马太福音》13,《马可福音》4,《路加福音》8)的形象。耶稣在海边对众多的各色人群布道,就用了播种者的寓言。他说,播种者不停地播种,广及天下,种子撒落到各种土地上。大多数种子会结果。有些很快会发芽,可惜被太阳晒死,被杂草遮挡。还有一些种子发芽以后被鸟儿吃掉,被行人踩死。只有很少一部分落在欢迎它们的土壤里,生根并结出丰硕的果实,分别产出上百倍、60 倍、30 倍的果实。在一种自我反射的撒播的宏伟展示中,耶稣用洪亮的声音结尾:凡是有耳朵听我讲话的人,让他们听见吧!"[1] 耶稣所推崇的"撒播观"简直就是为电视在面对学者们的思想挞伐时所撰写的答辩文字。至少,传授双方在同一时空中彼此相遇所构造而成的传播情境并非决定一切的因素,而只是影响传播质量的众多因素之一。然而,在这里,我们也必须指出,这种"撒播观"所蕴涵的巨大的认识断裂。在耶稣看来,这种撒种的比喻还存在着别样的含义:"门徒进前来,问耶稣说:'对众人讲话为什么用比喻呢?'耶稣回答说:'因为天国的奥秘,只叫你们知道,不叫他们知道。凡有的,还要加给他,叫他有余;凡没有的,连他所有的也要夺去。所以我用比喻对他们讲,是因他们看也看不见,听也听不见,也不明白。在他们身上,正应了以赛亚的预言,说:"你们听是要听见,却不明白;看是要看见,却不晓得。因为这百姓油蒙了心,耳朵发沉,眼睛闭着;恐怕眼睛看见,耳朵听见,心里明白,回转过来,我就医治他们。"但你们的眼睛是有福的,因为看见了;你们的耳朵也是有福的,因为听见了。我实在告诉你们:从前有许多先知和义人要看你们所看的,却没有看见;要听你们所听的,却没有听见。'"[2] "无人的时候,跟随耶稣的人和十二个门徒问他这比喻的意思。耶稣对他们说:'神国的奥秘只叫你们知道;若是对外人讲,凡事就用比喻,叫他们看是看见,却不晓得;听是听见,却不明白。恐怕他们回转过来,就得赦免。'"[3] "门徒问耶稣说:'这比喻是什么

---

[1] 〔美〕彼得斯:《交流的无奈:传播思想史》,何道宽译,华夏出版社,2003,第 44 页。
[2] 《圣经·新约·马太福音》,中国基督教两会出版,2008,第 24 页。
[3] 《圣经·新约·马可福音》,中国基督教两会出版,2008,第 65 页。

意思呢?'他说:'神国的奥秘只叫你们知道;至于别人,就用比喻,叫他们看也看不见,听也听不明。'"① 这种情况充分揭示了,缺乏对言说内涵的真正把握,即便听见、看见也是徒然。

德国哲学家胡塞尔在探讨纯粹逻辑学家的研究意图时曾明确具体的心理体验并非逻辑学的首要客体,而从这一点也可以看出具体的心理体验在知识分子文化中的确切地位:"理论性的东西在心理体验中实现自身,并且(楷体为原文所有——笔者注)在心理体验中以个别的方式被给予,这是一个事实;但从这个事实中却不能自然而然地直接导出这样一个结论,即:心理体验必定是逻辑学的首要客体。纯粹逻辑学家的首要的和真正的兴趣并不在于心理学的判断,即具体的心理体验,而是在于逻辑的判断,即那种相对于杂多的、具有实在差异的判断体验而言同一的陈述含义。当然,在个别体验中总有某个共同的特征与此观念的统一体相符合。但纯粹逻辑学家所关注的并不是具体的东西,而是关注与此有关的观念,关注在抽象中把握到的一般之物,所以他看来没有理由离开抽象的基础,摒弃观念而把具体体验作为他所感兴趣的研究目标。"②

哪怕就是在文字传播的条件下,借助传播媒介还原知识生产情境亦非空中楼阁,而恰恰是研究者在著书立说时所应下的一番研究工夫。陈寅恪先生在为冯友兰先生《中国哲学史》一书撰写审查报告时写道:"凡著中国古代哲学史者,其对于古人之学说,应具了解之同情,方可下笔。盖古人著书立说,皆有所为而发;故其所处之环境,所受之背景,非完全明了,则其学说不易评论。而古代哲学家去今数千年,其时代之真相,极难推知。吾人今日可依据之材料,仅为当时所遗存最小之一部;欲借此残余断片,以窥测其全部结构,必须备艺术家欣赏古代绘画雕刻之眼光及精神,然后古人立说之用意与对象,始可以真了解。所谓真了解者,必神游冥想,与立说之古人,处于同一境界,而对于其持论所以不得不如是之苦心孤诣,表一种之同情,始能批评其学说之是非得失,而无隔阂肤廓之论。"③

法国学者阿尔都塞意义上的"征候式阅读"的参与策略也与之相类

---

① 《圣经·新约·马可福音》,中国基督教两会出版,2008,第115页。
② 〔德〕埃德蒙德·胡塞尔:《逻辑研究(修订本)》(第二卷第一部分),〔德〕乌尔苏拉·潘策尔编,倪梁康译,上海译文出版社,2006,第6页。
③ 陈寅恪:《审查报告一》,转引自冯友兰《中国哲学史》(下卷),华东师范大学出版社,2000,第432页。

似:"即系统地不断地生产出总问题对它的对象的反思,这些对象只有通过这种反思才能够被**看得见**(黑体为原文所有,下同——笔者注)。对最深刻的总问题的揭示和生产使我们能够**看到**在其他情况下只是以暗示的形式和实践的形式存在的东西。"①

美国学者萨义德也表达了类似的看法:"所有关涉人类社会而非自然世界的知识都是历史性的知识,因此也都有赖于判断与诠释。这么说并不是否定事实或资料的存在,而是要点明,事实的重要性来自于对于它们的诠释。没有人会争论拿破仑是否确有其人而且当过法国皇帝;然而拿破仑到底是伟大的统治者还是法国的灾星,这其间就有极大的诠释争议。这类争议歧见是历史著述运用的材料,也是历史知识的源头。诠释极为依赖诠释者的身份、他或她发言的对象、他或她的诠释目的、诠释行为在什么样的历史时刻进行。在这方面,所有诠释都可以称之为'**情境的**'(situational)(黑色楷体为原文所有,下同——笔者注):它们总是发生在某个情境之中,情境与诠释的关系是'**从属的**'(affiliative)。诠释活动与其他诠释者的话语相关,或肯定、或反驳、或推演他们的观点。每一项诠释均有其先例,也都会与其他诠释产生某种关联。因此,任何一位认真撰写伊斯兰教、中国、莎士比亚或马克思的人,只要他或她不希望自家的著述沦为无关紧要或多余累赘,都必须以某种方式参考他人对相关主题的谈论。没有哪一种著述是(或者能够是)如此新颖,以至于完全来自作者原创;因为书写人类社会并不是演算数学,不能期待那种在数学领域才有可能出现的基本原创性。"②

这种"撒播观"所着力呼吁的是一种接受者的自我意识,就像在印刷文化那里,"在印刷激发起作家日益强烈且无须掩饰的自我意识的同时,它也在读者中创造出类似的态度。因为在印刷术发明之前,一切人际交流都发生在一定的社会环境下。甚至连阅读所采用的也是口语模式,一个读者大声朗读,其他人随后跟上。但自从有了印刷的书籍之后,另一种传统便开始了:孤立的读者和他自己的眼睛。口腔无须再发声音,读者及其反应跟社会环境脱离开来,读者退回到自己的心灵世界。从 16 世纪至今,大多

---

① 〔法〕路易·阿尔都塞、艾蒂安·巴里巴尔:《读〈资本论〉》,李其庆、冯文光译,中央编译出版社,2008,第 21 页。

② 〔美〕爱德华·W. 萨义德:《报道伊斯兰》,阎纪宇译,上海译文出版社,2009,第 209 页。

数读者对别人只有一个要求：希望他们不在旁边；若不行，则请他们保持安静。整个阅读的过程，作者和读者仿佛达成共谋，对抗社会参与和社会意识。简而言之，阅读成为反社会的行为。"①

这样，美国学者彼得斯的判断可以为"撒播观"提供一个在传播质量上并不逊于"对话观"的视角就非常值得重视了（即单向传播既有其独特之处，又是人类精神传承难以摆脱的命运）："一句话，单向传播没有什么有失尊严或自相矛盾的地方。有思想的头脑的结合，并非是唯一的选择。实际上，对交流抱崇高的期望，可能会使我们看不到，单向的撒播或非及时的对话自有其精妙之处。在许多人的想象中，对话仍然占有压倒的优势，他们认为对话就可能是很好的交流，但是单向的撒播应该是我们更加冷静的基本选择。我们用许多古怪的习惯来表达意义，且试图公平和善意地和他人打交道，但相当笨拙。对我们这种有符号系统的动物来说，单向的撒播仍然是更加友好的方式。公开的撒播和配对的分享比较，是更加基本的形式。只有在稀罕而绝佳的场合，对话才能够兴起；撒播就是造就这种场合的基础。撒播不是遭难，而是我们的命运。"②

"对话观"与"撒播观"的双峰对峙揭示了理解传播情境复杂性的某种必要。对传播情境，我们不应当仅仅采取将其理解为"时间—空间"这样的技术层面的问题，因为这归根结底是物理层面的问题，仅仅提供了一种思想交流的可能性。更为根本的事情倒是思想传播的传受双方可以借助各自已有的文化积累达成某种交流，同时并使这种交流实现某种文化变迁。因此，那种拘泥于狭隘的物理时空而拒绝对物理时空加以超越的"对话原教旨主义"，显然将包括电视在内的一切跨时空文化传播的积极意义都封杀掉了，这当然既不符合人类思想史上一代代学人积累叠加、不断推陈出新的已有事实，也没有意识到思想在其传递过程中远非想象的那样软弱无力。对于思想的把握，归根结底是对其内在的逻辑与接受者当下的境遇相结合的产物，"我注六经"与"六经注我"实在是一体两面的状态。

二 电视创造了什么？

电视是一部令知识分子充满疑虑的貌似无知无识而实则追求与文化传

---

① 〔美〕尼尔·波兹曼：《童年的消逝》，吴燕莛译，广西师范大学出版社，2004，第40页。
② 〔美〕彼得斯：《交流的无奈：传播思想史》，何道宽译，华夏出版社，2003，第52页。

统价值观念分庭抗礼的意识形态机器吗？面对电视时代，正如马克思所指出的那样："在印刷所广场旁边，法玛还成什么？""《伊利亚特》能够同活字盘甚至印刷机并存吗？随着印刷机的出现，歌谣、传说和诗神缪斯岂不是必然要绝迹，因而史诗的必要条件岂不是要消失吗？"① 同样，面对电视，孔子的杏坛、释迦牟尼的祇树给孤独园和亚里士多德的吕克昂学园岂不是注定要消亡的吗？以媒介景象为表征之一的社会结构之转型不是一定要将这些与一定生产方式相联系的文化传播模式加以变革吗？英国经济学家哈耶克写道："对于完全不同的形态，如个人之间有着不断接触的人组成的群体，和仅仅利用从漫长而无限延伸的贸易关系中产生的信号而把千百万人联系在一起的结构，冠之以相同的名称，这不仅在事实上造成误导，而且几乎总是包含一种隐藏的愿望，要用我们感情上所渴望的那种亲密伙伴关系去塑造这种扩展秩序。儒弗内曾很好地描述了这种对小团体的本能的怀乡病——'那是最早出现了人类的地方，是对他仍有无限吸引力的地方；但任何想把同样的特征移植到一个大社会的努力，都是乌托邦并会导致专制'。"②

英国学者安东尼·吉登斯从社会系统的脱域（disembeding）这个角度诠释了文化传播中的这种去语境化问题。他写道："所谓脱域，我指的是社会关系从彼此互动的地域性关联中，从通过对不确定的时间的无限穿越而被重构的关联中'脱离出来'。"③ "我想区分两种脱域机制的类型，这些机制都内在地包含于现代社会制度的发展之中。第一种我称之为象征标志（symbolic tokens）的产生，第二种我称之为专家系统（expert system）的建立。""所谓象征标志，我指的是相互交流的媒介，它能将信息传递开来，用不着考虑任何特定场景下处理这些信息的个人或团体的特殊品质。"④ "我所说的专家系统，指的是由技术成就和专业队伍所组成的体系，正是这些体系编织着我们生活于其中的物质与社会环境的博大范围。"⑤ "与象征标志一样，专家系统也是一种脱域机制，因为它把社会关系从具体情境中

---

① 《马克思恩格斯选集》（第二卷），中共中央马克思恩格斯列宁斯大林著作编译局译，人民出版社，1972，第113、114页。
② 〔英〕F. A. 哈耶克：《致命的自负》，冯克利、胡晋华译，冯克利校，中国社会科学出版社，2000，第129~130页。
③ 〔英〕安东尼·吉登斯：《现代性的后果》，田禾译，黄平校，译林出版社，2000，第18页。
④ 〔英〕安东尼·吉登斯：《现代性的后果》，田禾译，黄平校，译林出版社，2000，第19页。
⑤ 〔英〕安东尼·吉登斯：《现代性的后果》，田禾译，黄平校，译林出版社，2000，第24页。

直接分离出来。两种类型的脱域机制都假定，时间从空间中的脱域是时—空伸延的条件，而且它们也促进了这种脱域。与象征标志一样，专家系统以同样的方式脱域，即通过跨越伸延时—空来提供预期的'保障'。"①

电视直播在传播观念中爆发了一场"哥白尼式的革命"，即古老的以人为中心的对话式传播让位于新生的以影像为中心的撒播式传播。尽管个体所处的空间彼此的阻隔并没有本质的区别，因为当对这种阻隔进行克服时，个体轻易地就可以感受到，但是，个体因空间的阻隔所产生的时间的滞后在电视直播面前烟消云散了，人类的空间感获得了空前的解放，而人类的时间感则完成了全球范围的"天涯共此时"。而电视知识分子直接体现了在社会系统的脱域过程中的象征系统与专家系统的对接。

然而，这种技术进步的后果并不能简单地理解为一种单纯的进化模式，美国学者保罗·莱文森写道："实际上，电报发明之前，一切超过身边物质环境的交流，都造成互动能力的丧失；因此，长距离传播对认知的贡献就受到局限——只局限于知识传播和知识批评这两个阶段，因为这两个阶段是借助延迟反应、事后程序（via a delay - reaction, after - the - fact process）来完成的。传播的距离拉长之后——先是文字使之拉长，后来是印刷术使之拉长——知识生成阶段的头脑风暴和其他社会成分（尽管微不足道）富于幻想的互动，就不可能了。更加重要的是，为知识传播做准备的直接批评中那种有取有舍的意见交换，就不复存在了。"② 这种改变，可以用美国社会学家默顿来加以说明："高度的社会互动涉及许多过程，这些过程一般有利于文化的变化，特别有利于科学的发展。面对面的接触所提供的直接互动不再比意见、理论和事实的交流更为重要了，后者的交流是由于各种各样的通信交流的手段使之成为可能。"③

传播观念中的"撒播观"得到了极大地扩展，"撒播观"不再是人类精神传递方式的无奈选择，人类的观念传输在技术所搭建的平台上获得了极大的解放。倒是"对话观"却遭到了极大的挑战，美国学者波斯曼指出："电视可能会逐渐终结教师的职业生涯，因为学校是印刷机的发明，它的兴衰有赖于印刷词语享有的地位。四百年来，教师一直是印刷术创造的知识

---

① 〔英〕安东尼·吉登斯：《现代性的后果》，田禾译，黄平校，译林出版社，2000，第 25 页。
② 〔美〕保罗·莱文森：《思想无羁》，何道宽译，南京大学出版社，2003，第 178 页。
③ 〔美〕罗伯特·金·默顿：《十七世纪英格兰的科学、技术与社会》，范岱年等译，商务印书馆，2000，第 270 页。

垄断的组成部分，他们正在目击这种知识垄断的解体。看来，对于如何防止这样的解体，他们多半是无能为力的；老师们对正在发生的事情热情洋溢，这实在是和情理相悖。"①

不过，笔者仍然认为他们的看法稍显悲观。作为现代知识传承与知识传播的重要工具，电视所能够提供的仅仅是一种文化参与的**可能**，也就是说，呈现于观众眼中的信息是否可以经过批判和审视内化为其自身知识系统和心智结构的一部分，仍然取决于不同个体在社会文化网络中所处的位置。究竟这种可能将在多大程度上可以成为取代当下以"教育—研究"为最主要特征的文化生产机制的压倒性力量仍然值得探究。电视以及其背后的技术也是一种经验—理性文化传统的呈现，而这种文化传统的运作机制离不开"教育—研究"机制，技术革命能否吞噬掉自己的文化母体当然还不能遽然而定。当然，电视文明或许会冲击掉一些传统文明的碎片，可谁又能确定这些碎片不属于"必然要灭亡"的那部分存在呢？无论影像拜物教的力量多么声光显赫，只要技术的力量还成为不了主体性力量而离不开人类的操纵，那么，作为人类精神家园的守护者的知识分子就应当存在，尽管不再作为精神导师，而仅仅是一种生活方式："电视上的许多表象讯息都无法翻译成抽象语言，这也许解释了为什么许多'知识分子'常常瞧不起电视。但是尽管按照传统（抽象）的观点来看大部分的电视娱乐讯息几乎不是'现实的'或'有教育意义的'，但是它们确实为观众提供了人物、地点真实的图像和声音。这些表象符号丰富了我们的'经历'储备，而不是抽象的知识、争论或观点的储备。"②

另外，美国学者保罗·莱文森提醒我们的电视服务于阅读习惯的潜能值得注意："乍一看，电视对知识增长的作用似乎比广播还要差，直接间接的作用都差。科学艺术题材的教育节目，看的人并不多。最近，非广播（nonbroadcast）的有线电视增加，但是它基本上只增加了家庭看的电影。实际上，电视受到相当多的批评，有些批评并没有实证，有些甚至是荒唐的。对电视的批评大体是这样的：看电视扰乱、抑制甚至损害人的理性思维（尤其是儿童的理性思维）。于是电视就带有反认知的后果。比较温和的

---

① 〔美〕尼尔·波斯曼：《技术垄断：文化向技术投降》，何道宽译，北京大学出版社，2007，第5页。
② 〔美〕约书亚·梅罗维茨：《消失的地域：电子媒介对社会行为的影响》，肖志军译，清华大学出版社，2002，第92~93页。

批评说：看电视上的形象，会干扰严密的抽象阅读。这个批评也许有一点价值。然而，我们已经看到，录像系统既可以传递口语词和图像，又可传递书面词语。因此，从长远的观点来看问题，电视技术对学习和促进阅读可能是利大于弊的。更加强烈的批评说：看电视阻碍逻辑思维——这个指控本身似乎是错误推理的产物。……用更加庄重的语气来说，诚然，电视并没有在认知进程中崭露头角——行星和其他天体的电视节目算是例外——然而透过数以百万计的头脑，尤其是年轻人的头脑，电视还是可以对知识增长做出重要的贡献。这些偶尔可见的科学和哲学节目，它们触动了千千万万计的头脑。……此时我们就看到，电视服务于阅读习惯，而不是颠覆阅读习惯，尽管这个作用并不见得是很大的。"[1]

美国学者沃尔特·翁也表达了类似的观点："时不时有人说，电子设施正在淘汰印刷书籍，但实际情况是，电子设备正在生产越来越多的书籍。电子设备录制的访谈录正在生产数以千计的'谈话'书和文章，在录音技术问世之前，这样的访谈根本不可能变成印刷品。新媒介强化旧媒介，当然同时又使之转化，因为印刷人相信，口头交谈一般应该是非正式的，所以新媒介养成了一种新型的、直觉的非正式风格；相反，口语人相信，口头交谈应该是正式的。再者，正如上文所云，用电脑终端写作正在取代过去的印刷品写作形式；不久，一切印刷品可能都会以这样那样的方式借助电子设备，一切用电子手段搜集和加工的信息也都可能会进入印刷流程，使印刷品的产出膨胀。语词的序列加工和空间加工是由文字启动的，后来被印刷术提高到一个新的档次，现在它被电脑进一步强化。语词的电脑加工最大限度地使语词嵌入空间，嵌入电子运动；这个加工过程在刹那间完成，使语词的分析性序列达到最优化的效果，这就是最后的结局。"[2] 如此看来，知识分子对自身地位的变化不必过分担忧，电子媒体与传统的印刷阅读的关系并不是代替与被代替那么简单。

奥地利心理学家弗洛伊德告诉我们："在心理生活中，过去的事物可能得到了保存，而不会必然遭到破坏。一直有这样一种可能性，也就是即使在思想中，一些旧事物也会被消灭或吸收——不管是在事物正常的发展过

---

[1] 〔美〕保罗·莱文森：《思想无羁》，何道宽译，南京大学出版社，2003，第180~181页。
[2] 〔美〕沃尔特·翁：《口语文化与书面文化：语词的技术化》，何道宽译，北京大学出版社，2008，第103~104页。

程中,还是在例外的情况下——其消灭或吸收的程度是如此巨大,以致没有任何办法可以恢复原貌或使它们复活。或者也有这种可能:保存一般都依赖于某种有利的条件。这是可能的,但我们对此一无所知。我们只能坚持相信这样的事实,即在心理生活中,过去能得到保存,这是规律,而不是例外。"①

这一思想可以从美国学者梅罗维茨的"媒介矩阵"思想那里找到回应:"在许多方面,孤立地讨论任何单一的媒介或者媒介类型都是幻想。媒介在所谓的**媒介矩阵**(黑体为原文所有——笔者注)中相互作用,它是共同存在的媒介相互连接的网络。不同类型的媒介常常是高度的内部相关。报纸和广播记者依赖于有线服务,播音员使用电话线创造'网络',许多出版商使用计算机排版,而大多数的电视节目是根据印刷的剧本。""我试图证明电子媒介一加入到传播家族中,就改变了早期媒介之间的关系并改变了信息流的模式。电子媒介绕过了其他的传播模式,就像是高速公路绕过了地方的城镇和公路。甚至那些对面对面交往、阅读和写作评价很高的人也常常投向电子媒介。正如许多人欣赏乡村公路沿线的小镇生活的结构,但他们也使用高速公路的高速和便利。旧的和新的传播形式可以共存,但是社会生活的图景可能会发生很大的改变。"② 我们应当充分意识到,随着网络社会的崛起,就是让学者忧心不已的电视也正在面对着全新的挑战,各种媒介都必须在网络面前陈述各自必须存在下去的理由,电视对阅读或文字所带来的潜能本身暂且不论,在网络平台的背景下,文字与影像都将重建规划各自的文化版图。

然而,我们也不能不充分认识到,电视所提供的只是知识的拟像和在场的影像,作为人类统合时空感的科技设备,电视并不能提供更多的东西。就像英国学者约翰·汤姆林森所指出的那样:"很显然,在电视上看发生在远方的事件,和确确实实旅行到那里、在这些事件的现场具有完全不同的体验。比如说,没有人(甚至包括鲍德里亚)会很严肃地主张说,我们在起居室的荧屏上所看到的、为某个战区的暴力事件所'打动'的方式,会

---

① 〔奥〕西格蒙·弗洛伊德:《一种幻想的未来 文明及其不满》,严志军、张沫译,世纪出版集团,上海人民出版社,2007,第116页。
② 〔美〕约书亚·梅罗维茨:《消失的地域:电子媒介对社会行为的影响》,肖志军译,清华大学出版社,2002,第330、331页。

等同于我们置身于炮火之下的感受。"① 或者像美国学者爱德华·W. 萨义德所指出的那样："我们到现在还没设想出方法来处理电视、影片甚至剧本的形象，以及批判呈现那种形象的整个脉络，因为它被当成真实来**呈现**（黑体为原文所有——笔者注），通过强力的中介，几乎是下意识地接受。"虽然就时空意义上来说，观众获得了虚拟的在场感，可这种在场的意义与亲身在场相比仍不可同日而语，就像美国学者彼得斯所强调的那样："是否在场仍然具有重要意义，虽然这个时代可以充分地模拟人体。触觉是人类最古老的感官，也许是最难得伪造的感官。这就是说，在同等情况下，互相关心的人会尽量到场见面。到场的追求未必使你进入对方的心灵本身，然而它的确可以使你接触对方的身体。朋友和亲人的身体至关重要。面孔、嗓音和肌肤具有接触的感染力。没有什么东西能够像触觉那样给人以电刺激，那样的难以驾驭：我们用眼睛对视而感到非常高兴。"② 但是在知识或文化意义上，这种亲身在场还只是"万里长征走完了第一步"，德国哲学家海德格尔告诉我们："被在场状态关涉的人，从这种关涉自身而来以其方式向着所有在场和不在场者而在场着的人。人就站在在场状态的关涉中，这种站法是这样的，即由于他能获知那让在场中显现的东西，所以他把在场、有接受为赠礼。假如人不是从'有在场状态'而来的赠礼的永恒的接受者，在赠礼中获得的东西达不到人，那么在这种赠礼缺失时，存在就不仅是依然遮蔽着，也不仅是依然锁闭着，而是人被排斥在'有存在'的范围之外了。这样，人便不是人了。"③

在这一过程中，观众对电视知识分子的言说所应该采取的是前述陈寅恪先生意义的"真了解"、阿尔都塞意义上的"征候式阅读"或萨义德意义上的"发生于情境之中的诠释"的参与策略。而这一任务对绝大多数电视观众来说，由于没有相应的文化积累和知识沉淀，特别是应该注意到这背后的制度安排，这种要求显然是难以达到的。就像法国社会学家布尔迪厄所指出的那样："知识能够以积极的方式协助解决令公众警觉的问题，然而在多数情况下，其最有效的作用是去消除错误的问题，或提法不当的问题。如果你上了电视，却显得束手无策，主要是因为当你接受电视采访时，

---

① 〔英〕约翰·汤姆林森：《全球化与文化》，郭英剑译，南京大学出版社，2002，第251页。
② 〔美〕彼得斯：《交流的无奈：传播思想史》，何道宽译，华夏出版社，2003，第254页。
③ 〔德〕海德格尔：《面向思的事情》，陈小文、孙周兴译，商务印书馆，1999，第14~15页。

你必须接受这样一个前提条件：要认真严肃地对待那些错误问题。……当某个社论作者想采取立场的时候，另一个人就会对他作出回应，新闻场就开始快速运转，这样你们就会拥有一场'社会学争论'，社会需要等问题就能够从中产生。最后，是你们这些研究员要回答记者：是否该把疯牛杀死？我们可不可以吃肉？是否应该实施完美无缺的克隆技术？比如安乐死，这些不成问题的问题却引起了媒体的大讨论。"①

德国哲学家黑格尔曾经指出："个人的信念，事实上就是理性或理性的哲学从主观性出发在知识方面所要求的最后的、绝对本质的东西。但是，我们必须区别开：什么是基于感情、愿望和直观等主观的根据，一般地说，即基于主体之特殊性的信念，与什么是基于思想的信念，即由于洞见事物的概念和性质而产生的思想的信念。前一种形态的信念，只是意见。

意见与真理的对立，像这里所明确划分的，即在苏格拉底和柏拉图时代（希腊生活之堕落的时代）的文化生活里，我们已经可以看到，柏拉图曾经把意见（δοξα）和知识（δπιστηυη）对立起来。同样的对立，我们在奥古斯都和其后的罗马社会政治生活衰落的时代里也可以看到。在这时，伊壁鸠鲁学派以传播一种无所谓的态度来反对哲学。当基督说：'我是来到世间为真理做见证的。'彼拉多以蔑视真理的态度答道：'真理是什么东西？'这话是说得很高傲的，意思是说：'真理这个观念已经是一个口头禅，我们已经对它很厌烦了。我们已经看穿了它是什么东西，现在已经说不上认识真理了。我们已经超出它了。'谁说这样的话，才真可算是'超出真理'——被摒于真理之外了。"②

受者对真理的蔑视直接导致传者将真理的传播下降为意见的喧嚣。由于掌握电视知识分子命运的观众中间所存在的巨大的意识空白，占据着近乎可以实现即时传播的影像平台的现代知识分子所提供的就只能是应对电视所提出的错误问题的无奈应答，这种应答本身颇有些类似德国哲学家海德格尔意义上的闲言，这种闲言将知识分子的言说置于一种姑妄言之的尴尬境地。这种将时空语境和文化语境深深锁闭的传播状态所留给电视知识分子的只能是不断地同义反复和将所讨论问题的最不引人思考的那一部分

---

① 〔法〕皮埃尔·布尔迪厄：《科学的社会用途——写给科学场的临床社会学》，刘成富、张艳译，南京大学出版社，2005，第65页。
② 〔德〕黑格尔：《哲学史讲演录》（第一卷），贺麟、王太庆译，商务印书馆，1959，第19页。

呈现出来，未经省察的结论在电视知识分子不断流淌的语流中往复跌宕。

笔者认为，重读海德格尔关于闲言的如下论述是非常有益于我们把握电视知识分子言说的无根状态的："闲言的无根基状态并不妨碍它进入公众意见，反倒为它大开方便之门。闲言就是无须先把事情据为己有就懂得了一切的可能性。闲言已经保护人们不致遭受在据事情为己有的活动中失败的危险。谁都可以振振闲言。它不仅使人免于真实领会的任务，而且还培养了一种漠无差别的领会力；对这种领会力来说，再没有任何东西是深深锁闭的。

话语本质上属于此在的存在建构，一道造就了此在的展开状态。而话语有可能变成闲言。闲言这种话语不以分成环节的领会来保持在世的敞开状态，而是锁闭了在世，掩盖了世内存在者。这里无须乎意在欺骗。闲言并无这样一种存在样式：有意识地（着重号为原文所有，下同——笔者注）把某种东西假充某种东西提供出来。无根的人云和人云亦云竟至于把开展扭曲为封闭。因为所说的东西首先总被领会为'有所说的东西'亦即有所揭示的东西。所以，既然闲言本来就不费心去回溯到所谈及的东西的根基上去，那闲言原原本本就是一种封闭。

人们在闲言之际自以为达到了对谈及东西的领会，就加深了封闭。由于这种自以为是，一切新的诘问和一切分析工作都被束之高阁，并以某种特殊的方式压制延宕下来。

在此在之中，闲言的这种解释方式向来已经凝滞不化。许多东西我们首先都是先以这种方式得知的，不少东西从不曾超越出这种平均的领会。此在首先长入这种日常解释所形成的公众讲法，它也可能不曾从这些讲法中抽出身来。一切真实的领会、解释和传达，一切重新揭示和重新据有，都是在公众讲法中、出自公众讲法并针对公众讲法进行的。情况从不会是：有一个此在不受公众的解释方式的触动和引诱，被摆到一个自在'世界'的自由国土之前，以便它能只看到同它照面的东西。公众讲法的统治甚至已经决定了情绪的可能性，也就是说，决定了此在借以同世界发生牵连的基本样式。人们现行描绘出了现身情态，它规定着我们'看'什么，怎么'看'。"[1]

---

[1] 〔德〕海德格尔：《存在与时间》，陈嘉映、王庆节合译，熊伟校，陈嘉映修订，生活·读书·新知三联书店，1999，第 196~197 页。

美国哲学家法兰克福将这种公共生活中的话语径直定义为"扯淡"。他写道:"当形势需要人们去讲他自己都不知所云的话的时候,扯淡即不可避免。因此,当一个人有责任或有机会,针对某些话题去发表超过了他对该话题的了解时,他就开始扯淡。这种矛盾在公共生活里非常普遍,人们常常被迫高谈阔论一些他们自己并不熟悉的东西,不管是由于自己的嗜好还是应别人的要求。当今人们普遍相信,作为民主社会之公民,有责任要对所有的事或至少有关国家的任何事都发表意见,这就导致大家纷纷扯淡。"①

于是,在这种图景中,知识分子的专业话语结构、以电视为代表的大众传播媒介所构造的公共话语结构以及涌动于公众生活中的日常话语结构将社会生活中的思想交流划分为彼此区隔而又相互渗透的场域。显然,公共话语结构是闲言的领地,这里充满了对主流意识形态的掩饰、知识分子独立见解的缺席和对观众收视心理的误解,而区别于专业话语结构和日常话语结构的自我持存的特点,前者寄托于知识的自我持存的特性,后者则更多地来自于人类社会生活的原初状态的自然延伸。而公共话语结构最根本的特征在于其寄生性:即必须附着于其他两种话语结构才能够生存。这种貌似强大的话语系统由于缺乏属于自身的话语生成的文化情境,只能通过模拟、再现、扭曲、抽离等异化人类精神的手段以获取其貌似独立而坚固的文化生存状态,其实只是满足于闲言所提供的即时感并用这种本质上空洞无物的状态来填充这种话语结构的独立性,拒斥、厌恶、延宕对真理的追求这一更为重要的目的。

知识分子的专业话语结构自不必说,追求真善美自是其题中应有之义。然而,就像英国学者哈特立所指出的那样:"成为受众对于个人而言是一个在他者之中的行动,一种习得的、专业的、批判性的、推论性的实践。为那种实践的主观位置定位是一种分析上的题外话。如果我们碰到一个'社会主题',比确定它是什么样的更为中肯的是下面这个问题:我们如何说服受众接受我们批判性分析所建议的立场,让他们相信这些立场比其他立场要好?"②

这种充分体认受众潜能的要求起码是基于这样一个事实:"现代社会真

---

① 〔美〕哈利·G. 法兰克福:《论扯淡》,南方朔译,译林出版社,2008,第77~78页。
② 〔英〕J. 哈特立:《受众的真实世界》,胡正荣译,《世界电影》,1997年6月。

正的成就之一是破除了大众和蒙昧之间的统一。教育机构开始以维多利亚无法想象的幅度提高算术和语文的标准。有才华和贫苦少年渴望成为医生或者律师的大萧条时代梦想在今天看来无非是稀松平常的理想而已。粗略的统计表明,毫无技能的劳工的子女向上流动进下中等阶级的比例,在英国和美国大约为20%,在德国大约为15%,在中国大约为30%——不算高,而且也被向下流动所抵消,但毕竟比工业时代早期的比例高得多。"①这种潜能在某些时候被认为是一种与金色的光辉往昔格格不入的价值观。美国经济学家萨缪尔森写道:"我认为,这最终可能追溯到两个相互关联的原因。首先是富裕本身。我认识一位从纳粹的职业监狱死里逃生的比利时人,他发誓要生10个孩子,他的父亲得知后大吃一惊地说:'你是要把100多年的节俭成果,在一代人手中消失殆尽吗!'在一个丰裕社会里,节俭,已经不再是防止落入贫困深渊的一种必需的手段了。促成中产阶级的价值观被侵蚀的第二个原因,似乎是更高的教育水平。在第一次世界大战后颇为流行的一首歌中唱道:'在他们游览了巴黎之后,你怎么还能让他们继续留在农场里?'同样地,我也要问:在他们到过耶鲁大学或者瑞典的乌普萨拉之后,你怎么还能让他们在美国的辛辛那提或者瑞典的哥德堡,高高兴兴地生产和出售肥皂呢?"②

　　法国学者巴勃罗·延森等人指出:"问题是,为何科学团体中有影响的小部分人认为只有'坏的科学家'才从事大众化工作?是否由于创造知识比传播知识更重要?这或许表明许多科学家拘泥于'传播模式'而无法自拔,这种观点没有看到,要传播知识,就不能不进行再创造,要进行全新的创造和艰苦的努力。定性访谈表明,许多原因推动科学家参与大众化活动。在私人场合,参与大众化的研究者承认参与这种活动的主要原因之一是与公众互动以及走出实验室的乐趣。在更为正式的场合中,像英国皇家学会等的研究,对大众化最有力的判断是'告知公众'。我们要弄明白科学家是否还是所谓缺失模型的囚徒。这是个用以说明科研领域学者的旧模型,这个模型可以追溯至1960年,它坚持向公众传授初步的科学知识和方法。

---

① 〔美〕理查德·桑内特:《新资本主义的文化》,李继宏译,上海译文出版社,2010,第61页。
② 〔美〕保罗·萨缪尔森:《富裕国家怎么啦?》,何宝玉译,《中间道路经济学》,首都经济贸易大学出版社,2000,第328页。

在英国，倾听公众的声音似乎只是在很少的科学家那里是重要的。"①

所谓"缺失模型"是公众理解科学的一个典型模型，以杜兰特（John Durant）为代表。缺失模型的主要观点是："'科学知识'是绝对正确的合理的知识，公众应该对'科学知识'有足够的理解，因为公众理解科学总是好的。"②

但是，这个模型是有缺陷的，法国学者巴勃罗·延森等人认为该模型没有意识到科学与公众之间的关系并非简单的传受关系，而且公众也并非人们想象得那么无知："科学事实的知识及对其的理解之间的关系在实践中尚未解决，从语境中剥离出来的科学'事实'的知识与其本来面目截然不同。确立与其他方面的联系也很重要，在这方面，科学家从社会中也会学到东西。这时，科学背景中的文化有许多看似与这些想法相差甚远。"③

同时，公众也并非人们想象得那么无知，英国学者布赖恩·温主要以坎布里亚羊事件为案例，对"缺失模型"及其不足做了具体的研究，并提出了解释科学与公众关系的"内省模型"。在研究过程中，他发现："在这里，有问题的不再是公众，而是科学本身。绝对不是没有问题的，而公众的'外行知识'也绝对不是没有价值的，他们甚至能够在具体科学问题上发挥重大作用。这些知识可以与'科学知识'互补或者相互竞争。科学只有把自己置身于具体的语境下，并结合当地的公众的知识才能够获得公众的信任支持。但是科学家还没有意识到这一点，他们还不具备内省能力，然而公众因为其所处的特殊地位而具备了内省性，却没有得到科学家、科学机构的认同。公众的内省使得他们一方面对科学知识和科学建议表示沉默，一方面则不再对科学保持高度的信任。这也意味着科学专家也不能够采取一种自上而下的方式来向公众单向传输科学知识和科学过程了。相反，科学家应该处理具体问题并与他们的公众进行更多的协商。要想获得公众的支

---

① Pablo Jensen, Jean‐Baptiste Rouquier, Pablo Kreimer and Yves Croissant, "Scientists who engage with society perform better academically", *Science and Public Policy*, Vol. 35, No. 7 (August 2008), p. 538.
② 刘兵、李正伟：《布赖恩·温的公众理解科学理论研究：内省模型》，《科学学研究》2003年第6期。
③ Pablo Jensen, Jean‐Baptiste Rouquier, Pablo Kreimer and Yves Croissant, "Scientists who engage with society perform better academically", *Science and Public Policy*, Vol. 35, No. 7 (August 2008), p. 538.

持，必须重新得到公众的信任，其前提条件就是赋予公众的社会以认可。"①

例如，在讨论社会保障方面的专家问题时，英国经济学家哈耶克指出："这种新型的专家，如同我们能在诸如劳动、农业、住房建筑和教育等领域所见到的专家一样，乃是一些对于某一特定制度框架具有专门知识的人士，或者说是一些置身于某一特定制度框架中的专家。我们在这些领域里所创设的各种组织日益庞大复杂，以至于一个人必须耗用其全部时间方能做到完全了解和认识这些组织的复杂性。制度性专家（institutional expert）未必是那些掌握了所有使之能够判断该制度价值所在的知识的人士，而往往只是一些全面理解其组织构造并因此而变得不可或缺的人士；制度性专家之所以对某一特定制度感兴趣且表示赞赏的理由，实与任何专家资格条件无关。但是，这类新型专家却几乎无一例外地都有一个极为凸显的特征，即他们会毫不犹豫地拥戴或赞同他们据以成为专家的那个制度。情况之所以变成这样，不仅是因为唯有赞同此一制度之目标的人才会有兴趣、有耐心去掌握该制度的细节，而且更是因为不赞同该制度目标的人不值得做这样的努力……

这一事态发展的结果就是，在越来越多的政策领域，几乎所有那些被公认为'专家'的人，从定义上来讲，都是些对现行政策所赖以为基础的诸原则持赞同意见的人士；我们可以说，这样一个事实具有颇为重要的意义，因为这是导致当代许多发展不论是否合理都趋于自我膨胀的诸因素之一。政治家在主张进一步推进现行政策的时候，往往会宣称'所有的专家都支持这一主张'；在很多情形下，作如此宣称的政治家确实是诚实的，因为只有那些支持这一发展的人士才能成为这一制度的专家，而那些反对且不信奉这种发展的经济学家或法学家却不会被视作此一制度的专家。机构或制度一旦建立，那么其未来的发展就会受制于那些被决定为其服务的人的观点，并按他们认为的该机构或制度的需要进行规划，因为这些制度专家的观点对于这种机构或制度的发展来讲是最为重要的。"②

如果我们意识到即使将教育或专业因素完全加以忽略，公众生活的日常话语结构也绝非人类精神的消极框架，由于与社会肌体的神经末梢——

---

① 刘兵、李正伟：《布赖恩·温的公众理解科学理论研究：内省模型》，《科学学研究》2003年第6期。
② 〔英〕弗里德里希·冯·哈耶克：《自由秩序原理》（下），邓正来译，生活·读书·新知三联书店，1997，第51~52页。

日常生活的同一，公众对社会的敏感绝非公共话语结构的闲言所能蒙蔽，由于社会系统对公众个体所时刻施放的本无必要的被剥夺感、挫败感、折辱感，在构成公众个体部分生命历程的同时，却反倒时时处处鞭策着公众个体对人类最基本的、最平实、最普通的文化共识的追求以及从这种普遍规定中所生发出来的必然与公共话语结构闲言所产生的抵触。这倒是令社会系统中层层叠叠的发号施令者所始料未及的，因为施放被剥夺感、挫败感、折辱感的目的，恰恰是希望借助人类趋利避害的本能以诱导公众个体中性格软弱却又比较聪明的那部分个体认同社会系统所尊奉的意识形态、追求社会系统所倡导的生活方式、获得社会系统所分发的价值红利。然而，无论怎样，获得社会系统所允诺的相应利益者只是少数，大多数社会公众仍然没有从被剥夺感、挫败感、折辱感中摆脱，在无尽的、平庸的、波澜不惊的日常生活与社会系统运作的实际情况相对比的过程中，公共话语结构的种种试图解释社会个体的不适状态的合理性在客观上沦为一种谰言，而这种谰言本身的逻辑及力度总是经不起普通公众援引自身生活经历而施加的追问的，加之普通公众对其他文化资源以及对符号系统的掌握有限，那种内化于公众内心的冲突往往只是一种不祥的感觉或无力的咒骂，"边看边骂"成了文化公众与公共话语结构闲言之间关系的简明描述。或许知识分子之中确有不肖之徒利用自身所掌握的专业话语系统以及其身份给公众带来昙花一现的炫目感，能够刻意营造出公众对其的短暂的轻信和跟从，但是，一切由电视知识分子所提供的公共话语结构闲言在日常生活面前都将如海市蜃楼一般烟消云散，而电视知识分子所提供的话语符号也将沦为公众心照不宣的讥讽对象，而不能成为公众认识社会以及自身存在状态的思想资源。如果从这个意义上来理解电视知识分子的文化意义，将是知识的悲哀和文化的沉沦，或者也可以这样看，社会系统通过电视公开向知识分子群体施加已向社会公众施加的那种被剥夺感、挫败感、折辱感，显然，交换的代价对知识分子整体来说是沉重的，而对电视知识分子个体来说是合算的。这样，正如周宪先生所指出的那样："从新的文化人与媒介的互动关系上明显看出：一方面，新的文化角色本身就是媒介文化的动力学因素之一，他们与媒介的关系是毛和皮的关系，离开了媒介，他们的职业和角色便不复存在。所以，他们寄生于媒体之中，充分利用媒体来发展媒体。另一方面，他们又得益于媒体，或者更准确地说，他们是借助媒体而使自己'增势'的。新的文化角色的文化资本如果说有一部分来自他们自己所受的教育和专业资格的话,那么,更多的则来自于他们与媒体的'寄生'关系,或'互惠'关系:拥有接近和操作媒体并在媒体上的亮相机会,这本身就是一种文化资本,知识分子的高低水平,在于其接近媒介的程度。从这个角度说,传统意义上的那种批判知识分子的功能在新的文化人身上似乎被消费文化的内在逻辑有力地消解了。从角色的转变角度来说,他们不再向社会公众提供一种对现存生活批判性观念和思考,而是直接诉求人们应该如何去享受生活。从社会批判者向社会赞美者角色的功能转变,我想是最耐人寻味的转化。传统意义上的知识分子让位于象征与符号产品的专门家,批判功能的衰弱是不是一种不可避免的趋势?""透过媒介——时尚——复制这类策略,可以瞥见新文化人在社会文化转型过程中的角色功能:公众趣味的缔造者。当社会告别以生产为中心的格局,转向以消费为主导的结构时,当教育的普及造就了大量有一般文化教养的公众时,当知识分子与大众的关系变得暧昧和妥协时,当审美趣味不再是少数高贵人的特权而变成普通人可以接近的日常生活时,趣味的塑造便和更多的社会因素联系在一起,它不但关乎审美和文化,而且与经济、市场和效益密切相关。倘使说传统的知识分子与大众的关系是一种思想启蒙的话,那么新文化人与大众的关系则更加倾向于共享日常生活,把生活变成为艺术,或把艺术引入生活;如果说传统的知识分子的意识形态生产是依据'现实原则'的话,那么在比较的意义上说,当前新的文化人象征产品生产和传播所依据的则是'欲望原则'。时尚性的生活趣味的培育总和欲望的唤起、和更舒适更有品味更有格调的生活模式联系在一起。我们有理由认为,后现代是一个文化范畴,一种日常生活的意识形态,是'欲望原则'的合理化。"[①]

　　法国哲学家居伊·德波指出:"也许有人提出这样的问题,'私人生活被剥夺了什么?'非常简单,生活本身令人痛苦的缺席。正像人们被剥夺了自我实现的可能性和交往的可能性,人们也被剥夺了他们亲自创造自己历史的机会。因此,对贫困本质这一问题的积极回答,可能只是采取了一种丰富规划的形式;这一发展中的生活类型不同于目前的生活类型(如果现在的生活方式可以被说成是一种生活'类型'的话)。或者换言之,如果我们将日常生活看做是一种受控制的与不受控制的生活领域之间的一种疆界,并因此把它看做是一种机会和不确定性的领域,那么以一种持续的变

---

　　① 周宪:《后现代与知识分子》,《江苏社会科学》2000年第1期。

动的疆界代替现在强制居住的隔离就将是必需的;并且它将继续运行直到产生一种新的可能性组织。"① 对于最大多数的公众而言,日常生活是他们最重要的诠释电视知识分子话语的思想资源,在平庸化和琐屑化的同时,日常生活是社会的神经末梢,揭示了直逼生活本质的路径,即各种社会力量博弈后所达成的妥协所传递的给社会个体生活状态的震荡。这种余波如同来自遥远星系的光波所透露出的宇宙生成的秘密一样,日常生活所接受到的余波流荡无时无刻不在暴露着整个社会系统运行以及公众个体当下生存状态生成的秘密。法国学者列菲佛尔指出:"电视将整个世界的维度赋予日常是正确的吗?是的。电视使每个家庭看到世界的景观,但这种将世界看做景观的模式是一种非参与和被动接受。因基于已有的组织(一幕幕幻象),所以视听可以被还原,这种想法是可笑和愚蠢的。大众媒体从神秘的在场那里剥去了在场的神秘:参与感——真实的、行动的或潜在的。坐在他的扶手椅里,为他的妻子和孩子所环绕,电视观众目睹天地万物。同时,日复一日,新闻、象征和意义若一束电波围绕着他,显而易见的事实是,这电波是纯粹的景观:它们正在征服,它们正在实施催眠,这个事实造成了这电波粗制滥造、千篇一律并无法分辨。'新闻'将观众推入新鲜和热门的乏味的海洋,钝化敏感和削弱知情权。当然,人们变得越来越温文尔雅。全面的平庸风靡一时。观察者可能会非常怀疑当传播被收纳入私人生活到这个程度的时候,传播变成了非传播。

　　广播和电视不只是通过受众渗入日常。它们从源头上把握日常:个人(但肤浅)逸事、琐事、小门小户的风波。它们从一条潜规则出发:'每件事,换句话说,所有事情,都能变得有趣甚至吸引人,每件事都被呈现,也就是呈现本身。'通过将日常从其语境中抽离,强调日常,使日常变得不寻常或优美,使日常意义过载,呈现日常的艺术已变得高度技术化。但即使通过节目主持人、编辑、制片人的居间传递这种过程所呈现出的生活的伟大美好,也不过就是日常。这样,从事件现场(捕捉到事件发生及其发生地)到接受现场,传播完成于与日常相类似的语境。具体媒介——语言、传统意义的文化、价值和符号——变得模糊。它们没有消失。它们太有用了。它们被磨损、被消耗,但同时它们在膨胀。被削弱的是它们的媒

---

① 〔法〕居伊·德波:《日常生活意识变更的一种视角》,转引自《景观社会》,王昭凤译,南京大学出版社,2007,第137页。

介功能。"①

争夺对日常生活的解释权，告诉电视观众应当这样理解日常生活，而不是那样理解日常生活。观众无权对属于自身的状态做出自己的回应，因为那不专业，要有专业人士来帮助观众认识自身及周遭世界。电视知识分子就是其中之一员。

对电视知识分子话语而言，无论对作为描述世界的知识做出何种精心遮蔽，在与公众日常生活经验的对话过程中都将失去在摆置电视知识分子话语的过程中所力图施放的精神屏蔽。这种脱离语境的撒播，最无法面对的是其话语命运的不测，无数未知的目光以及这背后的审视使电视知识分子话语丧失其权威性而沦为一种拟日常性话语，一种"出自知识分子之口的电视话语"。对于传受双方具有同等意义的是，出镜具有最大的效用，至于知识分子究竟为公众提供了多少真知灼见那仅仅是非常次要的东西。说，不断地说下去，用绵绵不绝的话语流湮没意义，将一切可能引发不恭与反抗的可能性冲刷得烟消云散。在向公众提供着远不如日常生活真实的话语的同时，实际上，通过电视知识分子的现身说法，日常生活的合法性获得了知识话语的加冕，当下得以苟延残喘，电视话语替代了公众对日常生活的反思。对于公众而言，唯一有保障的是不时闪现于屏幕上的学者身份的字幕。这当然是真实的（除非极个别时候由于工作人员的粗心所造成的技术性失误），一般来说，不是吗？工作单位、学衔或职称都是真实的，是经过学术从业者个体多年奋斗和学术机制精心遴选的，这身份就意味发言者是学术界的成员，甚至是掌握着其他成员学术生涯走向的成员。但是，正如马克思所指出的那样："物的名称对于物的本性来说完全是外在的。即使我知道一个人的名字叫雅各，我对他还是一点不了解。"② 同样，即使观众知道这个正在讲话的人是教授或者拥有其他的文化头衔，但是，这种头衔对于这个在电视上侃侃而谈的人来说完全是外在的，甚至在某种程度上说是扭曲的，因为电视并不要求这些人说自己的话，说知识分子之所以成为知识分子的那些话，因为那些话，或者专业或者前卫，电视只需要这些电视知识分子将已经在公众肠胃中流淌过无数遍的那些思想的残羹冷炙重新

---

① Henri Lefebvre, *Critique of Everyday Life* (Volume II), trans. by John Moore, London and New York: Verso, p. 76.
② 马克思：《资本论》，中共中央马克思恩格斯列宁斯大林著作编译局译，人民出版社，2004，第121页。

翻炒一遍，听起来既不费力，又鲜有冒犯感。在公众看来，确切地说，是在电视节目创作集体看来，听不懂就是错误，就意味着不安全，至于那些可能一般观众听不懂的话语通过电视为少数听得懂的观众所带来的知识上的愉悦简直就是太奢侈了，电视不能被人这样使用，或者确切地说，**人不能被电视这样使用**。法国社会学家布尔迪厄指出："知识分子从公共辩论中被排除出去，是好几个因素相互作用的结果。由于爬到大的公共甚至私人企业、政府或行政机关管理位置的更高级别越来越取决于是否拥有学术头衔，以往虽然是经济领域的被支配者，但在确认自己文化层次优越方面毫无困难的知识分子，却发现现在要面对一帮在文化层次上也堪与他们竞争的经理人员。这些新贵（new madarins，在该词最强的意义上，因为他们是基于其学术头衔的威力来行使权力的），毫不犹豫地声称他们的技术或经济—政治文化具有超越传统文化、特别是文学和哲学的优越性。以现实主义的名义，传统文化发现自己被贬到无用、琐碎，一句话，雌伏的地位上。"① 美国学者波兹曼告诉我们："虽然人们在电视上听得到语言，虽然语言有时也确实重要，但正是图画在主宰观众的意识，传播最关键的意思。用一句最简单的话来说，就是**人们是看电视**（黑体为原文所有——笔者注）。人们不阅读电视。人们也不大会去听电视。重要的是看。这对成人和儿童、知识分子和劳动者、傻子和智者都没什么两样。他们看的是动态的、时常变换的图像，每小时多达 1200 幅的图像。对于电视，人们常有一种天真的幻想，以为电视节目的感知层次可以是多种多样的。这样的多样性确实是可能的，如果电视被用来复制演讲堂，如《朝阳学校》（Sunrise Semester）。以此为例来说，人们在屏幕上看到的是'讲话者的特写头像'，这些头像发出一连串的句子。正因为这些句子可以是正确的或错误的、复杂的或简单的、聪明的或愚蠢的，所以《朝阳学校》的感知层次才能够变换无穷。不过，这样的电视用途是很罕见的，其中的道理跟 747 飞机不会被用来传送纽约和纽瓦克（Newark）之间的邮件一样：用它来完成这样的任务太不合时宜了。尤其是，电视并不是演讲堂。它是一个影像展示，是象形媒介，而不是语言媒介。""人们最好还要记住，电视网节目的一个镜头，其平均长度是 3 到 4 秒；一个商业广告镜头，其平均长度是 2 到 3 秒。

---

① 〔法〕皮埃尔·布尔迪厄：《现代世界知识分子的角色》，赵晓力译，《天涯》2000 年第 4 期。

这意味着，看电视要求观众必须在瞬间内理解画面的意义，而不是延后分析解码。它要求观众去感觉而不是去想象。"①

但是，必须注意的是，法国社会学家布尔迪厄的提醒，有助于我们不至于把观众的判断力提高到失真的地步："事实上，只有根深蒂固地相信人民的'抵抗'能力（这种能力不可否认但有限），才会从某种所谓'后现代'的'文化批评'角度认为，电视制作者的职业犬儒主义可以在观众的犬儒主义（不停地换频道）那里得到限制或解毒。电视制作者，从其工作条件、其目标（寻求最大值的收视率，'加点小东西'以'卖得更好'）及其思想方式来看，越来越靠近广告商。如果像某些'后现代'阐释学家那样，认为人民普遍有能力对电视制作者和广告商操纵人心的犬儒主义带来的'反讽和超文本'信息进行第三程度或第四程度的批判'阅读'和反思，实际上是陷于最邪恶形式的经院主义幻觉：以大众主义的形式出现。"②电视不是为那部分希望从电视中获得阅读快感的人而设置的，这一点可以直接从这部机器所占据的空间来把握。法国思想家鲍德里亚曾指出："在此要考察的是电视一物在屋子里所摆放的位置。在较低层次上，大部分的情形是将电视机孤立地放在台子上（桌子、电视机架、柜子），不看的时候，可能盖着一块不算干净的布，上面还会放上一个小玩意儿；那些非传统的、不再这样布置的房间则不同（其中收音机仍然占有一席之地），它基本被布置成为一个电视房：电视机想当然成为了一件高大的家具，其上悬挂着吊灯等等。但大多数时候，在这种情况下，电视机都构成了与传统房间的中心相对立的非中心的一个极。在这两者之间，还存在另外一种情形：电视机被放置到与在椅子上观看的视线平行的位置（当然，这个时候它还是作为一件家具而存在）。它被放在一张低矮的小桌子上，或者专门放电视机的电视机柜上。由此，电视机不再是一个极，不再是一种接收器，不再需要充当一种凝聚的力量：房间没有中心了，所以电视机也就不再是非中心了。在被高度现代化的空间内，电视机与其他家具整合了，或者被嵌入墙内，作为一种家具的电视一物消失了。电视一物不再是仪式中的一个物（同时，房间通过一些独立的空间而达到了通透的效果，光源被隐藏起来

---

① 〔美〕尼尔·波兹曼：《童年的消逝》，吴燕莛译，广西师范大学出版社，2004，第111～113页。
② 〔法〕皮埃尔·布尔迪厄：《电视、新闻和政治》，《遏制野火》，河清译，广西师范大学出版社，2007，第78页。

了，等等）。"① 通常在一个普通家庭中，客厅以及卧室是电视的领地。如果这个家庭还有书房的话，电视一般是不会走进书房的，这揭示了电视及其背后的话语在人们潜意识中的文化地位。当然，随着居住面积的扩大，许多家庭也正在试着设置专门的放置影像装置的房间，如果考虑到家庭中书房的久远历史的话，这种影像专属区或可视为以电视为代表的影像文化迅速崛起而走向专门化的缩影，但是至少电视与书籍之间还是相安无事的。在由不同的媒介所构成的话语场中，各类异质的话语流在汩汩流淌，奔向时间的深渊。

---

① 〔法〕让·鲍德里亚：《符号政治经济学》，夏莹译，南京大学出版社，2009，第35页。

结语　我们依然在仰望星空

　　2010年伊始，中国教育台推出一档评论节目《仰望星空》。栏目名称是康宁台长起的，主持人别出心裁地"内部挖潜"——由本台的研究室主任张志君担任，时统宇来担当新闻评论员，再根据选题找一位嘉宾。具体制作由新闻中心承担。

　　仰望星空，人们自然地想到了国务院总理温家宝。2007年5月14日，温总理在同济大学建筑城规学院钟厅向师生们作了一个即席演讲，其中讲到：一个民族有一些关注天空的人，他们才有希望；一个民族只是关心脚下的事情，那是没有未来的。我们的民族是大有希望的民族！我希望同学们经常地仰望天空，学会做人，学会思考，学会知识和技能，做一个关心世界和国家命运的人。之后，温总理写下了这样的诗句：

　　　　我仰望星空，它是那样寥廓而深邃；那无穷的真理，让我苦苦求索、追随。我仰望星空，它是那样庄严而圣洁；那凛然的正义，让我充满热爱、感到敬畏。我仰望星空，它是那样自由而宁静；那博大的胸怀，让我的心灵栖息、依偎。我仰望星空，它是那样壮丽而辉煌；那永恒的炽热，让我心中燃起希望的烈焰、响起春雷。

　　"仰望星空"的学术提法源自康德。康德的原话是："有两种东西，我们越是经常、持续地对它们反复思考，它们就总是以时时翻新、有增无已的赞叹和敬畏充满我们的心灵：这就是在我之上的星空，和在我之中的道德法则。"另一种翻译为："世界上有两件东西能够深深地震撼人们的心灵，一件是我们心中崇高的道德准则，另一件是我们头顶上灿烂的星空。"所以，头顶星空，心中道德，成为仰望星空的经典注释。

　　在中国电视的N多场合，我不厌其烦地谈到仰望星空；我们批唯收视率马首是瞻，是仰望星空；我们甚至把收视率定义为"电视台把观众分布情况介绍给广告商以便决定广告投放的特殊商品"，也是仰望星空。当然，我还经常赤膊上阵，在一些广播电视节目中说这说那，这次走进《仰望星空》便是明证。

对于仰望星空，业内人士比较平衡的说法是"既要仰望星空，又要脚踏实地"，而实际上是"又要"后面有文章，中国广播电视的故事都在这"又要"上。

我们在《仰望星空》都说些什么呢？做样片时，我们的选题是"钱学森之问"。第一期的选题是"低碳"，接下来陆续有：以《时代》周刊年度人物为题的"咱们工人有力量"，以《男孩危机》为题的"男孩真的危机了吗？"，以电影为题的"国产大片是烂片集中营吗？"……节目的定位肯定高端，追求形而上，我们会提到黑格尔和康德，会吟诵李白与杜甫，会毫不讳言地坚持核心价值观。

我们怎么说呢？试举一例：《时代》周刊年度人物中有中国工人。跟着《时代》赞美中国工人物美价廉吗？骂拖欠工人工资的老板不是人吗？说几句不疼不痒的"给他们多谋点福利"吗？我们不想这么做节目。我们的出发点：追问《时代》的传播动机；我们的基本观点：看仔细了，多长个心眼，我们的同行真的也要"坚持正面宣传为主了"吗？记得 2005 年，《时代》也曾把中国的"超女"冠军作为封面人物，引起"玉米"一阵欢呼。但仔细一看，不对了，人家的推荐理由是："由观众自己选出心中的偶像，这在缺乏民主传统的中国很不容易。"这里，所谓的春秋笔法十分明显。不就是一个"超女"嘛！何必拿中国的社会制度说事儿。这明显的旁门左道既不厚道更不地道。须知，妖魔化的手法是变化多端的，棒杀和捧杀都是。

好莱坞大片《2012》和《阿凡达》都有中国元素。那么，中国真的就要拯救世界了吗？子曰："君子欲讷于言而敏于行。"毛主席也早就说过"中国永远不做超级大国"。踏踏实实把自己的事情办好，别听别人的瞎忽悠，我们需要有这样的冷静和清醒。

以上文字是 2010 年初为《视听界》写的一个小专栏。这一年，我们在与"电视知识分子"的学术语境中打得不可开交时，"电视知识分子"的身体力行，也达到一个高峰。这一年，时统宇参与的电视节目超过百期。

尽管如此，我们始终对这样的批评怀有敬意：

> 近年以来，"教授"们似乎不再上课，而热衷于"下海"。这"海"，当然不是什么低层次的"商海"，却是一跃而入大众传媒的

"江湖"——这当然是件好事,我们不是曾经号召教授们"走出象牙塔"么?于是"教授"走了出来——本来只有一专之长的"学者",摇身变为一只角也不缺的万宝全书,从宜黄拆迁的"公平正义",到"欺实码"中的两罪之争,从三聚氰胺的分子结构,到邓玉娇出刀的"过当与否",他们无所不知、无所不论,引出人们深深的叹服;本来在大学里学问做得最平淡的"教授",走出书斋,对着公众侃侃而谈、娓娓道来,那野史的稗事,那"文化"的琐屑,当然又招来"学富五车"的惊讶。至于"教授"当明星,最引来粉丝万千的"宝典",还在于他深谙"市场"的导向与"供求"的关系,粉丝们要什么,他就给什么,拥趸们"仇"什么,他就持什么"立场"——"不得罪听众",不是成了一条成星之道、不二法门么?他当然懂得谁是衣食父母这个道理。

现在"教授"当明星,他是"走出来"了,当然也就回不去了——他还要"回去"么?有什么东西,比荧屏上的光圈和网络上的追捧更兴奋、更刺激?有什么游戏,比远离书斋的冷板凳和讲台上的一人寂寞更有趣、更多彩?他当然再也坐不下来、停不下来,再也不愿意"回去"当教授了的。说是穿上了红舞鞋也好,笑其如同服了兴奋剂也罢,总之尘埃不能再落定,总之好马不吃回头草。①

我们将一如既往地把这样的批评作为宝贵的提醒谨记和铭记。

---

① 凌河:《从"明星当教授"说到"教授当明星"》,2010年10月27日《解放日报》第2版。

后　记

　　2010年11月，本书的写作接近尾声时，我来到上海，这趟差如果都干完，有三件事：一是纪实频道《风言锋语》的栏目总结会；二是东方卫视的《东方直播室》一期节目的嘉宾；三是财经频道《财经关键词》的研讨会。我只接了第三个单，因为我想干这样一件事——去"11·15"特大火灾的现场看看。我估计，其现场感与我的内心感受一定比一次"电视知识分子"的重复与劳务费重要得多。

　　果然，在上海胶州路的火灾现场，黑洞洞的过火楼面目狰狞，让人不寒而栗。傍晚时分，各界群众把本来就不大的地方挤得水泄不通，身临其境，我也一把鼻涕一把泪地买了一束菊花，放在堆满菊花的马路上，心里特别难受。

　　后来，发生了周立波的"微博门"。在一期节目中，我拍砖了他的"与网友对骂到底"的狂妄，但对他的火灾现场感受，表达了完全的力挺。

　　把这个例子作为后记，我想说的是：电视知识分子最要紧的是一种情怀，一种怜悯，一种责任与担当。他们在喧嚣与嘈杂中，特别需要静下心来，保持内心的干净和安静。当然，我尤其看不上把上电视当做寻租的电视知识分子，他们可能永远不懂"耐得住寂寞不寂寞，耐不住寂寞真寂寞"的道理。

　　有意思的是，写下这段文字时，已是2011年的春节，节前接到中国教育台《周末聚焦》的节目预约：节后谈一期高校"三风"建设。这里，我仍然由衷地感谢我的工作单位，也是把本书列为重点研究课题的中国社会科学院。这里没有量化的论文数量发表压力，没有对"核心期刊"的过度热衷，没有"教书育人"的讲课指标，可以让我毫无顾忌地践行"党务政务全是杂务"的另类学术观。神马都是浮云，本人只有光秃秃的一个头衔——中国社会科学院研究员。

　　好极了。

时统宇
2011年春节

主要参考书目
（以引用先后为序）

一 中文部分（含译著）

1. 〔法〕皮埃尔·布尔迪厄：《关于电视》，许钧译，辽宁教育出版社，2000。
2. 陶东风：《社会转型与当代知识分子》，生活·读书·新知三联书店，1999。
3. 〔美〕爱德华·W. 萨义德：《知识分子论》，单德兴译，陆建德校，生活·读书·新知三联书店，2002。
4. 〔美〕布鲁斯·罗宾斯编著《知识分子：美学、政治和学术》，王文斌等译，江苏人民出版社，2002。
5. 〔法〕皮埃尔·布尔迪厄、〔美〕汉斯·哈克：《自由交流》，生活·读书·新知三联书店，1996。
6. 〔德〕尤尔根·哈贝马斯、米夏埃尔·哈勒：《作为未来的过去》，章国锋译，浙江人民出版社，2001。
7. 《鲁迅选集》，人民文学出版社，1983。
8. 许纪霖主编《公共性与公共知识分子》，江苏人民出版社，2003。
9. 陶东风主编《知识分子与社会转型》，河南大学出版社，2004。
10. 〔英〕雷蒙·威廉斯：《关键词：文化与社会的词汇》，刘建基译，生活·读书·新知三联书店，2005。
11. 萧功秦：《知识分子与观念人》，天津人民出版社，2002。
12. 郑也夫：《中国知识分子研究》，中国青年出版社，2004。
13. 周宪：《审美现代性批判》，商务印书馆，2005。
14. 〔德〕马克斯·韦伯：《经济与社会》，阎克文译，上海人民出版社，2010。
15. 〔德〕汉娜·阿伦特：《极权主义的起源》，林骧华译，生活·读书·新知三联书店，2008。
16. 王树民：《廿二史劄记校证》（订补本），中华书局，1984。
17. 陈寅恪：《隋唐制度渊源略论稿·唐代政治史述论稿》，生活·读书·新知三联书店，2009。

18. 〔意〕安东尼·葛兰西：《狱中札记》，曹雷雨、姜丽、张跣译，中国社会科学出版社，2000。

19. 班固：《汉书》，中华书局，1962。

20. 陈明远：《文化人的经济生活》，文汇出版社，2005。

21. 《马克思恩格斯选集》，中共中央马克思恩格斯列宁斯大林著作编译局译，人民出版社，1972。

22. 〔美〕艾尔文·古德纳：《知识分子的未来和新阶级的兴起》，顾晓辉、蔡嵘译，江苏人民出版社，2006。

23. 〔法〕让·鲍德里亚：《符号政治经济学批判》，夏莹译，南京大学出版社，2009。

24. 〔德〕尤尔根·哈贝马斯：《公共领域的结构转型》，曹卫东、王晓珏、刘北城、宋伟杰译，学林出版社，1999。

25. 〔德〕伊丽莎白·诺尔-诺曼：《民意——沉没螺旋的发现之旅》，翁秀琪、李东儒、李岱颖译，远流出版事业股份有限公司，1994。

26. 〔美〕波斯纳：《公共知识分子：衰落之研究》，徐昕译，中国政法大学出版社，2002。

27. 余英时：《士与中国文化》，上海人民出版社，2003。

28. 〔美〕R. 麦克法夸尔·费正清编《剑桥中华人民共和国史》，谢亮生、杨品泉、黄沫、张书生、马晓光、胡志宏、思炜译，谢亮生校订，中国社会科学出版社，1990。

29. 林语堂：《中国新闻舆论史》，王海、何洪亮译，王海、刘家林校，中国人民大学出版社，2008。

30. 沈志佳编《余英时文集》（第五卷），《现代学人与学术》，广西师范大学出版社，2006。

31. 〔英〕F. A. 哈耶克：《致命的自负》，冯克利、胡晋华译，冯克利统校，中国社会科学出版社，2000。

32. 〔英〕保罗·约翰逊：《知识分子》，杨正润、孟冰纯、赵育春、施敏译，江苏人民出版社，2003。

33. 〔法〕米歇尔·莱马里、让-弗朗索瓦·西里内利主编《西方当代知识分子史》，顾元芬译，江苏教育出版社，2007。

34. 吴学昭：《听杨绛谈往事》，生活·读书·新知三联书店，2008。

35. 〔美〕道格拉斯·C. 诺思：《制度、制度变迁与经济绩效》，杭行译，韦森审校，格致出版社、上海三联书店、上海人民出版社，2008。

36. 〔美〕W. 理查德·斯科特：《制度与组织——思想观念与物质利益》（第三版），姚伟、王黎芳译，中国人民大学出版社，2010。

37. 〔英〕卡尔·波普尔：《历史主义贫困论》，何林、赵平译，中国社会科学出版社，1998。

38. 〔美〕约翰·罗尔斯：《正义论》，何怀宏、何包钢、廖申白译，中国社会科学出版社，1988。

39. 〔英〕雷蒙德·威廉姆斯：《电视：科技与文化形式》，冯建三译，远流出版事业股份有限公司，1992。

40. 〔德〕卡尔·曼海姆：《意识形态与乌托邦》，黎鸣、李书崇译，周纪荣、周琪校，商务印书馆，2000。

41. 〔美〕薇斯瓦纳珊编《权力、政治与文化——萨义德访谈录》，单德兴译，生活·读书·新知三联书店，2006。

42. 〔美〕R. K. 默顿：《科学社会学——理论与经验研究》，鲁旭东、林聚任译，商务印书馆，2003。

43. 〔美〕理查德·桑内特：《公共人的衰落》，李继宏译，上海译文出版社，2008。

44. 中共中央马克思恩格斯列宁斯大林著作编译局编《列宁选集》，人民出版社，1995。

45. 〔德〕马克斯·舍勒：《知识社会学问题》，艾彦译，华夏出版社，1999。

46. 刘小枫选编《德语美学文选》，华东师范大学出版社，2006。

47. 〔英〕卡尔·波普尔：《开放社会及其敌人》，陆衡、张群群、杨光明、李少平等译，中国社会科学出版社，1999。

48. 〔美〕约瑟夫·熊彼特：《经济分析史》，朱泱、孙鸿敞、李宏、陈锡龄译，商务印书馆，1996。

49. 〔美〕罗伯特·金·默顿：《十七世纪英格兰的科学、技术与社会》，范岱年等译，商务印书馆，2000。

50. 〔英〕亚当·斯密：《道德情操论》，蒋自强、钦北愚、朱钟棣、沈凯璋译，胡企林校，商务印书馆，1997。

51. 〔德〕费希特：《伦理学体系》，梁志学、李理译，商务印书馆，2007。

52. 〔美〕托马斯·库恩：《科学革命的结构》，金吾伦、胡新和译，北京大学出版社，2003。
53. 〔美〕刘易斯·科塞：《理念人：一项社会学的考察》，郭方等译，郑也夫、冯克利校，中央编译出版社，2004。
54. 〔美〕列奥·施特劳斯：《自然权利与历史》，彭刚译，生活·读书·新知三联书店，2006。
55. 〔英〕伯兰特·罗素：《权威与个人》，储智勇译，商务印书馆，2010。
56. 〔德〕费希特：《论学者的使命 人的使命》，梁志学、沈真译，商务印书馆，1984。
57. 钱锺书：《七缀集》（修订本），上海古籍出版社，1994。
58. 朱光潜：《西方美学史》，人民文学出版社，1979。
59. （宋）洪迈：《容斋随笔》，孔凡礼点校，中华书局，2005。
60. 〔匈〕卢卡奇：《历史与阶级意识——关于马克思主义辩证法的研究》，杜章智、任立、燕宏远译，商务印书馆，1992。
61. 〔法〕皮埃尔·布尔迪厄：《遏制野火》，河清译，广西师范大学出版社，2007。
62. 〔法〕米歇尔·福柯：《规训与惩罚》，刘北成、杨远婴译，生活·读书·新知三联书店，1999。
63. 〔英〕约翰·斯道雷：《文化理论与大众文化导论》（第五版），常江译，北京大学出版社，2010。
64. 〔法〕居伊·德波：《景观社会》，王昭凤译，南京大学出版社，2007。
65. 〔美〕拉塞尔·雅各比：《最后的知识分子》，洪洁译，江苏人民出版社，2006。
66. 〔德〕马克斯·霍克海默、西奥多·阿道尔诺：《启蒙辩证法——哲学断片》，渠敬东、曹卫东译，上海人民出版社，2003。
67. 马克思：《资本论》，中共中央马克思恩格斯列宁斯大林著作编译局译，人民出版社，2004。
68. 陈平原：《学者的人间情怀——跨世纪的文化选择》，生活·读书·新知三联书店，2007。
69. 朱维铮：《走出中世纪二集》，复旦大学出版社，2008。
70. 陈寅恪：《元白诗笺证稿》，生活·读书·新知三联书店，2009。
71. 〔法〕爱弥尔·涂尔干：《宗教生活的基本形式》，上海人民出版社，1999。
72. 秋风编《知识分子为什么反对市场》，吉林人民出版社，2003。

73. 〔奥〕路德维希·冯·米塞斯：《官僚体制·反资本主义的心态》，冯克利、姚中秋译，新星出版社，2007。

74. 〔英〕亚当·斯密：《国民财富的性质和原因的研究》（上卷），郭大力、王亚南译，商务印书馆，1972。

75. 〔德〕马丁·海德格尔：《林中路》，孙周兴译，译文出版社，2004。

76. 〔美〕乔治·斯蒂格勒：《知识分子与市场》，何宝玉译，首都经济贸易大学出版社，2001。

77. 〔英〕布莱恩·特纳编《社会理论指南》（第二版），李康译，上海人民出版社，2003。

78. 〔美〕拉塞尔·雅各比：《乌托邦之死：冷漠时代的政治与文化》，姚建彬译，新星出版社，2007。

79. 〔英〕伯兰特·罗素：《权威与个人》，储智勇译，商务印书馆，2010。

80. 马克思：《剩余价值学说史》，郭大力译，上海三联书店，2009。

81. 〔德〕马克斯·韦伯：《学术与政治》，冯克利译，生活·读书·新知三联书店，2005。

82. 时统宇等：《收视率导向研究》，四川人民出版社，2007。

83. 〔英〕狄更斯：《艰难时世》，全增嘏、胡文淑译，上海译文出版社，2008。

84. 〔美〕乔治·萨拜因：《政治学说史》（第四版），〔美〕托马斯·索尔森修订，邓正来译，上海人民出版社，2008。

85. 〔美〕汉娜·阿伦特：《人的境况》，王寅丽译，上海人民出版社，2009。

86. 〔英〕安东尼·吉登斯：《现代性的后果》，田禾译，黄平校，译林出版社，2000。

87. 〔德〕胡塞尔：《纯粹现象学通论：纯粹现象学和现象学哲学的观念》（第一卷），李幼蒸译，商务印书馆，1992。

88. 〔美〕D. 玻姆：《现代物理学中的因果性与机遇》，秦克诚、洪定国译，商务印书馆，1965。

89. 〔古希腊〕亚里士多德：《尼各马可伦理学》，廖申白译，商务印书馆，2008。

90. 〔法〕让-雅克·卢梭：《社会契约论》，何兆武译，红旗出版社，1997。

91. 〔德〕黑格尔：《哲学史讲演录》，贺麟、王太庆译，商务印书馆，1959。

92. 〔英〕伯特兰·罗素：《权力论：新社会分析》，吴友三译，商务印书馆，1991。

93. 〔德〕康德：《判断力批判》，邓晓芒译，杨祖陶校，人民出版社，2002。
94. 陈寅恪：《书信集》，生活·读书·新知三联书店，2009。
95. （清）赵翼：《陔余丛考》，中华书局，1963。
96. 杨伯峻：《论语译注》，中华书局，1980。
97. 侯家驹：《中国经济史》，新星出版社，2008。
98. 陈鼓应：《老子注释及评介》，中华书局，1984。
99. 陈寅恪：《寒柳堂集》，生活·读书·新知三联书店，2009。
100. 〔德〕马克斯·韦伯：《新教伦理与资本主义精神（罗克斯伯里第三版）》，〔美〕斯蒂芬·卡尔伯格英译，苏国勋、覃方明、赵立玮、秦明瑞译，社会科学文献出版社，2010。
101. 〔德〕尤尔根·哈贝马斯：《合法化危机》，刘北成、曹卫东译，世纪出版集团、上海人民出版社，2009。
102. 〔英〕托尼·比彻、保罗·特罗勒尔：《学术部落及其领地：知识探索与学科文化》，北京大学出版社，2008。
103. 〔英〕弗里德里希·冯·哈耶克：《自由秩序原理》，邓正来译，生活·读书·新知三联书店，1998。
104. 〔英〕约翰·凯里：《知识分子与大众：文学知识界的傲慢与偏见，1880~1939》，吴庆宏译，译林出版社，2008。
105. 〔美〕哈罗德·布鲁姆：《西方正典》，江宁康译，译林出版社，2005。
106. 〔美〕露丝·本尼迪克特：《文化模式》，王炜等译，生活·读书·新知三联书店，1988。
107. 〔美〕罗伯特·K. 默顿：《社会理论和社会结构》，唐少杰、齐心等译，译林出版社，2006。
108. 冯友兰：《中国哲学小史》，中国人民大学出版社，2005。
109. 〔古希腊〕修昔底德：《伯罗奔尼撒战争史》，谢德风译，商务印书馆，1960。
110. 〔古希腊〕柏拉图：《柏拉图全集》，王晓朝译，人民出版社，2002。
111. 王文彝译著《罗马兴亡史》，中华书局，1984。
112. 〔美〕詹明信：《晚期资本主义的文化逻辑：詹明信批评理论文选》，张旭东编，陈清侨等译，生活·读书·新知三联书店、牛津大学出版社，1997。

113. 〔法〕孔多塞:《人类精神进步史表纲要》,何兆武、何冰译,生活·读书·新知三联书店,1998。

114. 〔美〕彼德斯:《交流的无奈:传播思想史》,何道宽译,华夏出版社,2003。

115. 〔德〕得特勒夫·霍尔斯廷:《哈贝马斯传》,章国锋译,东方出版中心,2000。

116. 秦晖、陈燕谷主编《文化与公共性》,生活·读书·新知三联书店,1998。

117. 〔荷〕丹尼斯·麦奎尔:《大众传播理论(第三版)》(*Mass Communication Theory: An Introduction, Third Edition*),潘邦顺译,彭怀恩校审,风云论坛出版社有限公司,2000。

118. 时统宇:《电视批评理论研究》,中国广播电视出版社,2003。

119. 〔英〕尼古拉斯·阿伯克龙比:《电视与社会》,张永喜、鲍贵、陈光明译,刘仪华校,南京大学出版社,2002。

120. 〔美〕约翰·费斯克:《理解大众文化》,王晓珏、宋伟杰译,中央编译出版社,2001。

121. 陆扬、王毅:《大众文化与传媒》,上海三联书店,2000。

122. 〔德〕尤尔根·哈贝马斯、米夏埃尔·哈勒:《作为未来的过去——与著名哲学家哈贝马斯对话》,章国锋译,浙江人民出版社,2001。

123. 〔美〕道格拉斯·凯尔纳:《媒体文化——介于现代与后现代之间的文化研究、认同性与政治》,丁宁译,商务印书馆,2004。

124. 〔美〕丹尼尔·贝尔:《资本主义文化矛盾》,赵一凡、蒲隆、任晓晋译,生活·读书·新知三联书店,1989。

125. 陆学艺主编《当代中国社会阶层研究报告》,社会科学文献出版社,2002。

126. 崔文华:《全能语言的文化时代——电视文化研究》,北京师范大学出版社,1998。

127. 钱蔚:《政治、市场与电视制度——中国电视制度变迁研究》,河南人民出版社,2002。

128. 陈卫星:《传播的观念》,人民出版社,2004。

129. 〔德〕康德:《历史理性批判文集》,何兆武译,商务印书馆,1990。

130. 〔法〕福柯:《福柯集》,杜小真编选,上海远东出版社,1998。

131. 〔美〕詹姆斯·施密特编《启蒙运动与现代性:18世纪与20世纪的对

话》，徐向东、卢华萍译，上海人民出版社，2005。
132. 〔古希腊〕亚里士多德：《政治学》，吴寿彭译，商务印书馆，1965。
133. 〔波〕弗·兹纳涅茨基：《知识人的社会角色》，郏斌祥译，郑也夫校，译林出版社，2000。
134. 〔美〕哈利·G. 法兰克福：《论扯淡》，南方朔译，译林出版社，2008。
135. 〔美〕杨联陞：《中国文化中"报"、"保"、"包"之意义》，贵州人民出版社，2009。
136. 〔美〕杰弗里·C. 戈德法布：《"民主"社会中的知识分子》，杨信彰、周恒译，加洛校，辽宁教育出版社，2002。
137. 杨伯峻：《春秋左传注（修订本）》，中华书局，1990。
138. 〔美〕吉妮·格拉汗姆·斯克特：《脱口秀：广播电视谈话节目的威力与影响》，苗棣译，新华出版社，1999。
139. 钱锺书：《管锥编》，生活·读书·新知三联书店，2007。
140. 〔德〕海德格尔：《在通向语言的途中》，孙周兴译，商务印书馆，2004。
141. 〔古印度〕《五十奥义书》，徐梵澄译，中国社会科学出版社，1984。
142. 〔美〕布鲁克·诺埃尔·穆尔、肯尼思·布鲁德：《思想的力量：哲学导论》，李宏昀、倪佳译，上海社会科学院出版社，2009。
143. 《金刚经·心经·坛经》，陈秋平、尚荣译注，中华书局，2007。
144. 〔德〕黑格尔：《哲学史讲演录》，贺麟、王太庆译，商务印书馆，1959。
145. 《杨绛文集》，人民文学出版社，2004。
146. 北京大学哲学系外国哲学史教研室：《西方哲学原著选读》，商务印书馆，1981。
147. 〔古希腊〕柏拉图：《文艺对话集》，朱光潜译，人民文学出版社，1963。
148. 〔美〕托马斯·杰斐逊：《杰斐逊选集》，朱曾汶译，商务印书馆，1999。
149. 〔英〕A. E. 泰勒、〔奥〕Th. 龚珀茨：《苏格拉底传》，赵继铨、李真译，商务印书馆，1999。
150. 〔古罗马〕奥古斯丁：《忏悔录》，周士良译，商务印书馆，1963。
151. 〔德〕费希特：《现时代的根本特点》，沈真、梁志学译，辽宁教育出版社，1998。
152. 〔德〕盖奥尔格·西美尔：《社会学——关于社会化形式的研究》，林荣远译，华夏出版社，2002。
153. 〔奥地利〕维特根斯坦：《哲学研究》，李步楼译，商务印书馆，1996。

154. 〔古希腊〕亚里士多德:《范畴篇 解释篇》,方书春译,商务印书馆,1959。

155. 〔法〕雅克·德里达:《论文字学》,汪家堂译,上海译文出版社,2005。

156. 〔美〕詹姆斯·W. 凯瑞:《作为文化的传播:"媒介与社会"论集》(引言),丁未译,华夏出版社,2005。

157. 〔德〕汉娜·阿伦特编《启迪:本雅明文选》,张旭东、王斑译,生活·读书·新知三联书店,2008。

158. 〔德〕黑格尔:《美学》,朱光潜译,商务印书馆,1981。

159. 〔美〕奥利弗·E. 威廉姆斯:《资本主义经济制度》,段毅才、王伟译,商务印书馆,2004。

160. 〔美〕爱德华·W. 萨义德:《东方学》,王宇根译,生活·读书·新知三联书店,1999。

161. 〔美〕爱德华·W. 萨义德:《报道伊斯兰》,阎纪宇译,上海译文出版社,2009。

162. 倪梁康:《胡塞尔现象学概念通解(修订版)》,生活·读书·新知三联书店,2007。

163. 〔美〕弗朗西斯·福山:《大分裂:人类本性与社会秩序的重建》,刘榜离、王胜利译,刘榜离校,中国社会科学出版社,2002。

164. 〔美〕米尔顿·弗里德曼、罗丝·弗里德曼:《自由选择》,张琦译,机械工业出版社,2008。

165. 《圣经》,中国基督教两会出版,2008。

166. 〔英〕柏克:《法国革命论》,何兆武、许振洲、彭刚译,商务印书馆,1998。

167. 宗璞:《旧事与新说——我的父亲冯友兰》,新星出版社,2010。

168. 章太炎:《国学概论》,曹聚仁整理,上海古籍出版社,1997。

169. 〔德〕卡尔·曼海姆:《文化社会学论集》,艾彦、郑也夫、冯克利译,辽宁教育出版社,2003。

170. 〔美〕理查德·桑内特:《公共人的衰落》,李继宏译,上海译文出版社,2008。

171. 〔美〕约书亚·梅罗维茨:《消失的地域:电子媒介对社会行为的影响》,肖志军译,清华大学出版社,2002。

172. 李恒基、杨远婴主编《外国电影理论文选》，生活·读书·新知三联书店，2006。

173. 〔美〕沃尔特·翁：《口语文化与书面文化：语词的技术化》，何道宽译，北京大学出版社，2008。

174. 〔意〕安伯托·艾柯：《开放的作品》，刘儒庭译，新星出版社，2005。

175. 〔英〕罗素：《西方哲学史》，何兆武、李约瑟译，商务印书馆，1963。

176. 〔德〕汉斯-格奥尔格·伽达默尔：《诠释学Ⅰ：真理与方法》，洪汉鼎译，商务印书馆，2007。

177. 〔美〕杜威：《经验与自然》，傅统先译，江苏教育出版社，2005。

178. 〔美〕特里·N. 克拉克编《传播与社会影响》，何道宽译，中国人民大学出版社，2005。

179. 陆键东：《陈寅恪的最后20年》，生活·读书·新知三联书店，1995。

180. 〔美〕兰德尔·柯林斯：《互动仪式链》，林聚任、王鹏、宋丽君译，商务印书馆，2009。

181. 〔美〕保罗·莱文森：《思想无羁》，何道宽译，南京大学出版社，2003。

182. 汪荣祖：《史家陈寅恪传》，北京大学出版社，2005。

183. 〔法〕米歇尔·福柯：《必须保卫社会》，钱翰译，上海人民出版社，1999。

184. 〔德〕埃德蒙德·胡塞尔：《逻辑研究（修订本）》（第二卷第一部分），〔德〕乌尔苏拉·潘策尔编，倪梁康译，上海译文出版社，2006。

185. 冯友兰：《中国哲学史》，华东师范大学出版社，2000。

186. 〔法〕路易·阿尔都塞、艾蒂安·巴里巴尔：《读〈资本论〉》，李其庆、冯文光译，中央编译出版社，2008。

187. 〔美〕尼尔·波兹曼：《童年的消逝》，吴燕莛译，广西师范大学出版社，2004。

188. 〔美〕尼尔·波兹曼：《技术垄断：文化向技术投降》，何道宽译，北京大学出版社，2007。

189. 〔奥〕西格蒙·弗洛伊德：《一种幻想的未来 文明及其不满》，严志军、张沫译，世纪出版集团、上海人民出版社，2007。

190. 〔英〕约翰·汤姆林森：《全球化与文化》，郭英剑译，南京大学出版社，2002。

191. 〔德〕海德格尔：《面向思的事情》，陈小文、孙周兴译，商务印书馆，1999。
192. 〔法〕皮埃尔·布尔迪厄：《科学的社会用途——写给科学场的临床社会学》，刘成富、张艳译，南京大学出版社，2005。
193. 〔德〕海德格尔：《存在与时间》，陈嘉映、王庆节合译，熊伟校，陈嘉映修订，生活·读书·新知三联书店，1999。
194. 〔美〕理查德·桑内特：《新资本主义的文化》，李继宏译，上海译文出版社，2010。
195. 〔美〕保罗·萨缪尔森：《中间道路经济学》，何宝玉译，首都经济贸易大学出版社，2000。

二　英文部分

1. Barbara A. Misztal, *Intellectuals and the Public Good: Creativity and Civil Courage*, New York: Cambridge University Press, 2007.
2. Randal Johnson (eds.), *The Field of Culture Production: Essays on Art and Literature*, New York: Columbia University Press, 1993.
3. Pablo Jensen, Jean-Baptiste Rouquier, Pablo Kreimer and Yves Croissant, "Scientists who engage with society perform better academically", *Science and Public Policy*, Vol. 35, No. 7 (August 2008).
4. Henri Lefebvre, *Critique of Everyday Life*, trans. by John Moore, London and New York: Verso.
5. Rodney Benson and Erik Neveu (eds.), *Bourdieu and the Journalistic Field*, Cambridge and Malden: Polity Press, 2005.
6. R. H. Coase, "The Market for Goods and the Market for Ideas," *America Economic Review*, Vol. 64, No. 2 (May 1974).
7. Richard Peterson (eds), *The Production of Culture*, Beverly Hills: Sage Publications, 1976.
8. Craig, C. (ed.), *Habermas and the Public Sphere*, MIT.
9. Peter Dahlgren (1995), *Television and the Public Sphere: Citizenship, Democracy and the Media*. Sage.
10. Livingstone, S. and Lunt, P. (1994), *Talk on Television*, London: Routledge.

图书在版编目（CIP）数据

电视知识分子 / 时统宇，吕强著. —北京：社会科学文献出版社，2012.7
 ISBN 978-7-5097-3450-6

Ⅰ.①电… Ⅱ.①时…②吕… Ⅲ.①知识分子-关系-电视-传播媒介-研究-中国②知识分子-研究-中国 Ⅳ.①D663.5②G229.2

中国版本图书馆 CIP 数据核字（2012）第 106835 号

电视知识分子

著　　者 / 时统宇　吕　强

出 版 人 / 谢寿光
出 版 者 / 社会科学文献出版社
地　　址 / 北京市西城区北三环中路甲29号院3号楼华龙大厦
邮政编码 / 100029

责任部门 / 社会政法分社（010）59367156　　责任编辑 / 王　绯
电子信箱 / shekebu@ssap.cn　　　　　　　　责任校对 / 李海云
项目统筹 / 王　绯　　　　　　　　　　　　　责任印制 / 岳　阳
经　　销 / 社会科学文献出版社市场营销中心（010）59367081　59367089
读者服务 / 读者服务中心（010）59367028

印　　装 / 北京季蜂印刷有限公司
开　　本 / 787mm×1092mm　1/16　　　　　印　张 / 17.25
版　　次 / 2012年7月第1版　　　　　　　　字　数 / 293千字
印　　次 / 2012年7月第1次印刷
书　　号 / ISBN 978-7-5097-3450-6
定　　价 / 58.00元

本书如有破损、缺页、装订错误，请与本社读者服务中心联系更换
版权所有　翻印必究